불곰의 가치투자 따라 하기

23종목의 실전 매매 기록으로 꼼꼼히 짚어주는

불곰의 가치투자 따라 하기

불곰·박종관·박선목·김지훈 지음

주식투자에 대한
세 가지 기억

아버지께서는 주식투자에 실패하셨다. 그것이 주식투자에 대한 나의 첫 번째 기억이다. 어렸지만 주식투자에 부정적 인식을 깊이 갖게 됐고, 당연히 할 생각이 없었다. 그렇게 대학생이 됐다.

연세대학교 경영학과 새내기로서 대학 생활을 시작한 나는 이전과 다른 시각을 접하게 됐다. 전공의 영향인지 주변의 많은 사람이 주식투자를 하고 있었다. 증권사에 다니는 '하늘 같은' 선배들도 수두룩했고, 실제로 투자하는 동기나 선배들도 많아서 술자리만 가면 주식투자 얘기가 빠지지 않았다. 시간이 가면서 부정적 인식이 조금씩 옅어졌고, 언제부턴가는 '경영학도라면 당연히 주식시장을 알아야지. 그러려면 직접 투자를 해봐야 해'라고 생각하게 됐다.

학생이라 돈이 없었으므로 대출을 받기로 마음먹었다. 대출받기 전날, 주식투자로 큰 실패를 겪고 망연자실하시던 아버지의 모습이 눈앞에 아른거렸다. 오랜 시간이 지났음에도 기억에 생생한 걸 보면 당시 충격이 엄청났던 모양이다. 그런 한편으로, '나 얼마 벌었다'라고 하던 친구들의 모습도 떠올랐다. 첫 기억의 쓴맛보다는 유혹의 달콤함이 더 강했다.

'공부를 잘했으니까, 주식 공부도 잘하겠지. 열심히 공부해서 투자하면 성공할 거야. 아버지처럼만 안 하면 되지 뭐.'

대출을 받을 때까지만 해도 열심히 공부해서 투자에 나서리라고 굳게 다짐했다. 하지만 웬걸. 투자금이 손에 들어오자 당장 주식을 사고 싶은 마음이 굴뚝같아졌다. 결국 유혹에 졌고, 준비도 제대로 되지 않은 채로 시장에 뛰어들었다. 나는 절대 실패하지 않으리라는 근거 없는 자신감이 넘치면서 오히려 주식시장이 만만해 보이기까지 했다. 아버지의 실패를 거울삼기로 했으나 결국엔 같은 길을 간 셈이다. 차이점이 있다면, 아버지는 증권사 직원 말만 믿고 투자하셨고 나는 주변 사람들의 말만 믿고 투자했다는 것이다.

게다가 나는 쓸데없이 기술적 분석까지 사용했다. 그러면서 아버지와는 완전히 다른 방법으로 투자하고 있다고 확신했다. 친구들 만나 술 먹으면서 듣는 주식 이야기가 대단한 정보라고 생각했고, 기술적 분석이 주가의 움직임을 예측하게 해주는 올바른 방법이라고 믿었다. 철학도, 상식도 없었고 심지어 '어떤 주식을 살까?' 하는 고민도 깊게 하지 않았다. 그저 남이 알려주는 종목을 매수하고, 차트만 보면서 매도했다. 조금 수익이 날 때는 남들보다 머리가 좋아서 그렇다고 자만했다. 금방 큰돈을 벌 거라며 잔뜩 들떠 있었다.

나만 그런 것이 아니라 주위 사람들도 똑같았다. 지금 생각해보면 증권사가 걸어놓은 최면에 단체로 걸려든 것이었다. 집단광기였다. 솔직히…, 재미가 있었다. 아마도 도박 같아서 그랬던 듯하다. 반대로 손해를 보면, 자괴감과 절망감이 몰아쳤다. 매일 기분이 주가에 휘둘리는, 한마디로 돈의 노예였다.

그렇게 하다 보니, 1년 뒤 내게 남은 것은 카드빚 187만 원이었다. 빚 내서 하는 투자, 소문 듣고 하는 투자, 기술적 분석을 맹신한 단기 투자의 결과였다. 나뿐만이 아니라 나처럼 투자했던 친구들도 결과가 다 비슷했다. 그나마 자기 힘으로 대출을 갚을 수 있는 친구들은 별문제 없었지만, 나는 갚을 방법이 없었다. 결국 아버지께 카드빚이 연체됐다고 말씀드렸다. 차마 주식투자 하다가 빚이 생겼다고는 이야기하지 못했다(주식투자로 성공하고 나서도 이실직고하지 못했다. 이 책을 빌려서 지금에야 고백한다). 그런 방식으로 주식투자를 했다는 사실이 그만큼 죄송하고, 오늘날까지도 부끄럽게 생각하는 흑역사다. 이것이 주식투자에 대한 나의 두 번째 기억이다.

주식투자는 아버지와 나 2대에 걸쳐 실패와 자괴감을 안겼다. 악연도 그런 악연이 또 있을까. 다시는 안 하겠다고 마음먹었었다. 다짐을 잘 지켰고, 졸업하자마자 삼성물산에 입사했다. 월급이 87만 원이었는데, 40만 원을 정기적금에 넣었다. 일은 재미있었지만, 금전적으로는 너무 힘들었다. 이렇게 팍팍하게 살면서 적금을 부어도 3년 뒤에 2,000만 원도 안 된다는 사실이 너무 허무했다.

'그냥 이렇게 살다가 끝인가? 이건 답이 아닌 것 같은데….'

학을 뗄 만큼 나쁜 기억이 두 차례나 있지만, 아무리 생각해도 주식투자 말고는 답이 없었다. 그렇다고 대학생 시절에 저질렀던 실수를 반복하고 싶지는 않았다. 이번에는 주변 사람들의 말에 덩달아 팔랑거리지 않고, 투자의 대가들이 어떻게 돈을 벌었는지 공부했다. 그 과정에서 한 가지 공통점을 발견했다. 모두 기술적 분석이 아니라 기본적 분석을 통한 가치투자로 성공했다는 점이었다. 가치투자를 본격적으로 공부했고, 하면 할수록 길이 보였다.

실적이 좋은데도 저평가되어 있고 안전한 주식에 투자했다. 사고 나서는 우선 기다렸다. 어차피 출장이 많아서 주가를 확인할 시간도 없었다. 그렇게 1년 정도 기다리고 보니 2배 정도가 올라서 매도했다. 6~7년 동안 그렇게 다섯 번을 사고판 결과 초기 투자금이 16배로 늘어나 있었다. 주식투자에 대한 세 번째 기억은 아주 좋았다. 성공하고 나니, 주식투자에 대한 믿음도 생겼고 마음의 여유도 생겼다. 현재도 계속 같은 방법으로 투자하고 있다.

주식투자로 인생이 바뀌었다. 공부하고 싶은 것, 하고 싶은 일을 선택할 수 있었다. 삼성물산을 그만두고 미국에서 영화 공부를 하고 돌아와, 오랜 꿈이었던 사업을 시작했다. 주식투자가 제2의 인생을 선물해줬다.

이 책은 내 인생을 바꿔준 주식투자에 대한 생생한 기록이다.

시작과 과정은 조금씩 다를 수 있지만 주식투자의 '두 번째 기억'까지는 수많은 개인투자자가 겪었고, 현재 겪고 있을 것이다. 어떤 실패는 성공하기 위해서 반드시 거쳐 가야 하는 관문이지만, 주식투자를 할 때는 그럴 필요가 없다. 엉뚱한 길을 헤매느라 시간 낭비, 돈 낭비, 에너지 낭비 하지 말고 이 책을 읽고 투자에 성공해 곧바로 '세 번째 기억'만을 만들기 바란다.

PART2 >>> 불곰의 가치투자 실전 23종목의 기록

PART 1

불곰의
실패 없는
주식투자 3단계

싸게 사서 비싸게 파는 것, 이것이 주식투자다. 거기에 한 가지가 더해지는데, 바로 '좋은 종목'이다. 주식투자에 성공하는 방법은 아주 단순하다. 망하지 않을 회사만 골라내, 성장성이 있는 몇 개로 압축한 다음, 가격이 싸졌을 때 사서, 기다리는 것이다. 10년 동안 내게 수익을 가져다준 종목 선정 방법을 여기 공개한다.

기초 단계:
3중 필터링으로 종목 압축

불곰의 종목 선정 기초 단계는 투자에 성공할 가능성이 큰 종목과 절대 투자해선 안 되는 종목을 구별하기 위해 필터링하는 단계다. 종목 발굴의 출발점이자 가장 중요한 단계이므로 꼼꼼히 진행해야 한다. 기초 단계를 통과하지 못하는 종목이라면 투자 관심 종목에서 과감히 제외하고 다른 종목을 찾는 것이 좋다. 이 단계를 진행하다 보면, 주변 사람이나 방송 등을 통해 '어떤 종목이 오른다더라' 같은 소문을 듣고 투자하는 것이 얼마나 리스크가 큰 일인지도 알게 된다. 즉, '묻지 마 투자'로 인한 실패를 예방할 수 있다.

이 단계에서는 투자하고자 하는 회사의 안정성과 성장성, 주식의 저평가 상태를 확인한다. 다소 어렵고 복잡하게 들릴지도 모르지만, 재무제표를 통해 세 가지 포인트를 간단히 확인하면 된다. 첫째 부채비율(안정성 확인), 둘째 영업이익(성장성 확인), 셋째 FD PER(저평가 확인)라는 3중 필터링을 통해 실패 없는 투자 종목으로 압축할 수 있다.

Filtering 1

재무 안정성 검증: 부채비율이 100% 이하인가?

부채비율은 '부채와 자본 간의 비율'을 말한다. 쉽게 말해 부채는 빌린 돈, 자본은 자기 돈이다. 이 둘을 합쳐서 자산이라고 한다. 회사의 자본이 부채보다 크다면 재무 안정성이 좋다고 볼 수 있다. 급하게 부채 상환을 요구받는다고 해도 충분히 갚을 수 있다는 뜻이기 때문이다. 그러므로 최소한 자본이 부채보다 많은 상태, 즉 '부채비율 100% 이하'여야 망할 염려가 없다고 할 수 있다.

아무리 매출 규모가 크고 당기순이익이 높게 나왔다고 하더라도 부채비율이 200% 이상이라면 투자하지 말아야 한다. 예를 들어 IMF나 리먼 브러더스 사태처럼, 돌발적으로 발생해 장기간 이어지는 금융위기가 닥친다면 이자 등의 금융비용이 크게 늘어나기 때문이다. 이에 제대로 대응하지 못하면 회사가 존폐의 기로에 설 수 있다.

● 자산 = 자본 + 부채
● 부채비율(%) = (부채÷자본) × 100

📩 불곰의 투자 Tip

불곰의 종목 선정 기초 단계에서 부채비율을 가장 먼저 체크하는 이유는 상장폐지가 되어 주식시장에서 퇴출당하는 회사들의 공통점이 바로 부채비율이 높다는 것이기 때문이다.

<부채비율 확인하는 방법>

전자공시시스템(dart.fss.or.kr) 사이트에서 다음의 순서를 거친다.

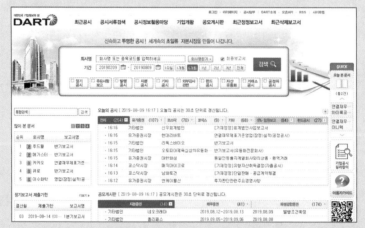

출처: DART

① 회사명을 입력한다.

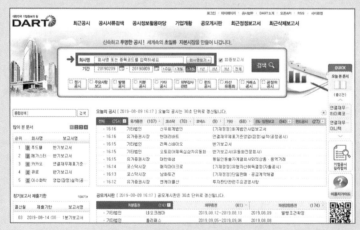

출처: DART

② '분기보고서/반기보고서/사업보고서'를 선택한다.

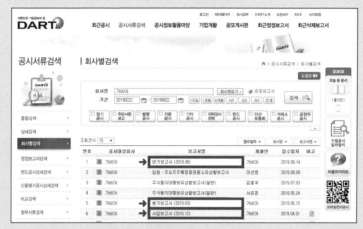

출처: DART

③ '분기보고서/반기보고서/사업보고서'에서 '2.
연결재무제표' 항목을 찾는다.
'2. 연결재무제표' 안에 재무제표가 있으면 연
결재무상태표에서 자산·부채를 확인하면 되
고, 재무제표가 없으면 '4. 재무제표'에 있는
재무상태표에서 확인하면 된다(④ 참조).

④ '4. 재무제표' 항목을 찾는다.
'2. 연결재무제표' 안에 재무제표가 없다면 그
회사는 별도로 투자한 자회사가 없어서 연결
할 재무제표를 만들 수 없는 단독 회사다.

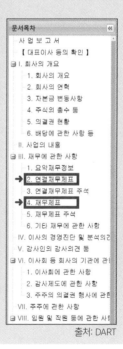

출처: DART

\<재무 안정성 검증 예\>

1. 주식회사 모다

2019년 반기 연결재무상태표다. 부채총계는 1,606억이고 자본은 645억으로 부채비율이 249%여서 상당히 높다. 불곰의 종목 선정 첫 번째 필터링 기준인 '부채비율 100%'를 훨씬 넘기 때문에 더는 분석할 필요가 없다. 실제로 이 회사는 2019년 8월 27일 감사의견 거절로 상장폐지가 확정됐다.

연결재무상태표
(단위: 원)

부채총계	160,655,018,864	169,055,362,823
자본		
Ⅰ.지배기업의 소유주에게 귀속되는 자본	15,602,047,771	10,913,617,035
(1)자본금	10,580,204,500	10,580,204,500
(2)자본잉여금	68,337,033,827	68,337,033,827
(3)기타자본구성요소	(1,307,218,686)	(1,307,218,686)
(4)기타포괄손익누계액	3,559,126,675	3,593,993,714
(5)이익잉여금(결손금)	(65,567,098,545)	(70,290,396,320)
Ⅱ.비지배지분	48,914,498,220	50,003,065,539
자본총계	64,516,545,991	60,916,682,574
자본과부채총계	225,171,564,855	229,972,045,397

출처: 2019.8.14 반기보고서(2019.6) '재무에 관한 사항'

2. 주식회사 제이테크놀로지

2019년 반기 연결재무상태표다. 부채총계는 279억이고 자본은 192억으로 부채비율이 145%다. 첫 번째 필터링 기준을 훨씬 넘기 때문에 더는 분석할 필요가 없다. 이 회사 역시 2019년 10월 2일 한국거래소가 제시한 기업개선계획 실행 절차를 충족시키지 못하여 상장폐지가 확정됐다.

연결재무상태표

(단위: 원)

부채총계	27,939,657,144	6,724,924,306
자본		
지배기업의 소유주에게 귀속되는 자본		
자본금	22,764,535,000	22,764,535,000
주식발행초과금	33,246,682,512	33,246,682,512
기타자본항목	2,321,389,765	2,321,389,765
기타포괄손익누계액	69,332,424	69,332,424
이익잉여금(결손금)	(39,193,965,749)	(26,050,473,056)
자본총계	19,207,973,952	32,351,466,645
자본과부채총계	47,147,631,096	39,076,390,951

출처: 2019.8.14 반기보고서(2019.6) '재무에 관한 사항'

Filtering 2

비즈니스 성장성 확인: 영업이익이 지속해서 성장하는가?

회사의 이익은 크게 영업이익과 당기순이익으로 나눌 수 있다. 영업이익은 회사의 매출액에서 직접적으로 매출을 일으키기 위해 쓴 비용만을 뺀 것이다. 당기순이익은 회사에서 쓴 모든 비용과 세금 등을 뺀 후에 최종적으로 남는 이익이다.

<영업이익과 당기순이익의 개념>

매출액	상품을 팔아서 번 돈
– 매출원가	판매한 상품을 만들기 위해서 들어간 돈
= 매출총이익	매출액에서 매출원가를 뺀 것
– 판매비와관리비	상품을 잘 팔기 위해 들어간 돈(예: 광고, 홍보 등)
= 영업이익	본업으로 번 돈
+ 기타수익	판매한 상품과 관련 없는 이익(금융과 관련 없는)
– 기타비용	판매한 상품과 관련 없는 비용(금융과 관련 없는)
+ 지분법이익(–지분법 손실)	자회사로부터 얻은 이익 또는 손실(보유한 지분만큼)
+ 금융수익	금융과 관련 있는 수익
– 금융비용	금융과 관련 있는 비용
= 법인세비용차감전순이익(손실)	세금 내기 전 순이익 또는 순손실
– 법인세비용	세금
= 당기순이익(손실)	남은 순이익 또는 순손실

당기순이익이 단순히 회사가 시장에서 고평가 상태인지 저평가 상태인지를 판단할 때 사용되는 자료인 데 비해, 회사 본업의 진정한 실력을 보여주는 것은 바로 영업이익이다. 그러므로 영업이익이 지속해서 성장한다면 회사의 비즈니스가 성장성이 있다고 판단할 수 있다.

예를 들어보자. 영업에서는 손실이 발생했는데 본업과 상관없는 부동산을 매각하여 당기순이익이 크게 증가한 회사가 있다고 하자. 이런 경우 당기순이익만을 보고 투자 종목으로 선정하면 비즈니스의 성장성을 확인할 수 없다. 주가가 상승하려면 회사가 지속적으로 성장해야 하는데, 그 지속 성장을 보여주는 것이 영업이익의 증가다.

영업이익이 일시적이지 않고 꾸준히 성장하는지를 확인하기 위해서는 최근 5년 정도의 재무제표를 확인하여야 한다.

 불곰의 투자 Tip

매출과 영업이익이 함께 성장하는 경우가 가장 좋지만, 그중에서도 영업이익을 강조하는 이유는 매출이 아무리 성장하더라도 영업이익의 성장이 동반되지 않는다면 투자하기에 큰 매력이 없기 때문이다.

<영업이익의 성장성 확인하는 방법>

전자공시시스템(dart.fss.or.kr) 사이트에서 다음의 순서를 거친다.
① 회사명을 입력한다.
② '분기보고서/반기보고서/사업보고서'를 선택한다.
③ '분기보고서/반기보고서/사업보고서'에서 '2. 연결재무제표' 항목을 찾는다.
'2. 연결재무제표' 안에 재무제표가 있으면 연결 포괄손익계산서에서 영업이익을 확인하면 되고, 재무제표가 없으면 '4. 재무제표'에 있는 포괄손익계산서에서 확인하면 된다(④ 참조).
④ '4. 재무제표' 항목을 찾는다.
'2. 연결재무제표' 안에 재무제표가 없다면 그 회사는 별도로 투자한 자회사가 없어서 연결할 재무제표를 만들 수 없는 단독 회사다.

<영업이익의 성장성 검증 예>

1. 주식회사 에스마크
2019년 반기 연결 포괄손익계산서다. 2019년 상반기만을 검토해봐도 1사분기와 2사분기에 연속으로 영업손실이 발생하여(여기서 괄호 표시는 음수임을 나타낸다) 22억 7,000만 원 이상의 누적영업손실을 기록하고 있다. 불곰의 종목 선정 두 번째 필터링 기준인 '영업이익의 지속적인 성장'이 아니라 오히려 영업손실을 지속적으로 보였기 때문에 더는 분석할 필요가 없다.

이 회사는 2019년 3월 21일 외부감사인의 감사의견 거절로 상장폐지 사유가 발생하여 주권매매 거래가 중지됐다. 이에 회사에서 이의신청서를 제출한 상태다.

연결 포괄손익계산서   (단위: 원)

	제 34 기 반기	
	3개월	누적
매출액	492,782,428	1,650,803,442
매출원가	501,412,006	1,605,856,176
매출총이익	(8,629,578)	44,947,266
판매비와관리비	810,284,491	2,321,716,017
영업이익(손실)	(818,914,069)	(2,276,768,751)

출처: 2019.8.21 반기보고서(2019.6) '연결재무제표'

2. 주식회사 메디톡스

불곰의 종목 선정 두 번째 필터링 기준을 충족한 주식회사 메디톡스의 요약재무정보다. 2011년 기준 과거 5년간의 자료로, 영업이익의 지속적인 성장이 사업의 지속적인 성장을 뜻한다는 점을 확실히 보여준다. 영업이익이 지속적으로 성장함과 함께 7년 후인 2018년에는 주가가 83만 원에 달해 2011년 대비 35배가 올랐다.

요약재무정보   (단위: 원)

구분	제11기	제10기	제9기	제8기	제7기
매출액	21,087,599	17,189,006	10,131,565	5,145,716	3,556,087
영업이익	10,612,122	8,778,427	4,349,336	1,557,069	1,486,880
법인세비용 차감전순이익	10,915,276	9,130,970	4,749,481	1,598,909	1,307,169
당기순이익	10,390,783	8,813,717	4,824,312	1,500,498	1,307,169

출처: 2011.5.20 사업보고서(2010.12) '재무에 관한 사항'

Filtering 3

저평가 상태 확인: FD PER가 10 이하인가?

주식 공부를 하다 보면 PER라는 중요한 용어를 자주 보게 되는데, PER는 'Price Earnings Ratio'의 약자로 주가수익비율이라는 뜻이다. 구하는 공식은 '시가총액÷당기순이익'이다. 시가총액은 증권 프로그램이나 네이버 금융 사이트에서 회사명을 입력하면 볼 수 있다.

<네이버 금융에서 기업정보 확인하는 법>
네이버 금융 검색창에 회사명을 입력한다.

출처: 네이버

PER는 일반적으로 주가가 고평가인지 저평가인지를 판단하는 기준이 된다. PER가 10이라는 의미는 '당기순이익이 10년간 동일하게 나온다고 할 때 그 자금으로 지금의 회사와 똑같은 시가총액의 회사를 추가로 만들 수 있다'라는 뜻이다. 따라서 PER가 낮으면 낮을수록 저평가됐다고 판단하는 것이다.

여기서 주의할 점이 있다. 초보 투자자들은 대형 포털 사이트나 증권사에서 제공하는 PER를 보고 투자판단을 하는 경우가 많은데, 이는 잘못된 방법이다. 왜냐하면 그곳에 제공된 PER는 전년도의 실적을 적용하여 계산된 과거의 자료이기 때문이다. 과거의 실적이 아무리 좋다고 하더라도 투자한 이후에 실적이 악화된다면 손실을 볼 가능성이 커진다. 따라서 자신이 투자한 이후의 PER가 어떨지를 예측해서 투자를 결정하여야 한다. 그래서 나는 미래에 예측되는 PER를 'FD PER$^{Forwarding\ Diluted\ PER}$'라 명명하고 투자 결정에 가장 중요한 기준으로 삼고 있다.

지금부터 PER와 FD PER에 대해 공부해보자.

PER와 FD PER

● PER = 시가총액÷당기순이익(연간 기준)

시가총액은 상장된 주식 수에 주가(주식의 가격)를 곱한 것이다. 상장된 주식 전체의 가치를 합한 가격이라고 생각하면 된다. 그리고 당기순이익은 앞서 봤듯이, 당기에 번 돈에서 모든 비용을 뺀 나머지다.

FD PER의 F^{Forwarding}는 예상당기순이익을, D^{Diluted}는 희석된 시가총

액을 의미한다. 즉 FD PER는 우리가 사용해야 하는 미래 예측 PER다. 지금 이 가격이 미래의 기준에서도 고평가인지 저평가인지를 알아야 하므로 실전 투자에서는 단순한 PER가 아닌 FD PER를 이용한다.

● FD PER = 희석된 시가총액÷예상당기순이익(연간 기준)

희석된 시가총액 구하기

희석된 시가총액을 구하려면 현재 시가총액에 향후 희석될 수 있는 증권의 가치도 합쳐서 계산하여야 한다. 희석증권에는 전환사채^{CB, Convertible Bond}, 신주인수권부사채^{BW, Bond with Warrant}, 보통주로 전환할 수 있는 우선주, 회사에서 새롭게 주식을 발행해야 하는 스톡옵션^{Stock Option} 등이 포함된다. 이런 희석증권은 미래에 보통주로 전환되어 시가총액을 증가시키기 때문에 기업의 가치를 판단할 때는 반드시 모두 포함해야 한다.

① 전환사채(CB): 정해진 기간 내에 회사 주식으로 전환할 수 있는 사채
② 신주인수권부사채(BW): 회사의 주식을 신규로 매입할 수 있는 권리가 붙어 있는 사채
③ 보통주 전환 가능 우선주: 일반적으로 배당금 비율이 보통주보다 높고 향후 보통주로 전환할 수 있는 주식
④ 스톡옵션(주식매수선택권): 회사가 임직원에게 회사 주식을 일정한 가격으로 매수할 권리를 부여한 것

● 희석된 시가총액 = 현재 시가총액 +(희석증권 수 × 현재 주가)

<희석증권이 있는지 찾는 방법>

전자공시시스템(dart.fss.or.kr)에서 다음의 순서
를 거친다.
① 회사명을 입력한다.
② '분기보고서/반기보고서/사업보고서'를 선택
한다.
③ '분기보고서/반기보고서/사업보고서'에서 '자
본금 변동사항' 항목을 찾는다.
④ 미상환 전환사채 발행 현황을 확인한다.

출처: DART

FD PER 구하기

이제 FD PER를 구해보자. 먼저 예상당기순이익을 구한다. 종목 발굴
1단계에서는 간략하게 과거 분기/반기/사업보고서만을 이용하여 1차
FD PER를 구한다. 2단계에서 여러 보조자료와 산업계 동향 등 주변 자
료들을 이용하여 보다 정확한 FD PER를 구하고, 3단계인 투자 결정 단
계에서 최종적으로 확인한다.

그럼 1단계에서 1차 FD PER를 구하는 방법을 알아보자.

예를 들어 회사의 재무제표가 2019년 반기보고서까지 공시되어

있다면, 최소 3년간의 실적을 비교하기 위하여 2018년 반기보고서와 2017년 반기보고서를 비교한다. 이를 통해 당기순이익이 증가세인지 감소세인지, 꾸준한지 들쭉날쭉한지, 증가나 감소가 일시적인지 지속적인지를 분석하여 그 비율에 맞춰 단순계산으로 2019년 당기순이익을 예상한다.

<당기순이익 비교하는 방법(최근 3년)>

전자공시시스템(dart.fss.or.kr)에서 다음의 순서를 거친다.
① 회사명을 입력한다.
② '분기보고서/반기보고서/사업보고서'에서 2017~2019년의 보고서를 찾는다.
③ 연결재무제표 또는 재무제표(자회사가 없을 경우)를 비교한다.
  2019년 재무제표에는 2018년 실적과 비교된 재무제표가 있고, 2018년에는 2017년 실적과 비교된 재무제표가 있으므로 2년 치의 재무제표를 비교하면 된다.

<1차 FD PER 산출 예: ㈜다나와>

연결 포괄손익계산서 (단위: 원)

	제 17 기 반기		제 16 기 반기	
	3개월	누적	3개월	누적
영업수익	22,729,350,846	44,414,299,034	17,202,705,846	47,580,900,975
영업비용	17,875,066,341	34,146,367,185	14,472,212,352	40,521,574,719
영업이익(손실)	4,854,284,505	10,267,931,849	2,730,493,494	7,059,326,256
기타이익	31,173,261	48,182,772	29,674,563	64,978,317
기타비용	13,182,595	16,182,870	9,113,296	9,181,931

금융수익	381,156,180	626,851,487	260,314,311	581,590,599
금융비용	32,201,455	60,602,443	(5,025,335)	68,166,604
법인세비용차감 전순이익(손실)	5,221,229,896	10,866,180,795	3,016,394,407	7,628,546,637
법인세비용	1,444,406,383	2,261,695,026	849,035,756	1,310,347,075
당기순이익(손실)	3,776,823,513	8,604,485,769	2,167,358,651	6,318,199,562

출처: 2018.8.13 반기보고서(2018.6) '재무에 관한 사항'

연결 포괄손익계산서

(단위: 원)

	제 18 기 반기		제 17 기 반기	
	3개월	누적	3개월	누적
영업수익	24,952,240,912	51,668,869,956	22,729,350,846	44,414,299,034
영업비용	18,822,166,864	38,194,682,972	17,875,066,341	34,146,367,185
영업이익(손실)	6,130,074,048	13,474,186,984	4,854,284,505	10,267,931,849
기타이익	1,145,509,406	1,151,126,327	31,173,261	48,182,772
기타비용	38,065,349	62,230,374	13,182,595	16,182,870
금융수익	349,158,636	700,941,851	381,156,180	626,851,487
금융비용	77,131,134	148,683,137	32,201,455	60,602,443
법인세비용차감 전순이익(손실)	7,509,545,607	15,115,341,651	5,221,229,896	10,866,180,795
법인세비용	1,985,692,931	3,206,267,442	1,444,406,383	2,261,695,026
당기순이익(손실)	5,523,852,676	11,909,074,209	3,776,823,513	8,604,485,769

출처: 2019.8.13 반기보고서(2019.6) '재무에 관한 사항'

㈜다나와의 2019년/2018년/2017년의 반기보고서를 비교해보면 당기순이익이 63억(2017년 반기), 86억(2018년 반기), 119억(2019년 반기)처럼 지속해서 성장하고 있음을 확인할 수 있다. 이를 바탕으로 앞으로도 지속해서 성장할 것이라는 가설을 세운다. 2018년 반기 실적보다 2019년 반기 실적이 38%만큼 증가했기 때문에 2019년 당기순이익도 2018년 실적보다 38% 정도 증가하리라고 간단히 예측한다. 여기서 예상된 당기순이익을 이용하여 1차 FD PER를 산출하면 된다.

㈜다나와의 2019년 10월 1일 1차 FD PER를 계산해보자.

· 기본 정보	
2018년 당기순이익 164억 원(제17기 결산 확인함)	반기순이익 86억
38% 증가 예상	38% 증가
2019년 예상당기순이익 226억	반기순이익 119억
※ 시가총액을 올리는 희석증권 없음	

∴ 1차 FD PER

2019년 10월 시가총액 3,000억÷예상당기순이익 226억 = 13.27

 불곰의 투자 Tip

FD PER '10 이하'를 기준으로 하는 것은 저가 매수를 통해 투자 리스크를 줄이자는 뜻이다. 아무리 안정성과 성장성이 확보된 우량주라고 하더라도 이미 주가가 상당히 상승하여 고평가 상태에 이른 종목에 투자하면 실패할 확률이 높기 때문이다.

다나와는 실제로 불곰이 투자해 수익을 낸 종목이다. 2013년부터 1년 동안 보유 후 매도하여 77%의 수익률을 기록했는데, 당시 FD PER는 7.9였다(2부 참조).

조사 단계:
회사의 공개된 정보 수집

기초 단계를 통과한 종목에 한해 두 번째를 진행한다. 2단계인 조사 단계는 그 종목의 미래 성장성을 예측하기 위해서 수많은 정보를 취합하여 투자할 것인지 보류할 것인지를 판단하는 중간 과정이다. 정보의 홍수 시대라고 이야기되는 오늘날에는 그중 값진 정보만을 취합해야 최종적으로 올바른 결정을 할 수 있다.

대부분의 투자자는 자신만이 알고 있다는 내부정보 또는 주변 사람들의 소문을 가장 믿을 만한 투자 정보로 여기는 경향이 있다. 하지만 이런 정보들은 대부분이 가짜뉴스이고, 작전 세력이 만들어 유포했을 가능성이 크다. 따라서 주식투자 실패의 가장 큰 원인이 된다. 주식투자에서 가장 중요한 정보는 '모든 투자자에게 공개된 정보'다.

투자를 위해 검토해야 할 공개된 정보는 크게 네 가지다.

첫째는 공정공시다. 주가에 영향을 미칠 만한 사안이 발생했을 때 회사는 주식시장을 통해 모든 투자자에게 즉시 알리게 되어 있다. 이를 공정공시라고 하며, 금융감독원 전자공시시스템DART에서 간편하게 확인할 수 있다. 둘째는 IRInvestor Relations(기업설명회) 자료다. 회사가 투자자들에게 자사의 우수성을 알리기 위해 홍보활동을 할 때 사용하는 자료다. 셋째는 증권사의 종목 리포트다. 증권사 애널리스트들이 탐방과 조사를 거쳐 기업을 분석해 제공하는 리포트다. 그리고 마지막으로 미디어 뉴스인데, 이를 통해 회사의 히스토리를 검토할 수 있다.

Research 1
공정공시를 확인한다

투자자는 전자공시시스템에 있는 모든 공시를 확인하고 투자 결정을 내려야 한다. 특히 분기·반기 사업보고서에 있는 자본금 변동사항, 배당 관련 사항, 사업의 내용, 재무제표, 주주에 관한 사항, 임원 및 직원의 현황, 계열회사 등에 관한 사항은 반드시 숙지해야 한다. 또한 유상증자, 신주인수권부사채, 주식 소각, 임직원 변경, 최대주주 변경, 소송, 임직원 횡령, 채무보증 관련 공시도 중요하다.

공시에는 긍정적 공시와 부정적 공시가 있는데 이를 구별할 수 있어야 하며, 공시의 내용을 분석할 줄도 알아야 한다.

> **<공정공시 찾는 방법>**
> 전자공시시스템(dart.fss.or.kr)에서 다음의 순서를 거친다.
> ① 회사명을 입력한다.
> ② 모든 공시를 검색한다.

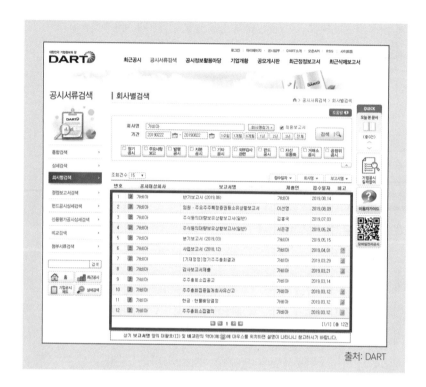

출처: DART

긍정적인 공정공시

1. 대규모 기술수출 또는 수주: 대규모 자금 유입에 대한 기대감 상승

2. 자기주식(자사주) 소각: 기존 주주들의 주당 주식 가치 상승

3. 배당률 지속 상승: 주주환원 정책에 대한 기대감 상승

4. 재무제표 실적 호조: 주가 상승에 대한 기대감 상승

5. 최대주주 지분 확대: 투자자들에게 미래 가치가 상승할 것이라는 강력
   한 믿음 부여

6. 대규모 자사주 취득: 회사에 대한 투자자들의 신뢰도 상승

부정적인 공정공시

1. 자본잠식 3년, 3년 이상의 영업정지, 부도 발생: 상장폐지 결정
2. 감사보고서 의견 거절: 상장폐지 사유
3. 임직원 대규모 횡령: 기업의 계속성이 불가능할 경우 상장폐지 사유
4. CB/BW 발행: 신주발행으로 기존 주주의 보유 주식 가치 하락(주식의 희석화)
5. 제3자 배정 유상증자(시가보다 낮게 발행): 회사의 재무상태가 안 좋을 경우 일반 유상증자가 실패할 가능성이 커서 행해지는 유상증자(대부분 주가 하락 요인이 됨)
6. 잦은 최대주주 변경: 기업의 계속성이 의심되는 회사에서 주로 발생함
7. 소송 발생: 기업의 추가 리스크 요인이 되므로 투자자가 위축됨
8. 대규모 채무보증 발생: 기업의 재무 리스크가 추가돼 투자자가 위축됨
9. 세무조사 발생: 기업의 우발적 재무 리스크가 추가돼 투자자가 위축됨
10. 기존 대규모 계약공시 파기: 계약공시가 가져온 주가 상승분이 없어져야 한다는 투자자들의 인식으로 대부분 급락함

분석이 필요한 공정공시

1. 유상증자: 유상증자의 목적과 타당성을 검토해야 한다. 명분 없는 단순 자금 조달이 목적이면 부정적이고, 대주주 사재 출연이나 신사업 진출과 같은 확실한 목적이 있으면 긍정적이다.
2. 최대주주 변경: 최대주주의 실체가 누구인지가 중요하다. 주요 사업과 관련 없는 단순 자금투자만 했다면 부정적이고, 주요 사업에 시너지를 만들 수 있는 파트너라면 긍정적이다.

3. 제3자 배정 유상증자(시가보다 높게 발행): 인수자의 실체와 인수 목적이 중요하다. 주요 사업과 관련 없는 인수자가 단순 자금투자만 했다면 부정적이고, 주요 사업에 시너지를 만들 수 있는 파트너의 투자 또는 대량의 주식을 확보하기 위해 기관투자가가 시가보다 높게 투자했다면 긍정적이다.

4. 최대주주 지분매각: 매각 사유와 인수자의 실체가 중요하다. 최대주주의 자금 조달을 위한 단순 시장 내 매각 또는 실체가 확실하지 않거나 신생 법인에 매각하는 것은 부정적이고, 사업의 시너지 효과가 확보된 인수자라면 긍정적이다.

5. 무상증자, 액면분할: 주식시장의 장세에 많은 영향을 받는다. 주식시장 불황기에는 주식 수량이 많아 매도세가 강해지므로 부정적이고, 주식시장 호황기에는 싸다는 착시 현상으로 매수세가 강해지므로 긍정적이다.

✅ 불곰의 투자 Tip

자본잠식은 순자산, 즉 자본이 자본금보다 적은 상태를 말한다. 통상 기업의 자본은 '납입자본금(회사 설립 초기 투자된 금액) + 내부유보된 잉여금(영업활동을 통해 벌어들인 금액)'으로 이뤄진다. 그런데 영업활동으로 이익을 내지 못하고 오히려 적자가 나면 유보해두었던 잉여금으로 충당해야 한다. 적자가 계속 누적돼 잉여금을 모두 쓰고도 납입자본금까지 끌어다 써야 하는 상황을 자본잠식이라고 한다. 적자를 납입자본금으로 상쇄하기 시작하는 단계를 부분자본잠식이라고 하고, 납입자본금까지 모두 바닥 나 자본이 마이너스가 된 상태를 완전자본잠식이라고 한다. 부분자본잠식이 50%까지 진행되면 관리종목으로 지정되며, 이 상태가 2년간 지속되면 상장폐지가 된다. 물론 완전자본잠식이 되면 관리종목 지정 없이 즉각 상장폐지된다.

IR 자료를 수집한다

회사는 자본시장에서 정당한 가치를 평가받기 위하여 투자자들을 상대로 꾸준히 홍보활동을 벌인다. 대표적인 예가 기업설명회^{IR}다. 기업설명회는 일반 대중에게 홍보하는 것이 아니라 주식시장에 있는 투자자들을 대상으로 자사의 우수성을 어필하는 것이 목적이다. 이때 제공되는 IR 자료에는 회사 소개, 회사 연혁, 경영진 소개, 사업 아이템, 아이템 사업화 전략, 성장 전략 로드맵, 경쟁력, 회사의 미래 가치 등이 포함되어 있다.

IR 자료는 아무래도 기업이 만든 것이기 때문에 투자자에게 좋은 평가를 받기 위한 홍보성 내용이 섞여 있다. 즉, 기업의 희망사항이 포함된 자료라고 생각하면 된다. 무조건 믿으면 안 되지만, 기업의 제품·서비스와 전반적인 산업 현황을 이해하는 데에는 도움이 된다. 전자공시에 올라오는 사업보고서와 IR 자료를 통해 얻은 기업 및 제품 정보를 꼼꼼히 정리해두자. 이 내용이 충실할수록 이어지는 투자 결정 단계에서 회사 관계자들과 접촉할 때 더 깊이 있는 정보를 얻을 수 있다.

<IR 자료 찾는 방법>

1. 한국거래소 전자공시제도(kind.krx.co.kr)

출처: KIND

① '상장법인 상세정보' 메뉴를 클릭한다.
② 'IR일정/IR 자료실' 메뉴를 클릭한다.
③ 'IR 자료실'을 클릭한다.

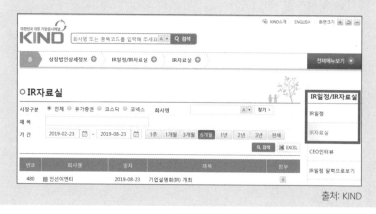

출처: KIND

④ 회사명과 기간을 입력한다.

출처: KIND

2. 구글(google.com)

구글 검색창에서 '회사명 pdf IR'을 입력한다.

출처: 구글

3. 회사 홈페이지

상장기업은 홈페이지에 '투자정보(IR)' 코너를 두고 있으므로 회사 홈페이지
를 방문해 확인할 수도 있다.

Research 3

증권회사의 종목 리포트를 분석한다

IR 자료가 회사가 자사를 평가한 것이라면, 종목 리포트는 증권사가 회사를 평가한 것이다. 증권사 애널리스트가 회사를 탐방하여 작성한 것으로, 회사의 향후 실적과 제품·서비스의 예상 매출 등을 포함하고 있다. 경쟁사와 산업 전반을 분석한 내용도 대부분 포함돼 있으므로 투자 결정 단계에서 회사 관계자들과 접촉할 때 매우 유용하다.

<증권사 종목 리포트 찾는 방법>
구글(google.com) 검색창에 '회사명 pdf'를 입력한다.

> 엔텔스 pdf
>
> Q 전체   🖼 뉴스   ▶ 동영상   🖼 이미지   🔍 쇼핑   ⋮ 더보기   설정   도구
>
> 검색결과 약 10,100,000개 (0.33초)
>
> [PDF] 엔텔스 (069410) 5G로 일타 쌍피(성장성, 실적 턴어라운드) NR
> https://www.ntels.com › ... ▼
> 2019. 1. 7. - 지난해 12월 상용서비스를 시작한 5G 이동통신은 LTE 에 이어서 다시 한번 통신시

출처: 구글

💬 불곰의 **투자 Tip**

단, 주의할 점이 있다. 이렇게 투자에 필요한 정보도 있지만, 애널리스트들이 제시하는 '목표주가'나 '투자의견'은 참조할 필요 없다. 오히려 객관적으로 회사를 판단하는 데 방해가 될 수 있다. 제시한 목표주가는 대부분 맞지 않으며, 투자의견 부분에서도 '매수' 이외에 다른 의견은 거의 없기 때문이다. 애널리스트라는 업의 특성상 어떤 회사의 주식을 매도하라고 주장하기는 어려울 것이다.

Research 4

미디어 뉴스를 검색한다

투자자는 회사와 관련된 모든 미디어 뉴스를 검토할 필요가 있다. 오랜 기간에 걸쳐 발표된 기사들을 검토함으로써 회사의 연혁은 물론 회사가 집중적으로 홍보하는 내용과 시장에서 주목하는 내용이 무엇인지 알 수 있기 때문이다. 특히 시장에서 긍정적 또는 부정적으로 인식하는 부분이 어떤 것인지, 제3자의 주장을 접할 수 있다. 이런 뉴스 내용을 충실히 파악해두면 회사 관계자들과 접촉할 때 궁금한 사항을 정확하게 질문할 수 있다.

<네이버 미디어 뉴스 찾는 방법>
네이버(naver.com) 검색창에 '회사명'을 입력하고 뉴스 카테고리를 연다. 이때는 '오래된 순'으로 정렬해서 보는 것이 더 편하다.

출처: 네이버

실제로 검색을 해보면 기사 수가 엄청나다고 생각되겠지만, 중복된 내용이 많기 때문에 한 시간 정도면 100개 이상의 기사를 검토할 수 있다.

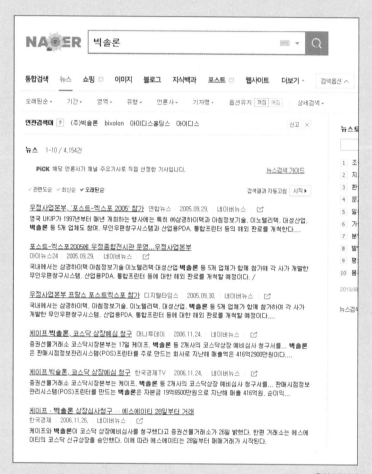

출처: 네이버

결정 단계:
투자 가치 최종 확인 및 저가 매수

기초 단계와 조사 단계를 거쳐 투자할 종목을 결정했다면, 세 번째는 결정 단계다. 회사와 접촉하여 이전 단계에서 검증하고 조사한 내용이 맞다는 확신이 생기면, 최종적으로 '매수' 판단을 내리고 분할 매수를 실행한다.

Decision 1

회사에 문의한다

기초 단계와 조사 단계를 거치면서 생긴 의문점에 대해 회사의 주식 담당자나 영업팀, 마케팅팀, 연구팀과 접촉하여 답변을 구하는 과정이 필요하다. 보통 주식 담당자에게만 질문하는데 실제 영업부서나 연구소 등에 직접 전화해서 질의할 때 더 정확한 답변을 얻는 경우가 많다.

다만, 회사의 미공개 정보를 알려주는 것은 공정공시제도에 위반된다는 점을 염두에 둬야 한다. 부서를 떠나 자사의 '비밀'을 알려줄 것이라는 기대는 버려야 하지만, '포괄적인 내용'은 확인할 수 있다. 무턱대고 아무 질문이나 한다면 투자에 별 도움이 되지 않으니 기초 단계와 조사 단계에서 회사를 확실하게 분석해두는 것이 중요하다.

회사와 접촉할 수 있는 연락처를 찾는 방법에는 두 가지가 있다. 하나는 회사 홈페이지를 방문하는 것이다. 보통은 홈페이지 메인 화면에 회사의 간략 정보가 게시되며, '찾아오시는 길' 같은 메뉴에서 연락처를 찾을 수도 있다. 또 하나는 '분기보고서/반기보고서/사업보고서' 첫 페이지를 참고하는 것이다. 보고서 표지 페이지에 회사 주소와 전화번호가 기재되어 있다.

Decision 2

FD PER를 재확인한다

앞서 기초 단계의 세 번째 필터링 과정에서 1차 FD PER를 예측했다. 3년간의 재무제표를 통해 단순히 지난 실적을 기반으로 산출한 비율이었다. 조사 단계와 결정 단계에서 산업의 전망과 회사 현황을 더 구체적으로 파악해나가면 1차보다 더 정확한 최종 FD PER를 예측할 수 있다.

조사 단계와 결정 단계를 거치면서 확인한 실적과 전망 등이 기초 단계에서 추정한 것과 크게 다르지 않거나 더 긍정적이라면, 최종 FD PER는 1차보다 낮아질 것이다. 이때는 매수를 고려한다. 그런데 만약 조사와 결정 단계를 거치면서 실적 하락이 예상된다면 최종 FD PER는 기초 단계에서 계산했던 1차 FD PER보다 높아질 것이다. 예컨대 실적이 급락해 예상당기순이익이 기초 단계 예상치보다 훨씬 적어진다면 FD PER는 10을 크게 넘어설 것이다. 이런 종목은 매수를 포기해야 한다.

Decision 3

저가에 분할 매수한다

투자를 결정했다면 최종적으로 저가에 매수해야 한다. 주식투자란 싸게 사서 비싸게 팔아 그 차익만큼 이득을 얻는 것이기 때문이다. 그러므로 무조건 싸게 사야 한다.

우선 아무리 좋은 회사라도 주가가 급등했을 때는 매수하면 안 된다. 내일도 오를 것 같다 하더라도 살 때가 아니다. 짧은 시간에 큰돈을 벌려고 하는 것은 욕심이다. 내일 주가가 오를 것 같은 회사를 노리는 것이 아니라 최소 1년 후에 주가가 오를 것으로 예측할 수 있는 회사에 투자하는 것이 좋다. '1년은 무조건 기다려라'라는 뜻이 아니라 그런 마음가짐이 필요하다는 얘기다.

주식을 매수하려는 입장에서는 회사의 펀더멘털에 문제가 없는 상태에서 주가가 내려가는 것만큼 좋은 호재는 없다. 단, 여기서 주의할 점은 한 번에 다 사려고 하지 말고 분할해서 매수해야 한다는 것이다. 그래야 더 안전하고, 심적으로도 여유로워진다. 공들여 종목을 압축해온 기초 단계와 조사 단계를 거쳐 결정 단계의 최종 시점인 이곳에 이르렀을 때, '투자한다'라는 판단이 섰는가? 그렇다면, 마지막으로 실행해야 하는 것이 바로 저가 분할 매수다.

PART 2

불곰의
가치투자 실전
23종목의 기록

세상에는 수많은 이론과 투자법이 있지만, 그것을 다 알아야만 주식투자를 할 수 있는 건 아니다. 은밀한 정보나 복잡한 계산이 필요한 것도 아니다. 1부에서 봤듯이, 간단히 3단계만 거치면 누구나 수익 내는 주식투자를 할 수 있다. 실제로 어떤 과정을 거치면 되는지 그간 투자했던 종목 중 23개를 선정해 설명한다.

어, 왜 현금이 그대로 있지?

나이스정보통신(036800)

최초 매수일 및 가격	2017년 9월 21일 / 24,100원
추가 매수일 및 평균 가격	2018년 3월 14일 / 20,602원
최종 매도일 및 가격	2019년 7월 15일 / 29,497원
수익률	43.1%
주당 배당금	2년 / 652원
배당수익률	3.1%(배당세율 15.4% 제외)
최종 수익률	46.2%

지갑을 열어보니 일주일 전에 넣어둔 돈이 그대로 있다. 일주일 동안 밥도 먹고, 주유도 하고, 책도 샀는데 말이다. 현찰을 쓸 일이 그만큼 없는 것 같다. 편의점에 가서 껌 하나를 살 때도 자연스럽게 카드를 내밀 정도로 일상생활이 비현금화되어가고 있다.

　주변의 음식점, 의류매장, 백화점, 마트, 공공기관, 커피숍, 편의점, 택시 등을 떠올려보자. 이곳들이 공통으로 구비해놓은 것이 있는데, 무엇일까? 바로 카드 단말기다. 심지어 배달 음식 업체도 이동형 카드 단말기를 가지고 있다. 카드 단말기를 통해 소비자의 신용 상태와 카드 한도 및 사용 가능 여부를 카드사와 통신한 뒤, 문제가 없다면 승인하고 문제가 있다면 거절한다. 결론적으로 소비자와 가맹점주, 카드사를 연결해주는 것이 단말기라 할 수 있으며 모든 것이 통신을 통해 이뤄진다.

기본적인 개요는 이렇다. 소비자들은 다양한 카드사의 카드를 가지고 있다. 카드로 대금을 받는 곳을 가맹점이라고 하는데, 소비자가 어떤 카드로 결제할지 알 수 없기 때문에 모든 카드사와 가맹계약을 맺어놓아야 한다. 만만한 일이 아닐 것이다. 다음으로 소비자가 카드로 결제하면 영수증과 동일한 카드전표가 출력된다. 가맹점주들은 이 카드전표를 카드사나 은행에 제출해야 돈을 받을 수 있다. 최소 3일에서 최대 7일 후에 입금된다. 장사가 잘되는 곳에서는 하루에도 카드전표가 엄청나게 생기는데, 날마다 은행을 방문하기는 여간 귀찮은 일이 아닐 것이다.

이런 '귀차니즘'을 파고든 사업이 있으니 바로 VAN^{Value Added Network} 사업이다. 즉 부가가치통신망 사업으로, 쉽게 얘기하면 카드결제중개업이다. 주된 사업은 신용카드사를 대신해 가맹점을 모집하고 단말기를 제공하는 것이며, 신용·체크카드를 이용해 고객이 물품 등을 구입할 경우 카드사로부터 결제 승인을 받을 수 있도록 승인중개업무를 한다. 또한 가맹점이 해야 할 일인 카드사와의 계약을 대행하고, 가맹점주의 카드전표 내역을 카드사에 보내 가맹점이 카드사로부터 판매대금을 받을 수 있게 돕는다. 이 대가로 수수료를 받는 것이다. 대표적인 회사로 나이스정보통신, 한국정보통신, KSNET, 스마트로, KIS정보통신 등이 있다. VAN 사업은 오프라인 결제 시스템이다.

그리고 인터넷에서도 카드결제가 엄청나게 이뤄진다. 소셜커머스,

e커머스, 오픈마켓, 쇼핑몰, 배달 앱 등 카드 매출이 지속적으로 성장하고 있다. 이처럼 온라인 영역에서도 결제중개업무를 하는 회사가 있다. 이를 'PG^Payment Gateway' 사업이라고 하는데, 인터넷을 통해 물건을 팔고자 하는 사업자라면 통신판매업을 등록한 후 PG사와 계약을 해야만 인터넷 결제를 할 수 있다. PG사가 카드사와의 계약을 대행하고, 결제된 금액을 취합하여 지불을 대행한다.

3%대의 높은 수수료가 발생하지만 시스템이 한 가지라 바꾸기 힘들다. 직거래라는 방법이 있지만, 소비자 입장에서는 안전하지 않다고 판단할 수 있다. 따라서 사업자들은 신뢰를 위해서라도 계약을 할 수밖에 없다. 대표적인 기업으로 KG이니시스, LG유플러스, 나이스정보통신, KSNET, NHN한국사이버결제 등이 있다.

VAN 사업과 PG 사업을 같이 하는 기업들도 있다. 대표적인 곳이 나이스정보통신이다. 1988년 한국신용정보㈜로 설립된 회사의 카드사업부가 나이스정보통신이 됐고, 한국신용정보㈜는 모회사인 나이스홀딩스가 됐다. 나이스정보통신은 2000년 4월 30일에 코스닥에 상장됐고, 2016년 PG사업부를 물적분할해 나이스페이먼츠㈜를 설립했다. VAN 사업에서 시장점유율 1위 회사다.

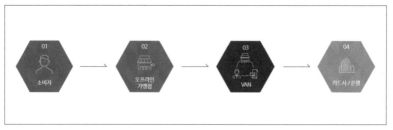

출처: 나이스정보통신 홈페이지

불곰의 투자 Tip

물적분할은 존속회사가 신설회사의 주식을 모두 소유하는 방식이고, 인적분할은 기존 주
주들이 새로운 회사의 주식을 지분만큼 나눠 갖는 방식이다.

기초 단계

3중 필터링으로 종목 압축

Filtering 1 **재무 안정성 검증: 부채비율이 100% 이하인가?**

PG 사업은 지불대행이라는 특성상 부채비율이 다른 의미를 갖는다. 인터
넷 쇼핑몰 사업자의 매출이 발생하면, PG사가 카드사로부터 대금을 지급
받은 후 쇼핑몰 사업자와 계약한 지급일에 입금한다. 카드사로부터 받은
돈은 기타유동부채의 선수금으로 잡히는데, 자회사인 나이스페이먼츠가
PG 사업을 전담하고 있다. 연결종속회사로 모든 부채가 반영되어 나이스
정보통신의 부채가 높게 잡힌 것이다. PG 사업을 하는 기업의 부채는 긍
정적인 의미를 갖는다. 영업활동이 매우 잘되고 있다는 반증이다. 오히려
부채비율이 100%를 넘지 못하면 사업이 지지부진하다고 평가받는다.

부채비율 확인을 위한 데이터   (단위: 억 원, %)

	2017년 제30기 반기	2016년 제29기	2015년 제28기
자본	1,615	1,517	1,239
부채	2,308	2,251	1,669
부채비율	**142**	**148**	**134**

비즈니스 성장성 확인: 영업이익이 지속해서 성장하는가?

IT산업의 발달로 결제 시스템이 간편하고 다양해지면서 현금보다 카드를 사용하는 일이 더 많아졌다. 카드사로부터 다양한 혜택이 제공될 뿐 아니라, 무엇보다 편하다는 것이 가장 큰 이유다. 나이스정보통신의 최근 3년간 매출 증가율을 보더라도 15% 이상 성장했다. 여기에는 인터넷 쇼핑몰 시장이 확대된 점도 크게 작용했다. 영업이익은 더 높은 증가율을 보였다. 2017년 반기까지 매출이 20% 이상 늘었고 당기순이익도 15% 증가했는데, 영업이익은 오히려 감소했다. 그 이유는 'Filtering 3'에서 언급하기로 하고, 우선 영업 성장성만 본다면 전체적인 흐름이 좋다. VAN 사업의 시장점유율도 증가하고 있고, 나이스페이먼츠의 PG 수수료 매출도 급속히 증가하고 있다.

연결 포괄손익계산서
(단위: 원)

	제30기 반기	제29기 반기	제29기	제28기	제27기
수익(매출액)	172,317,306,483	149,962,013,634	317,066,478,744	263,882,884,556	225,516,768,108
매출원가	118,623,268,915	98,850,277,819	210,994,119,340	187,424,005,922	171,403,323,292
매출총이익	53,694,037,568	51,111,735,815	106,072,359,404	76,458,878,634	54,113,444,816
판매비와 관리비	34,573,366,849	26,893,919,782	58,862,520,046	42,297,738,133	32,883,597,950
영업이익 (손실)	19,120,670,719	24,217,816,033	47,209,839,358	34,161,140,501	21,229,846,866
당기순이익 (손실)	15,338,670,475	13,428,812,218	30,314,590,401	30,525,342,687	29,975,465,014

출처: 2017.8.14 반기보고서 '연결재무제표', 2017.3.31 사업보고서(2016.12) '연결재무제표'

최근 3개년 당사 시장점유율 추이			(단위: 천 건, %)
연도	2014년	2015년	2016년
전 VAN사 처리 건수*	11,098,983	12,750,662	14,726,292
당사 처리 건수	1,759,103	2,069,777	2,505,754
당사 점유율	15.8	16.2	17.0

* VAN업계 공유 자료 합산

출처: 2017.8.14 반기보고서 '사업의 내용'

Filtering 3 저평가 상태 확인: FD PER가 10 이하인가?

2016년 전반기 매출이 1,499억 원이고, 2016년 총매출이 3,170억 원이다. 후반기에 1,671억 원의 매출을 올린 셈인데, 전반기 매출보다 높다. 2017년 전반기가 1,723억 원이니 후반기는 1,900억 원 정도로 예상해본다. 전반기 영업이익이 낮아진 이유는 판매비와관리비가 늘었기 때문이다.

그중에서 가장 큰 비용이 판매장려금인데 VAN사는 가맹점 모집, 전표 수거, 단말기 설치, 보수 등을 VAN 대리점에 위탁하고 보수를 지급한다. 대리점에 지급되는 비용을 판매장려금으로 처리한다. 2017년도 전반기는 유독 많은 판관비 지출로 영업이익이 낮아졌다. 대신 기타영업외수익이 기타영업외비용에 비해 높았기에 당기순이익은 늘었다. 2016년도에는 기타영업외비용이 높아 당기순이익이 줄어든 모습을 보였다. 물적분할로 영업권상각비 66억 원이 반영돼서다.

전체적인 흐름을 보는 것이 중요하다. 2017년 매출 역시 사상 최대 실적을 기대해봐도 좋을 것이다. 당기순이익은 전반기의 2배로 계산했다. 300억 원은 넘길 것으로 본다. 시가총액이 2,465억 원이니 FD PER

는 8.2로, 불곰의 FD PER 기준을 충족한다.

FD PER 산출을 위한 데이터

(단위: 억 원)

	2017년 제30기 예상	2017년 제30기 전반기	2016년 제29기 전반기	2016년 제29기	2015년 제28기
매출액	**3,623**	1,723	1,499	3,170	2,638
영업이익	**443**	191	242	472	341
당기순이익	**300**	153	134	303	305

조사 단계

회사의 공개된 정보 수집

`Research 1` **공정공시를 확인한다**

최근 3년 치의 매출구성을 확인한 결과 나이스정보통신의 VAN 사업 수수료(용역매출)가 60%, 단말기 판매(상품매출)가 7%, 나이스페이먼츠의 PG 사업 수수료(전산매출)가 30%였다. 중요한 포인트는 2015년인 제28기에 비해 제30기 상반기 PG 사업 매출이 2배 이상 성장하고 있다는 점이다.

≣✓ 불곰의 Item Insight

2010년 시작한 PG 사업이 2015년까지 50배 성장했다고 하는데, 2017년 반기 매출이 2015년 총매출보다 높다. 온라인 결제 시장의 규모가 급속히 커지고 있음을 알 수 있다. 스마트폰과 태블릿PC의 활성화로 온라인 및 모바일 결제 수요는 더욱 커질 것이다. 이와 함께 나이스정보통신도 폭발적인 성장세를 지속하고 있다.

매출실적(연결기준)　　　　　　　　　　　　　　　　　　(단위: 백만 원)

회사	매출유형	품목		제30기 상반기	제29기	제28기
NICE 정보통신	상품 매출	카드 조회 단말기	수출	–	–	–
			내수	12,420	18,900	6,916
			합계	12,420	18,900	6,916
	용역 매출	조회 수수료	수출	–	–	–
			내수	102,937	214,358	204,731
			합계	102,937	214,358	204,731
NICE 페이먼츠	전산 매출	중개 수수료	수출	–	–	–
			내수	56,960	83,808	52,236
			합계	56,960	83,808	52,236
합계			수출	–	–	–
			내수	172,317	317,066	263,883
			합계	172,317	317,066	263,883

출처: 2017.8.14 반기보고서 '사업의 내용'

현재 5% 이상의 지분을 보유하고 있는 주주들을 보면, 모회사 ㈜나이스홀딩스가 42.7%를 소유하고 있고, 저평가 가치주에 투자하는 엔티아시안 디스커버리 마스터 펀드^{NTAsian Discovery Master Fund}가 11%, 피델리티 ^{Fidelity Management Research Company}가 10%, 한국투자밸류자산운용이 5.05%를 보유하고 있다.

세부변동내역

성명(명칭)	생년월일 또는 사업자등록번호 등	변동일*	취득/처분 방법	주식등의 종류	변동 내역			취득/처분 단가**	비 고
					변동전	증감	변동후		
엔티아시안 디스커버리 마스터펀드	18989	2016.05.09	장내매수 (+)	의결권있는 주식	752,000	8,600	760,600	33927.30	–
엔티아시안 디스커버리 마스터펀드	18989	2016.05.10	장내매수 (+)	의결권있는 주식	760,600	23,300	783,900	34579.87	–

출처: 2016.6.8 주식등의대량보유상황보고서(약식)

세부변동내역

성명(명칭)	생년월일 또는 사업자등록번호 등	변동일*	취득/처분 방법	주식등의 종류	변동 내역			취득/처분 단가**	비 고
					변동전	증감	변동후		
FIAM EMERG MKT CM PL T1058	002745	2016년 04월 22일	장내매수 (+)	의결권있는 주식	456,530	2,148	458,678	34,012.75	–
FIAM EMERG MKT CM PL T1058	002745	2016년 04월 25일	장내매수 (+)	의결권있는 주식	458,678	3,808	462,486	34,097.35	–
FIAM EMERG MKT CM PL T1058	002745	2016년 04월 26일	장내매수 (+)	의결권있는 주식	462,486	2,195	464,681	33,869.88	–

출처: 2016.6.8 주식등의대량보유상황보고서(약식)

보유주식등의 수 및 보유비율

	보고서 작성 기준일	보고자 본인 성명	보고자 특별 관계자 수	주식등 주식등의 수(주)	주식등 비율 (%)	주권 주식수 (주)	주권 비율 (%)	의결권 있는 발행주식 총수(주)
직전 보고서	2017년 03월 30일	한국투자 밸류 자산 운용(주)	–	499,000	4.99	499,000	4.99	10,000,000
이번 보고서	2017년 04월 03일	한국투자 밸류 자산 운용(주)	–	505,000	5.05	505,000	5.05	10,000,000
증감				6,000	0.06	6,000	0.06	0

출처: 2017.4.4 주식등의대량보유상황보고서(약식)

세부변동내역

성명(명칭)	생년월일 또는 사업 자등록번 호등	변동일*	취득/처 분 방법	주식등의 종류	변동 내역 변동전	변동 내역 증감	변동 내역 변동후	취득/처 분 단가**	비고
한국투자밸 류자산운용 (주)	107-86- 74734	2017년 04월 03일	신규보고 (+)	의결권있 는 주식	499,000	6,000	505,000	25,665	–

출처: 2017.4.4 주식등의대량보유상황보고서(약식)

2015년 VAN 수수료를 정액제에서 정률제로 전환하겠다는 정부방침이 발표되자, 수익률 악화를 우려하며 매도세가 강해졌다. 그로 인해 50,000원이 넘던 주가가 하락하여 이 종목을 조사하던 시점에는 50% 이하로 떨어져 있었다.

 불곰의 투자 Tip

앞서 언급한 투자사들의 최근 매수 단가를 확인해보니 엔티아시안 디스커버리 마스터 펀드와 피델리티는 33,000원부터 35,000원 사이였고, 한국투자밸류는 25,665원이었다. 좋은 주식을 저가에 매수하려는 흔적이 보였다. 개인투자자들도 기관들보다 저가에 매수하도록 노력해야 한다. 그래야만 투자 리스크를 줄일 수 있다.

[Research 2] **IR 자료를 수집한다**

VAN 사업에서 가장 중요한 부분은 결제 건수다. 결제 건수가 시장점유율로도 이어진다. 최근 3년간의 월별 결제 건수를 보면 이해하기 쉽다. 나이스정보통신이 전체 결제 건수의 17% 이상을, 나이스홀딩스의 또 다른 자회사인 KIS정보통신이 11.4%를 처리하고 있다. 나이스그룹이 전체 시장의 29%를 담당하고 있는 셈이다. 해외 시장이 확대되고 모바일 결제 시장의 규모가 성장하고 있으므로 점유율은 계속 높아질 것이다.

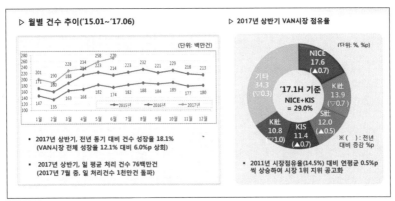

출처: 2017.8.14 '2017 1H 실적 분석' 자료

자회사 나이스페이먼츠의 PG 사업 지불대행 금액 추이를 보면 매년 2배 정도의 성장을 보이고 있다. 2016년 1월 2,658억 원에서 2017년 1월 4,613억 원으로 증가했다. 비록 영업이익률이 1.5%로 낮으나 상승세를 이어가고 있다. 현재 국내 PG 시장에서 4위 사업자다.

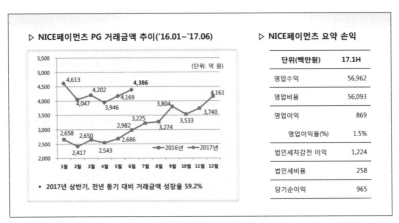

출처: 2017.8.14 '2017 1H 실적 분석' 자료

- 수수료 인하: 2016년 하반기를 기점으로 수수료 인하에 대한 구체적인 절차가 결정됨. 향후 3년 정도 반영. 이는 불확실성 해소 요인으로 작용. 기존 정액제에서 정률제로 전환. 5만 원 이하 카드 무서명거래(No CVM) → 수수료 인하는 2015년 하반기부터 2016년 상반기까지 진행된 리베이트 금지에 대한 반대급부임을 고려하면, 그 인하폭은 향후 3년간 약 30% 정도일 가능성이 큼. 연간 약 10% 수준으로 해석 가능

출처: 이베스트 투자증권 리포트(2017.1.4)

이 리포트의 핵심은 1만 원 이하의 소액결제가 증가하고 있다는 것이다. 비현금화 생활 패턴이 일반화되면서 소액결제도 카드를 이용한다. 결제 건당 70~150원을 받는 VAN사는 문제가 되지 않지만, 카드사 입장에서는 결제 금액이 적으면 적을수록 비용 대비 수익이 줄어든다. 이에 카드사는 소액결제가 늘어나는 것에 대응하기 위하여 VAN 수수료 체계를 정액제에서 정률제로 변경하기로 했다. 바로 적용되는 것이 아니고 점진적으로 진행될 것이다. 수수료 체계가 바뀌더라도 결제 건수가 급증하는 추세라 영향은 크지 않을 것으로 판단했다.

Research 4 미디어 뉴스를 검색한다

조현목 신한금융투자 연구원은 "삼성전자는 2015 MWC에서 모바일 결제 서비스인 삼성페이를 공개했으며, 삼성페이는 MST 기술을 적용해 기

존 VAN 단말기를 통해 결제가 가능하다"라며 "갤럭시 S6 이외의 스마트폰은 삼성페이 결제를 위해 별도의 단말기 설치가 필요해 나이스정보통신 등 VAN 사업자의 삼성페이 결제 단말기 설치가 예상된다"라고 말했다. 또 조연구원은 "최근 카드 VAN 수수료 부과체제가 정액제에서 정률제로 변경된다는 언론 보도 영향으로 주가가 급락했다"라면서 "하지만 정률제는 카드사의 협상안일 뿐 확정되지 않은 내용이며 루머로 인한 주가 하락은 매수 기회"라고 설명했다.

출처: 《이투데이》(2015.3.9)

삼성전자가 공개하는 삼성페이는 기존 단말기를 통해 결제할 수 있는 모바일 결제 서비스다. 스마트폰에 카드를 등록한 후 가맹점에서 카드 대신 휴대전화를 단말기에 대기만 하면 결제가 이뤄진다. 새로운 핀테크의 개발은 소비자들의 관심과 시장 확대로 이어진다.

2015년 들어 주가가 하락하는 이유는 VAN 수수료 문제다. 정액제에서 정률제로 전환되면 VAN 수수료가 줄어들어 매출이 하락하고 이익이 감소하리라고 판단한 투자자들의 불안이 영향을 준 것 같다. 하지만 가치주 투자를 주로 하는 기관들은 저평가되고 있는 나이스정보통신의 주식을 매입하고 있다.

결정 단계

투자 가치 최종 확인 및 저가 매수

회사에 문의한다

Q 카드 가맹점 VAN 수수료 방식이 변경된다고 하는데 어느 정도 영향이 있는가?

A 소액을 카드로 결제하는 데 따른 수수료 인하 이슈가 있다. 기존 정액제가 정률제로 바뀌고 있다. 정액제에서는 금액과 상관없이 건당 100원을 받는데, 소액결제 시 수수료율이 높아진다는 이유로 정책이 변경되고 있다. 그만큼 현금 대신 카드를 많이 사용한다는 뜻이다. 1,000원짜리 결제를 비롯해 1만 원 이하도 카드를 사용한다. 정액제로 하면 1만 원을 결제했을 때도 카드사가 VAN사에 건당 100원의 수수료를 준다. 1%다. 통상 2.5%대의 카드 수수료가 책정된다고 볼 때 VAN 수수료가 거의 절반이다. 정률제로 변경되면 업종에 따라 조금씩 다르긴 한데 건당 0.3% 미만이 될 것으로 계산한다. 1만 원을 결제하면 VAN 수수료로 30원만 내면 되니 카드사는 수수료를 대폭 낮출 수 있다. 하지만 100만 원 결제를 해도 100원의 수수료를 냈던 업체들은 오히려 수수료를 더 내야 하는 상황이 된다. 100만 원의 0.3%면 3,000원이다. 결제 금액이 클수록 수수료 부담이 늘어난다. 하지만 당사 입장에서 매출에 큰 변화가 있을 것으로 보진 않으며, 실제 매출은 증가하고 있다.

FD PER를 재확인한다

1단계에서 과거 재무제표 실적을 보고 추정한 2017년 FD PER는 8.2로 불곰의 기준인 '10 이하'를 충족했다. 그와 함께 2단계의 조사와 3단계의 회사 접촉을 통해 FD PER가 더 낮아질 것이라는 판단으로 투자를 결정했다.

저가에 분할 매수한다

2017년 9월 최고 주가(50,000원) 대비 50% 이하로 형성되어 많이 빠졌다고 생각해 1차 추천을 했다. 이후 주식시장의 하락으로 회사 펀더멘털과는 상관없이 주가가 계속 하락하여 2018년 3월 31일부터 2019년 1월 3일까지 계속 추가 매수를 진행했다. 평균 매수가는 20,602원이 됐다. 2019년 7월 기업이 제 가치를 찾아가면서 주가가 상승하여 평균 29,497원에 매도했다. 3.1%의 배당수익을 포함하여 최종 수익률은 46.2%다.

📖 불곰의 **투자 Review**

금융 시스템의 한 축을 차지하고 있는 나이스정보통신은 기존에 깔려 있는 인프라를 이용하여 사업을 지속해서 확장하고 안정된 수익을 창출해내는 기업이다. 2013년 이후 단 2년 만에 10배의 주가 상승(5,000원대에서 50,000원으로)을 이루어냈다. 주로 현금결제가 이뤄지던 시대에서 카드결제가 대세가 된 사회 트렌드의 변화 때문이다.

주식투자를 하면서 항상 느끼는 것이지만 사회의 트렌드를 선도하는 사업이나 산업군은 어느 순간 상상할 수 없을 정도로 폭발적인 성장을 한다. 주식투자를 잘하는 방법은 사업과 제품을 잘 이해하고, 남보다 먼저 사회 트렌드를 읽고, 일찍 투자한 뒤 기다리는 것이다. 때가 되면 돌아올 연어를 기다리는 곰처럼 느긋하게 말이다.

캠핑엔 역시 삼겹살이지

우리손에프앤지(073560)	
최초 매수일 및 가격	2017년 4월 6일 / 2,310원
추가 매수일 및 평균 가격	2018년 10월 10일 / 1,631원
최종 매도일 및 가격	2019년 4월 8일 / 2,609원
수익률	60%
주당 배당금	2년 / 21원
배당수익률	1%(배당세율 15.4% 제외)
최종 수익률	61%

캠핑을 떠나는 날이다. 매번은 아니지만, 금요일 저녁이나 토요일 아침에 가곤 한다. 장기 계약을 하고 사이트 한 자리를 분양받아 텐트 등 도구는 모두 캠핑장에 보관하고 있다. 음식과 옷만 챙겨 가면 된다.

옷을 챙겨놓고 잠시 TV를 틀었다. 조류독감^{AI}이 발생하여 발병 농장의 닭과 오리를 살처분한다는 뉴스가 나오고 있다. 참 안타까운 일이다. 매년 겨울이 되면 기러기 등의 철새가 이동하는데 그들이 균을 퍼뜨리는 일이 많다고 한다. 더욱이 구제역 여파까지 확산되면서 육류 가격이 요동칠 것 같다는 소식이다. 닭과 오리가 비싸지고 계란마저 금값이 됐는데, 소와 돼지 가격까지 상승하면 자영업자들과 소비자들 모두 어려워질 것이다.

이런저런 생각을 뒤로하고 캠핑장으로 출발했다. 근처에 다다라 단골 정육점에 들렀다. 저녁에 삼겹살을 구워 먹을 생각이었는데 오전에 접한 뉴스가 현실에 반영돼 있었다. 삼겹살 가격이 20% 정도 인상됐다고 한다. 눈물을 살짝 머금고 계산했다.

캠핑장에 도착해 짐을 정리하고 한 주 동안 비어 있었던 텐트와 주변을 청소했다. 잡일들을 얼추 끝내니 저녁이 됐다. 그것도 일이라고 배가 고팠다. 아까 사 온 삼겹살을 구우면서 '앞으로 얼마나 오르려나. 이제 자주 못 사 먹겠네'라고 생각하니 마음은 아픈데 이상하게 맛은 더 있었다.

불판에서 맛있게 익어가는 삼겹살을 보며 몇 가지 생각을 했다. 닭고기는 비닐 포장지나 플라스틱 팩에 제조원이 크게 표기되어 판매된다. 그래서 사람마다 선호하는 브랜드가 따로 있기도 하다. 일테면 하림, 마니커 등이다. 그런데 돼지고기는 한 번도 브랜드를 생각해본 적이 없다. 국산이냐 수입산이냐가 전부였다. 마트나 정육점에 가봐도 딱히 어디 브랜드로 달라는 손님은 없다. 냉장 진열되어 있는 것에서 원하는 만큼 사 갈 뿐이다. 분명 양돈 업체도 여러 곳일 텐데 말이다.

자연 속에서 여유롭게 주말을 보내고 돌아와, 양돈 업체가 얼마나 되는지 살펴봤다. 그리고 상장회사가 있는지도 찾아봤다.

국내 양돈사업은 크게 축협과 농협 등이 주도하는 모양새로, 조합 형태를 하고 있다. 많은 양돈 농가가 결합하여 운영한다. 민간 기업으로는 사조산업, 선진, 팜스코, 우리손에프앤지가 있다.

조사를 하면서 알게 된 사실인데, 양돈사업은 진입장벽이 높아 신규 진입이 거의 불가능한 산업군이었다. 돼지만 키우면 되는 것이 아니라 도축하여 가공·유통도 해야 하기 때문이다. 먼저 도축장 부지는 도시계획시설로 지정되어 있고, 환경규제가 특히 까다롭다. 허가를 받는다고 하더라도 요구되는 위생시설 등을 갖춰야 하기에 초기 시설 투자 부담이 엄청나다. 정부의 환경규제가 갈수록 엄격해지기 때문에 중소농이 급격히 줄어들고 대규모 기업형 양돈 업체 중심으로 시장이 재편되고 있다.

상장회사로는 팜스코, 선진, 우리손에프앤지가 있는데 팜스코는 '하이포크', 선진은 '선진포크'라는 브랜드로 유통하고 있었다. 우리손에프앤지는 '생생포크'라는 브랜드로 정육 업체나 마트에 납품하고 있었다. 하이포크와 선진포크는 잘 알려진 브랜드라 저평가되어 있을 가능성이 작아서, 유명세가 덜해 저평가 가능성이 있는 우리손에프앤지를 분석했다.

우리손에프앤지는 2001년 2월 22일에 ㈜도드람비티로 설립됐다. 2016년 2월 현재의 상호로 변경하고, 7월 코스닥에 상장했다. 양돈 관련주에 공모 청약을 얼마나 하겠느냐 했는데 공모 경쟁률이 자그마치 638:1이었다. 공모가는 2,210원으로 공모에 몰린 자금 총액이 2조 6,000억 원이었다. 그만큼 투자자들의 많은 관심을 받았다는 얘기다.

우리손에프앤지는 ㈜이지바이오의 자회사로 ㈜이지바이오가 43.78%의 지분을 보유하고 있으며, 주요 사업은 양돈업과 가공유통업이다.

기초 단계

3중 필터링으로 종목 압축

Filtering 1 **재무 안정성 검증: 부채비율이 100% 이하인가?**

최근 3년간의 부채비율을 보면 2014년 236%, 2017년 155%, 2018년 92%로 계속 감소했다. 이 추세가 지속돼 앞으로도 감소할 것으로 판단했다. '100% 이하'라는 기준을 통과하긴 했지만 타 업종에 비해 다소 높아 보일 수 있는데, 이는 산업 특성 때문이다.

부채비율 확인을 위한 데이터　　　　　　　　　　　　　　　　　　(단위: 억 원, %)

	2016년 제16기	2015년 제15기	2014년 제14기
자본	1,381	931	655
부채	1,277	1,450	1,546
부채비율	**92**	**155**	**236**

Filtering 2 **비즈니스 성장성 확인: 영업이익이 지속해서 성장하는가?**

최근 사업연도를 보면 전년 대비 매출이 급증했다. 2015년 12월에 강원 LPC(가축의 생산·도축·가공·판매를 일괄 처리)를 인수하면서 가공유통업 쪽 매출이 증가했다. 거점도축장으로서 중간도매상뿐만 아니라 소매시장으로도 사업영역을 확대할 수 있는 기반을 마련했으며, 이 역시 매출 증가에 기여할 것이다. 매년 도축물량이 늘면서 점유율을 끌어올리고 있고, 개인 소비량의 지속적인 증가도 매출 증가에 기여할 것이다. 개인 소비량이 늘고 있는 원인 중 하나로 캠핑 인구 급증을 들 수 있다. 나도 캠핑을 하면서 삼겹살 소비에 동참했다.

요약재무정보

(단위: 원)

구분	제16기	제15기	제14기
	2016년 1월 1일 ~ 2016년 12월 31일	2015년 1월 1일 ~ 2015년 12월 31일	2014년 1월 1일 ~ 2014년 12월 31일
매출액	186,697,989,727	155,021,911,596	166,229,914,338
영업이익	27,154,432,370	26,331,814,144	33,911,165,322
당기순이익	13,837,451,984	14,989,715,976	21,005,078,770

출처: 2017.3.31 사업보고서(2016.12) '재무에 관한 사항'

출하두수 기준 시장점유율

연도	전국 도축두수	우리손 판매두수	비율
2014	15,686,435	219,166	1.40%
2015	15,906,598	223,864	1.41%
2016	16,545,753	261,030	1.58%

주) 외부판매두수 기준으로 작성되었습니다.
  전국 도축두수 : 한국육류유통수출협회 통계자료전국

출처: 2017.3.31 사업보고서(2016.12) '사업의 내용'

Filtering 3 저평가 상태 확인: FD PER가 10 이하인가?

2015년 4월 17일 설립한 농업회사법인 ㈜부여육종이 2016년 21억 원 적자를 기록했다. 모돈 생산을 위한 투자가 이뤄진 시기여서 그렇다. 이 적자는 100% 지분을 가지고 있는 우리손에프앤지에 그대로 반영됐다.

이 사실을 고려해서 2017년 실적을 예상해보면 전년 대비 20% 매출 증가와 매출액의 15%의 영업이익률, 영업이익의 50% 정도의 당기순이익을 낼 것으로 기대한다. 2017년 4월부터 부여육종의 출하가 있을 것이고, 강원LPC의 매출 역시 증가할 것이다. 시가총액 1,509억 원이니 FD PER는 8.8 정도 된다. 불곰의 FD PER 기준을 충족한다.

FD PER 산출을 위한 데이터　　　　　　　　　　　　　　　　　(단위: 억 원)

	2017년 제17기 예상	2016년 제16기	2015년 제15기	2014년 제14기
매출액	**2,240**	1,867	1,550	1,662
영업이익	**340**	271	263	339
당기순이익	**170**	138	150	210

조사 단계

회사의 공개된 정보 수집

Research 1　**공정공시를 확인한다**

우리손에프앤지의 자회사 현황을 보면 문경양돈영농조합법인, 농업회사법인 ㈜안성, 농업회사법인 ㈜우포월드, 농업회사법인 ㈜팜스월드지지피, 농업회사법인 ㈜부여육종, 이지바이오 필리핀이 주요종속회사다. 연결 대상으로 실적에 반영된다.

회사의 개요

(단위: 백만 원)

상호	설립일	주소	주요사업	최근사업 연도말 자산총액	지배관계 근거	주요종속 회사 여부
(주)햇살촌	2009년 5월	서울	음식소매업	149	기업의결권 과반수소유	X
문경양돈영농조합법인	1995년 3월	문경	축산업	20,495	상동	O
농업회사법인(주)안성	1987년 1월	안성	축산업	31,441	상동	O
농업회사법인 (주)우포월드	2006년 12월	창녕	축산업	40,868	상동	O
농업회사법인 (주)지리산하이포지피	2006년 5월	산청	축산업	15,506	상동	X
(주)씨엔이	2006년 2월	서울	건설업	1,190	상동	X
창진영농조합법인	1996년 4월	제주	축산업	13,958	상동	X
농업회사법인 (주)팜스월드지지피	2003년 5월	영광	축산업	17,033	상동	O
농업회사법인 (주)부여육종	2015년 4월	부여	축산업	19,734	상동	O
Easybio philippines Inc.	2002년 7월	필리핀	사료제조업	29,500	실질지배력	O
Southernpeak Realty Corporation	2010년 1월	필리핀	부동산임대	1,270	상동	X

출처: 2017.3.31 사업보고서(2016.12) '회사의 개요'

매출구성을 보면 비육돈이 943억 원으로 50%를 차지하고 있으며, 2015년에 인수한 강원LPC 도축장에서 발생하는 매출은 419억 원으로 2016년부터 반영되기 시작했다. 양돈 농가로부터 돼지를 받아 위탁 가공·유통도 하고 있다. 지속적인 매출 성장을 보일 것이다.

주요 제품 등의 현황

(단위: 백만 원)

매출유형	품목		2016년		2015년		2014년	
			수량	금액	수량	금액	수량	금액
제품	비육돈 (*)	내수	235,062	94,350	223,864	97,356	219,166	123,349
	비육우	내수	604	4,952	575	3,916	994	4,900
	기타	내수		15,039	–	20,451	–	11,866
가공유통사업		내수		41,963	–	–	–	–
해외사업				29,740	–	33,141		25,701
상품		내수		654	–	158	–	414
합계		합계	235,666	186,698	224,439	155,022	220,160	166,230

(*) 특수관계자와의 거래를 제거한 수량 및 금액임

출처: 2017.3.31 사업보고서(2016.12) '사업의 내용'

🔖 불곰의 Item Insight

우리손에프앤지는 돼지, 소 등을 보유하고 있다. 이들은 자산으로 편입되는데, 계정명은 생물자산이며 소비용 생물자산과 생산용 생물자산으로 나뉜다. 원가에 영향을 주는 생물자산은 매일 시세가 변동한다. 이 종목의 특성이기 때문에 알아두면 매출원가와 영업이익의 상관관계를 파악하는 데 도움이 된다.

요약재무정보

(단위: 원)

	제16기	제15기	제14기
자산			
유동자산	84,725,865,460	70,081,884,104	78,834,763,263
소비용생물자산	39,562,642,069	37,976,582,927	50,892,903,290
비유동자산	181,136,802,199	168,046,029,063	141,441,475,554
생산용생물자산	8,997,598,255	6,813,570,426	6,119,904,683

출처: 2017.3.31 사업보고서(2016.12) '재무에 관한 사항'

Research 2 **IR 자료를 수집한다**

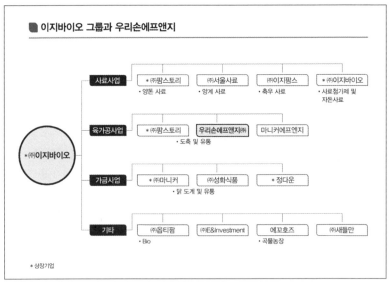

출처: 2016년 우리손에프앤지 IR 북

양돈사업의 단계를 보면 사업이 단순히 1~2년으로 이루어지진 않는다는 사실을 알 수 있다. 원종돈에서 판매가 가능한 비육돈까지 사육하는 기간만 해도 3년이 넘는다. 초기 투자비용이 커서 진입장벽이 높다.

용어를 간단히 살펴보면, 먼저 원종돈은 종돈인 씨돼지의 부모를 말한다. 종돈으로부터 태어나는 개체가 모돈이며, 모돈에서 생산되는 돼지가 자돈이다. 자돈을 출하가 가능한 돼지로 키운 게 비육돈이다. 비육돈을 도축장으로 보내 뼈를 발라내고 부분육으로 만든 것을 정육이라고 한다. 정육점을 생각하면 될 것이다. 비육돈의 부가가치는 보통 2배 정도로 보고 있다.

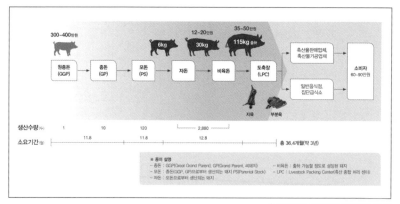

양돈업도 육계업과 비슷하게 대형화되고 있다. 정부의 환경규제와 원가 경쟁력이 원인이며, 점점 LPC를 보유한 기업 중심으로 재편될 것이다. 우리손에프앤지는 경쟁력 있는 품종개량과 차별화 전략으로 고품질 규격돈을 생산하며 동일한 품질을 유지하고 있다. 2016년의 예를 보면 1등급 이상 출현율이 76%로, 업계 평균 63%보다 높다. 동종 업계 최강자라고 할 만하다.

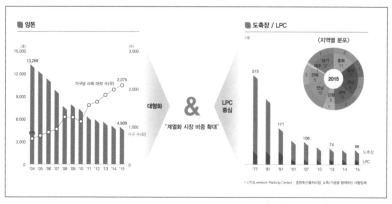

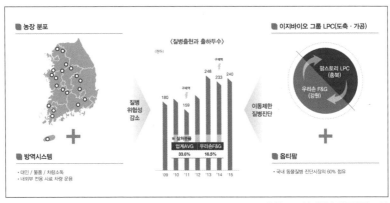

출처: 2016년 우리손에프앤지 IR 북

　　업계 최고의 MSY^Market pigs sow per year를 확보하고 있다. 양돈 생산성을
나타내는 대표적인 생산지표인 MSY는 모돈 한 마리가 1년 동안 시장에
출하하는 비육돈 두수를 말한다. 2007년 동사의 MSY 평균은 12.0두로
당시 국내 평균인 13.5두에 미치지 못했지만, 2013년에는 24.0두를 기

록했고 2016년에는 24.6두로 자사의 최고 기록을 넘어섰다.

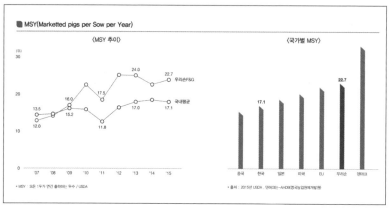

출처: 2016년 우리손에프앤지 IR 북

⊜✓ 불곰의 Item Insight

연간 24.6두는 세계 최고의 생산성을 자랑하는 덴마크의 MSY에 근접한 성과다. 국내 평균 MSY 16.8두보다 약 7.8두가 많으며 격차를 점점 키우고 있다. 생물자산의 증가는 원가 경쟁력을 높이고, 규모의 경제를 시현할 수 있는 환경을 조성하는 데 밑바탕이 된다.

Research 3 | **증권회사의 종목 리포트를 분석한다**

- 2015년 12월 강원LPC를 인수하며 원종돈, 종돈, 사육, 가공 시스템에 이르는 수직계열화 시스템 완성
- 냉장돈육의 안정적 시장 형성
- 계열사 이지바이오를 통한 원가 절감 및 직영농장 확대로 생산력 증대
- 원종돈(GGP) 500두 보유 및 생산성 지표인 MSY 24.6두(2016년 기준)

기록

- 비육돈 1등급 비율 74.5%(업계 평균 64%)
- 2015년에 인수한 부여농장에 2016년 말 1,800두 입식을 완료하며 2017
  년 2월부터 매출 인식 시작
- 103억 추가 매출 달성 예상

출처: 케이프투자증권 보고서(2017.3.28)

이 보고서는 케이프투자증권에서 우리손에프앤지를 탐방하고 만든 것으로, 사업보고서와 IR 자료에 나와 있는 사실과 많은 부분이 일치했다. 부여농장의 상황은 다시 한번 확인하기 위하여 주식 담당자에게 문의했는데, 동일한 답변을 들었다.

`Research 4`　미디어 뉴스를 검색한다

국내 양돈 업계가 '기업농' 중심으로 빠르게 재편되고 있다. 축산 관련 기업들이 막강한 자본력을 바탕으로 생산에 뛰어들면서 대기업 중심의 양돈계열화가 확산되고 있는 것이다. 양돈계열화는 돼지의 사육, 축산물의 생산·도축·가공·유통 기능의 전부 또는 일부를 통합 경영하는 것을 말한다. 쉽게 말해 돼지의 생산부터 판매에 이르는 모든 과정을 모회사가 담당하는 구조다. 가축별로 보면 닭을 사육하는 육계 부문은 2013년 이미 91%에 달하는 계열화를 이뤘을 정도로 기업의 계열화 경영이 보편화됐다. (…)

정부도 '축산물 브랜드 육성 발전 대책'을 시행하며 올해까지 우수 브랜드 경영체를 중심으로 축산구조를 개편할 계획이다. 규모화에 따른 기술·경영

혁신으로 농축산업의 경쟁력을 강화하고 생산성과 가격 경쟁력을 높여 소비자의 사회적 후생을 증가시킨다는 목표가 담겨 있다. 업계는 이 과정에서 양돈계열화 비율이 50%까지 확대될 것으로 보고 있다.

출처: 《한경비즈니스》(2017.3.13)

경제 수준이 높아지면서 우리나라에서도 환경 문제가 사회적으로 큰 이슈가 되고 있다. 정부도 환경규제를 강화하고 있어 신규 사업자는 거의 들어올 수 없다. 더욱이 구제역이나 PED 등과 같은 가축전염병, 국제 곡물 가격 및 배합사료 가격 급등과 같은 외부 환경 문제 등은 중소·영세 업체로선 대응하기가 쉽지 않다. 따라서 양돈업도 전문화가 요구된다. 현대화 및 규모의 경제를 통한 능률화가 가능한 기업형 양돈 업체들로 개편될 것이다.

이미 육계업은 기업형 수직계열화가 상당히 이뤄졌다. 업계에선 수직계열화보다 도드람 같은 수평계열화를 외치지만, 정부의 거점도축장 육성 정책 등으로 도축장의 대형화가 진행되고 있어 양돈업 계열화는 더욱 가속화될 것이다. 그 과정에서 우리손에프앤지가 더 성장해갈 수 있을 것으로 보였다.

투자 가치 최종 확인 및 저가 매수

Decision 1 회사에 문의한다

Q 연결재무제표 주석을 보면 자회사인 농업회사법인 ㈜부여육종의
  당기순이익이 적자로 나와 있는데 어떤 이유 때문인가?

종속기업의 개요

\<당기\>   (단위: 천 원)

회사명	자산총액	부채총액	매출액	당기순손익
문경양돈영농조합법인	20,495,371	6,192,811	16,226,221	2,463,632
농업회사법인(주)안성	31,440,849	16,142,047	22,189,233	4,335,551
농업회사법인(주)우포월드	40,868,273	27,204,062	15,846,473	1,661,083
농업회사법인(주)지리산하이포지피	15,506,062	7,637,904	9,866,599	2,653,323
주식회사 씨엔이	1,189,585	251,906	6,278,481	(167,322)
창진영농조합법인	13,958,289	4,653,327	8,631,856	1,734,361
농업회사법인(주)팜스월드지지피	17,033,208	8,237,712	8,649,930	1,839,137
농업회사법인(주)부여육종	19,733,980	11,308,159	−	(2,188,939)
(주)햇살촌	149,031	237,690	448,772	(42,614)
Southernpeak Realty Corporation	1,269,915	745,360	46,405	81
Easybio philippines Inc.	29,499,885	22,458,814	29,739,920	1,209,092

출처: 2017.3.31 사업보고서(2016.12) '재무에 관한 사항'

A 2015년 설립한 부여육종은 모돈부터 관리하여 비육돈을 생산하기까지 시간이 필요했다. 2016년 21억 원의 투자가 이루어졌고, 1년간 사육하여 2017년 2월부터 출하가 시작됐다. 그때부터 매출이 발생하여 이익을 내고 있다.

Q 영업조직이 취약한 듯한데 어떤 방식의 영업을 하는가?

A 사업보고서에 나와 있는 판매 방법 그대로다. 영업조직망은 없고 지육영업팀 3명, 도축영업팀 3명이 전국을 관리한다. 특히 양돈사업은 식육처리 업체나 경매공판장으로 판매되는 형태가 대부분이므로 인건비가 많이 필요치 않다. 게다가 거래처에서 현금 선입금 또는 그에 해당하는 담보를 제공하고 있기에 대손이 발생하지 않는다. 그만큼 당사가 우수하고 안정된 품질을 유지한다는 의미이기도 하다.

`Decision 2` FD PER를 재확인한다

1단계에서 과거 재무제표 실적을 보고 추정한 2017년 FD PER는 8.8이었다. 이후 2단계의 정보 수집과 3단계의 회사 접촉을 통해 FD PER가 더욱 낮아질 것이라는 판단으로 투자를 결정했다.

`Decision 3` 저가에 분할 매수한다

상장 초기 높은 관심 속에 4,090원까지 올랐지만 이내 급락했다. 이를 기회로 2017년 4월 1차로 매수 추천했다. 주가는 상승과 하락을 반복하다 2018년 10월 1,800원대로 급락하고(2차 매수), 2019년 1월에는 1,500원대로 폭락하면서(3차 매수) 추가 매수 기회를 주었다. 그 후 2019년

4월 제 가치를 회복하면서 2,609원까지 상승하자 전량 매도했다. 배당을 포함하여 수익률은 61%다.

🖳 불곰의 투자 Review

주식투자를 하지 않으면 특정 사건에 대한 파급효과와 리스크에 대해 둔감할 수밖에 없는 반면, 주식투자를 하면 사회 전반적인 흐름과 기업의 득실에 대해서 자연스럽게 알게 된다는 장점이 있다.

예를 들어 구제역과 같은 돼지 전염병이 발생하면, 우리는 보통 돼지를 키우는 농가들에 큰 피해가 갈 것이라고 막연히 걱정한다. 하지만 실제로 조사해보니, 이 기업은 구제역으로 인한 피해가 없었다. 아이러니하게도, 이처럼 리스크를 잘 관리하는 업체는 오히려 돼지 가격 상승으로 실적 향상이라는 결과를 얻는다.

어린 학생들에게도 주식투자를 가르쳐야 하는 이유가 여기에 있다. 주식투자를 통해 경제 흐름을 스스로, 제대로 깨우칠 수 있기 때문이다.

눈물이 앞을 가려 글을 쓸 수 없어요

디에이치피코리아(131030)	
최초 매수일 및 가격	2017년 1월 19일 / 8,340원
최종 매도일 및 가격	2018년 5월 10일 / 14,600원
수익률	75%
주당 배당금	2년 / 85원
배당수익률	1%(배당세율 15.4% 제외)
최종 수익률	76%

여느 날과 마찬가지로 찬바람을 맞으며 출근해 컴퓨터를 켰다. 모니터를 보기 시작한 지 10분쯤 됐을까. 눈물이 나면서 눈이 침침해지는 느낌이 들었다. 모니터가 오래돼서 그런가? 조명이 약해서 그런가? 조명을 좀 올렸더니 괜찮아진 것 같았다. 그렇게 또 30분쯤 흘렀나 보다. 여전히 눈물이 조금씩 흐르고 불편했다. 이만한 일로 병원을 찾긴 좀 그렇고, 약국에 갔다. 약사에게 자초지종을 말했더니 대뜸 하시는 말씀이 "스마트폰 그만 보세요"였다.

물론 많이 본다. 스마트폰 없으면 생활하기 힘든 시대 아닌가. 좀 과장하면 하루 24시간 끼고 산다. 약사는 스마트폰의 블루라이트가 망막에 좋지 않은 영향을 준다면서 몇 마디 더 했다. 그러고는 내 병명이 안구건조증이라며 인공눈물 제품을 건넸다. '디알프레쉬'라는 일회용 점안액이었다.

'예전에는 작은 통에 들어 있는 안약 하나를 몇 번이고 사용했는데 이젠 이렇게 바뀌었나 보군.'

안약을 자주 사용하지 않아 잘 몰랐다. 아무튼 제품을 받아 들고 사무실로 돌아와 자세히 살펴봤다. 제품 앞면에 '무방부제 인공누액'이라고 적혀 있었다. 예전에 쓰던 작은 통에 담긴 안약은 여러 번 반복해서 사용해야 하니 보관상의 이유로 방부제가 들어 있을 수밖에 없다. 보존제인 벤잘코늄염화물을 많이 사용하면 눈에 좋지 않다고 한다. 디알프레쉬 상자를 열어보니 일회용 튜브 같은 것이 여러 개 들어 있었다. 각각 1mL가 채 되지 않는 용량으로, 하나씩 사용하고 버리는 형태다. 위생적이고 휴대하기 좋아 보였으며, 많은 사람이 사용할 것 같았다. 이런 제품은 누가 만드는 건지 호기심이 발동했다.

제조원을 보니 디에이치피코리아였다. 2002년 9월 ㈜한국에스엔피제약으로 설립해서 디에이치피코리아로 사명을 변경했다. 2010년 코스

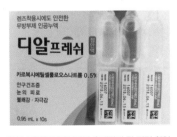

출처: 디에이치피코리아 홈페이지 및 직접 촬영

닥에 상장된 하이 제1호 SPAC(기업인수목적회사)가 2013년 11월에 흡수합병하고 상호를 ㈜디에이치피코리아로 변경하면서 코스닥에 재상장했다. 최대주주는 삼천당제약이며 38.38%의 지분을 보유하고 있다.

디에이치피코리아는 안과용 의약품 분야에 집중하는 회사로 인공눈물과 점안액에서 시장점유율 1위다. 대표적인 제품으로는 티어린프리 점안제가 있으며, 라식·라섹 수술을 했거나 안구건조증이 생겼을 때 안과용 치료제로 사용된다.

기초 단계

3중 필터링으로 종목 압축

Filtering 1 **재무 안정성 검증: 부채비율이 100% 이하인가?**

최근 3년간의 부채비율을 보면 2014년 19%에서 2015년과 2016년에는 11%로 감소했다. 부채비율이 이처럼 낮아진 데는 부채가 감소한 영향도 있지만, 자본이 증가한 영향이 더 크다. 자본이 거의 100억 원에 가깝게 증가했다. 재무 환경이 매우 좋다. 불곰의 종목 선정 기준을 충족한다.

부채비율 확인을 위한 데이터 (단위: 억 원, %)

	2016년 제7기	2015년 제6기	2014년 제5기
자본	752	654	564
부채	85	76	109
부채비율	11	11	19

비즈니스 성장성 확인: 영업이익이 지속해서 성장하는가?

2011년 제2기부터 2013년 제4기까지 영업이익이 100% 넘게 증가했다. 2015년까지 지속해서 성장했는데, 매년 성장을 멈추지 않고 있다는 것이 놀라웠다. 매해가 사상 최대 실적이다. 2016년 3분기 역시 영업이익이 전년 대비 증가했다.

동사의 주력제품은 점안제로, 시간이 갈수록 시장이 커질 것이다. 통신기술의 발달로 스마트폰 사용 시간이 늘어나고, 콘택트렌즈 착용자도 증가하고 있으며, 환경 문제도 갈수록 심각해지고 있기 때문이다. 게다가 우리나라는 세계에서 고령화가 가장 빠르게 진행되고 있지 않은가.

이래저래 점안제 시장은 확대될 것이고, 그중 가장 앞선 기술력을 보유하고 있다면 지속 성장이 가능하리라고 전망할 수 있다.

포괄손익계산서 (단위: 원)

	제7기 3분기	제6기 3분기	제6기	제5기
수익(매출액)	32,578,107,590	28,907,909,307	38,559,068,133	32,565,661,049
영업이익(손실)	8,423,369,242	8,101,740,192	10,318,707,626	9,138,495,222
당기순이익(손실)	8,442,121,104	8,016,790,646	10,298,069,581	9,518,771,385

출처: 2016.11.11 분기보고서(2016.9) '재무에 관한 사항'

요약재무정보

(단위: 원)

과목	제4(당)기	제3(전)기	제2(전전)기
매출액	26,849,588,547	21,870,112,190	16,637,708,949
영업이익	6,791,862,027	4,318,946,839	2,601,067,124
당기순이익	1,425,285,908	1,318,508,676	663,850,409
기본주당이익	181	204	179

출처: 2014.3.31 사업보고서(2013.12) '재무에 관한 사항'

Filtering 3 저평가 상태 확인: FD PER가 10 이하인가?

필터링을 진행하던 2017년 1월 19일에는 2016년 제7기 사업보고서가 나오지 않은 시점이다. 다만, 배당을 하는 기업들은 현금·현물배당결정 공시를 하게 되어 있는데 이때 이사회의사록을 첨부한다. 내부적으로 재무제표를 통해 배당을 결정하고 이사회의 승인을 받아야 하기 때문에 이 이사회의사록 안에 재무제표가 있다(전자공시에서 현금·현물배당결정 보고서를 클릭해서 상단의 첨부파일을 확인하면 된다). 회계법인의 감사를 받지 않은 자료이기 때문에 전적으로 신뢰할 순 없지만, '문제 기업'이 아닌 경우에는 대체로 문제없다.

확인 결과 매출액 447억 원, 영업이익 114억 원, 당기순이익 115억 원이었다. 시가총액이 1,391억 원이니 FD PER는 12 정도 된다. 기준을 벗어나지만 한 번도 꺾이지 않고 성장세를 이어가고 있다는 점과 영업이익률이 20%가 넘는다는 장점이 상쇄해주고 있다.

FD PER 산출을 위한 데이터

(단위: 억 원)

	2016년 제7기	2016년 제7기 3분기	2015년 제6기	2015년 제6기 3분기	2014년 제5기
매출액	**447**	325	385	289	325
영업이익	**114**	84	103	81	91
당기순이익	**115**	84	102	80	95

 불곰의 투자 Tip

기초 단계의 3중 필터링을 모두 통과하면 좋지만 기업마다 약간씩 부족한 점이 있을 수 있다. 디에이치피코리아처럼 그 부족한 점을 채울 수 있는 강력한 무언가가 있다면 단계를 계속 진행하되, 이후 조사와 투자 결정 단계에서 보다 엄정히 판단할 필요가 있다.

조사 단계

회사의 공개된 정보 수집

`Research 1` **공정공시를 확인한다**

매출의 90%는 티어린프리와 디알프레쉬 등의 점안제가 차지하고 있다. 티어린프리는 처방용인 데 비해 디알프레쉬는 일반 의약품으로 처방전 없이 약국에서 구매할 수 있다.

주요제품등의 현황
(기준일: 2016년 09월 30일)   (단위: 천 원)

사업부문	품목	제품		매출액	비율	비고
의약품	제품	점안제	티어린프리 외	31,043,240		–
		기타	–	821,426		–
	상품	주사제	히알2000주 외	529,291		–
기타	기타	–	PE 외	184,151		
합계				32,578,108	100.0%	–

출처: 2016.11.11 분기보고서(2016.9) '사업의 내용'

　　국내 생산능력 1위 업체로 규모의 경제를 실현하고 있다. 생산량이 늘어남에 따라 평균 비용이 줄어들어 이익이 늘어났다. 동사는 대규모 생산능력을 바탕으로 CMO^Contract Manufacturing Organization 능력을 보유하고 있다. CMO란 흔히 알고 있는 OEM과 비슷한 개념으로 '의약품 계약 제조 업체'를 말한다. 쉽게 말해, 의약품 제조 대행업체라고 생각하면 된다. 최대주주인 삼천당제약을 비롯한 10여 개 업체로부터 점안제를 수탁생산하고 있다.

생산능력의 산출근거
산출방법

구분	2015년 3분기 ~ 현재			2012년 4분기 ~ 2015년 2분기		2012년 4분기 이전
	3대 line			2대 line		1대 line
	3호기	2호기	1호기	2호기	1호기	
월 생산능력	21,070,000관			11,000,000		6,600,000
1분기 생산능력	63,210,000관			33,000,000		19,800,000
연 생산능력	252,840,000관			132,000,000		79,200,000

출처: 2016.11.11 분기보고서(2016.9) '사업의 내용'

　　2017년 1월 9일, 알리안츠글로벌인베스터스자산운용이 12월에 6.8%의 주식을 보유했다고 공시했다. 이어 10일에는 저평가 가치주에 투자하는 국민연금공단이 2016년 12월에 6.16%를 매수했다고 공시했다. 2015년 1분기에 주가가 17,000원대로 상승했다가 2016년 12월까지 상승과 하락을 반복하며 50% 이상 하락했다. 두 기관 모두 저가에 매수한 셈이다.

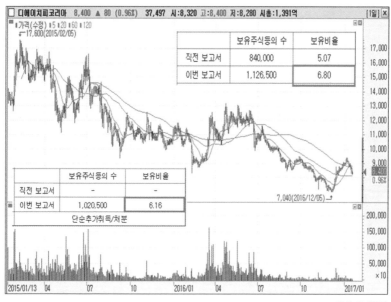

	보유주식등의 수	보유비율
직전 보고서	840,000	5.07
이번 보고서	1,126,500	6.80

	보유주식등의 수	보유비율
직전 보고서	-	-
이번 보고서	1,020,500	6.16
단순추가취득/처분		

출처: 삼성증권

Research 2 **IR 자료를 수집한다**

당시 디에이치피코리아의 IR 자료는 없었다.

Research 3 **증권회사의 종목 리포트를 분석한다**

국내 안과 의약품 시장 규모 중 안구건조증 치료제 시장이 지난해 1,080억
원으로 가장 큰 규모로 형성되어 있다. 국내 안구건조증 치료제 시장은 스
마트기기 사용이 확산되고 콘택트렌즈 착용 및 시력 교정수술 보편화, 고령
화 사회로의 진입 등 인공눈물 수요가 지속해서 증가하여 최근 4년간 연평
균 성장률 12%로 성장하고 있다. 이 중 無방부제, 低세균오염의 장점으로
점차 다회용에서 일회용으로 교체되면서 일회용 점안제 시장은 최근 4년간

연평균 성장률 23%로 고성장을 이루고 있다.

이런 시장 성장하에서 동사는 안구건조증 치료제로도 불리는 인공눈물 분야에서 특화된 기술력을 보유하면서 1관에 하루 사용량만 담겨 있어 사용후 바로 폐기할 수 있는 일회용 점안제를 국내 최초로 개발했다. 이 용기는 개봉 후에도 세균이나 이물질의 침투를 차단할 수 있어 기존 인공눈물에 첨가되던 방부제를 사용하지 않아도 된다.

특히 동사는 지난해 기준으로 일회용 점안제 시장에서 자사 및 수탁 제품을 합치면 시장점유율 53%로 부동의 1위를 차지하고 있으며, 자사 제품 시장점유율의 경우도 25%로 높은 수준을 유지하고 있다. 이렇듯 동사는 일회용 점안제 시장에서 확고한 지배력을 갖추고 있으면서도 수탁 제품도 생산하고 있어서 일회용 점안제 시장 고성장하에서 가장 큰 수혜가 예상된다. 무엇보다 중요한 것은 수탁 제품의 경우 판매관리비가 거의 들지 않기 때문에 수탁 제품 매출의 증가가 수익성을 더욱더 개선하는 데 긍정적인 영향을 미치리라는 점이다.

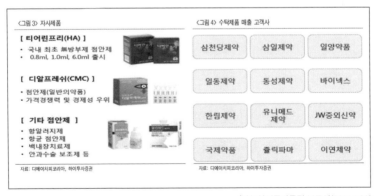

출처: 하이투자증권 보고서(2014.6.30)

2015년 3분기부터 3호기 가동을 시작하여 연간 생산량이 2억 5,200만 개로 늘어났다. 규모의 경제를 실현하며 매년 최대 실적을 경신하고 있다. 국내 수탁 업체의 제품 생산을 비롯해 해외 제약사의 수탁생산도 무리 없이 할 수 있다. 국내 최초로 개발한 무방부제 일회용 점안제는 국내 시장뿐만 아니라 해외 시장으로도 진출할 수 있다. 스마트기기의 일상적인 사용으로 안구건조증 환자가 늘어나고, 고령화 사회로 빠르게 진입하고 있으며, 황사와 미세먼지 등의 환경 문제도 심각해지고 있어 점안제 시장은 계속 성장할 것이다.

`Research4` 미디어 뉴스를 검색한다

> 디에이치피코리아는 'EU-GMP/유럽' 및 'cGMP/미국'을 준비하고 있다. 모회사인 삼천당제약이 EU-GMP 승인에 대한 경력이 있으므로, 이에 대해서는 큰 문제 없이 진행될 가능성이 크다. 동사가 사업의 글로벌화를 추구하는 만큼 EU-GMP가 승인하면 회사의 가치가 조금 더 높아질 것으로 예상할 수 있다.

출처: 《바이오스펙테이터》(2016.7.28)

해외에서도 좋은 반응을 보이는 점안제는 모회사인 삼천당제약이 미국과 유럽 시장 수출 품목으로 선정했다. 이에 디에이치피코리아도 EU-GMP를 획득해야 하는데 이미 승인을 받은 경력이 있는 삼천당제약이 도움을 줄 것으로 예측된다. GMP란 우수 의약품 제조관리 인증제도로 EU-GMP는 유럽 인증이고, cGMP는 미국 인증이다. 디에이치피코리아가 GMP 인증을 취득하여 세계적인 제약사가 되길 기대해본다.

디에이치피코리아는 축적해온 제제 기술력으로 더욱 안전한 점안제를 만들기 위해 방부제가 첨가된 다회용 점안제가 아닌 안전한 무방부제 점안제를 개발하고 있다. 안구건조증 치료제뿐 아니라 결막염 치료제, 항염증제, 녹내장 치료제 등 안과 의약품 전반에 무방부제 기술력을 접목하고 있다. 눈을 건강하게 한다는 미션과 함께 세계 시장에서 한국을 대표하고 더 나아가 세계 속에서 빛나는 안과 전문 글로벌 기업이 되고자 디에이치피코리아는 신약과 개량신약의 개발에도 역점을 두고 있다. DHP-101을 시작으로 해외 시장용 특화 제품까지, 국내 최초로 일회용 점안제를 생산해낸 저력으로 글로벌 안과 의약품 전문 기업으로 거듭나고자 한다.

출처: 《미래한국》(2016.12.2)

국내 최초로 개발한 무방부제 일회용 관을 이용해 결막염 치료제, 항염증제, 녹내장 치료제 등 다양한 안과 계통의 적응증 치료제를 개발하고 있다는 기사 내용이다. 현재 안구건조증을 제외한 치료제는 여전히 보존제를 사용한 점안제를 사용하고 있는데, 개발에 성공한다면 매출 포트폴리오가 확장될 것이다.

또한 DHP-101 임상시험을 통해 두 가지 약물을 복합 조성한 제제를 무방부제 일회용 누액제로 만드는 신약을 개발 중이다. 확인해보니 이미 2상을 마치고 3상을 진행하고 있었다.

투자 가치 최종 확인 및 저가 매수

Decision 1 회사에 문의한다

Q 임상시험을 진행 중인 것으로 아는데 실제 상황은 어떤가?

A DHP-101(제품명: Tearin Plus)은 임상 3상 진행 중으로 안구건조증을 적응증으로 하는 신약을 개발 중이다. 안구건조증의 치료에 주로 사용되는 성분인 카르복시메틸셀룰로오스나트륨(순도 95.9%)과 히알루론산나트륨(순도 102.6%)을 복합 조성한 안전한 점안제를 무방부제 일회용 누액으로 만들고자 한다.

Decision 2 FD PER를 재확인한다

1단계에서 재무제표를 보고 추정한 2016년 FD PER는 12였다. '10 이하'라는 기준을 충족하지 못했지만, 지속 성장과 폭발적인 영업이익에 점수를 더 주어 2단계와 3단계를 진행하면서 종목을 검증했다. 그 결과 성장성에 확신을 갖게 됐으며, 투자를 결정했다.

Decision 3 저가에 분할 매수한다

2017년 1월 8,340원을 시작으로 매수 추천을 했다. 매수 후 1년 반이 지난 2018년 5월 14,600원으로 급등하자 주가가 제 위치를 찾았다고 판단해 매도했다. 배당 포함 수익률은 76%다.

디에이치피코리아는 76%의 수익률을 안겨준 회사다. 항상 지속해서 성장할 것으로 생각했는데 뜻밖에도 2018년에는 실적이 하락했다. 물론 큰 하락은 아니지만 최초의 실적 악화라는 사실이 시장에 실망을 안겼다. 시장은 냉정하게 바뀌어 주가도 2017년 당시 매수했던 가격(8,340원)보다 하락했으며 2019년 말 현재는 7,000원대에 머물러 있다. 역시 주식투자에서는 100% 확신이란 있을 수 없다.

이 종목의 실적 상승세가 회복된다면 주가 역시 다시 우상향할 것이다. 그러면 적절한 시점에 저가 매수 포인트를 노려볼 수 있다.

다들 용접 한 번쯤은 해보셨죠?

조선선재(120030)	
최초 매수일 및 가격	2016년 5월 17일 / 66,400원
최종 매도일 및 가격	2018년 5월 8일 / 114,000원
수익률	71.6%
주당 배당금	2년 / 2,538원
배당수익률	3.8%(배당세율 15.4% 제외)
최종 수익률	75.4%

주변을 둘러보면 모델하우스를 심심치 않게 볼 수 있다. 분양사업은 멈출 줄 모르는 것 같다. 간혹 경기도 쪽에 일이 있어 가다 보면 모델하우스가 세워지는 현장을 쉽게 볼 수 있다. 자주 보긴 했지만 가까이서 살펴볼 기회는 좀처럼 없었는데, 약속이 있어 방문한 장소 근처에서 H빔을 이용해 모델하우스의 뼈대가 세워지고 있었다. 많은 인부가 움직이며 다양한 작업을 하는 모습이 빠르게 완공될 것 같았다. 한국의 건축 기술은 참으로 대단한 것 같다.

시간 여유가 있어 잠시 더 살펴봤다. 크고 붉은 H빔의 단단함이 눈에 들어왔다. 뼈대와 뼈대가 이어지는 지점에서 간간이 불꽃이 튀었다. 용접을 하는 것이다. 용접 마스크를 착용한 기술자가 용접봉과 용접기를 들고 두 금속을 붙이고 있었다. '나도 군대에서 납땜 좀 해봤는데' 하며 픽 웃었다. 잠깐 보고 있자니 눈에 잔상이 남고 시리기도 해 얼른 약속장소로 이동했다.

일정을 마치고 사무실로 돌아오는데 회사 근처에 새로운 가게가 들어서는지 내부공사를 하고 있었다. 그런데 이곳에서도 불꽃이 보인다.

'용접 구경을 하루에 두 번이나 하다니, 참 희한한 날일세.'

사무실 책상 앞에 앉자마자 나도 모르게 검색창에 '용접'이라고 쳤다. 우선 버릇처럼 용어 정의부터 시작한다. 영어로는 welding이고 한자로는 鎔接이며, 국어사전에는 '두 개의 금속·유리·플라스틱 따위를 녹이거나 반쯤 녹인 상태에서 서로 이어 붙이는 일'이라고 풀이되어 있다.

용접 방법도 다양하다. 전기를 이용해 용접봉과 용접하고자 하는 물체에 전압을 걸어서 만든 아크^{ARC}의 열로 용접하는 아크용접과 다양한 가스의 연소열을 이용하는 가스용접 등이 있다. 상장기업 중에 용접봉과 용접재료를 생산하는 제조 업체가 있던 게 기억났다.

조선선재, 동국제강 그룹의 창업자인 고 장경호 회장은 해방 이후 쇠못에 대한 수요가 증가하자 조선선재공업을 설립해 쇠못과 철선을 만들기 시작했다. 한국전쟁으로 철제품 수요가 증가해 회사를 확장하면서 1954년 철강공장인 동국제강을 세웠다. 조선선재는 동국제강과 뿌리는 같지만, 현재는 계열분리를 완료하여 독립된 회사다. 지분관계도 전혀 없다. 조선선재는 1965년부터 못과 철선 대신 철과 철을 결합하는 용접봉과 용접재료를 생산하기 시작해 지금까지 이어오고 있다. 한국전쟁 이후 대한민국 재건사업에 중요한 역할을 했다.

1975년 12월에 유가증권시장에 상장했고, 2010년 지주회사체제로 전환하면서 사명을 CS홀딩스로 바꾸고 인적분할했다. 이때 신설법인인 조선선재가 기존 사업을 영위하기로 하고 재상장했다. 주요 제품은 아크 피복용접봉으로 국내 시장점유율 70%를 차지하고 있다. 1981년 12월 원자력품질인증시스템ASME을 도입하고 원자력발전소용 용접재료를 생산할 정도로 기술 경쟁력이 우월하여 국내에서는 기술 독점 형태의 시장 경쟁력을 가지고 있다.

출처: PixaBay, 조선선재 홈페이지

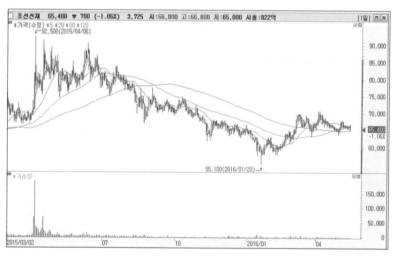

출처: 삼성증권

3중 필터링으로 종목 압축

Filtering 1 **재무 안정성 검증: 부채비율이 100% 이하인가?**

최근 3년간의 부채비율을 보면 조금씩 감소하고 있음이 확인된다. 부채 증가액보다 자본금의 증가가 두드러진다. 재무 환경이 좋아지고 있음을 알 수 있다. 불곰의 종목 선정 기준인 '부채비율 100% 이하'를 유지하고 있다.

부채비율 확인을 위한 데이터   (단위: 억 원, %)

	2015년 제6기	2014년 제5기	2013년 제4기
자본	752	608	483
부채	137	134	118
부채비율	18	22	24

Filtering 2 **비즈니스 성장성 확인: 영업이익이 지속해서 성장하는가?**

최근 3년간 실적을 살펴보면 매출액은 조금씩 감소하는 반면, 영업이익은 오히려 증가하고 있다. 2016년 1분기 역시 2015년 1분기에 비해 매출은 감소하고 영업이익은 증가했다.

매출이 감소한 이유는 뒤의 투자 결정 단계에서 확인할 수 있다. 중요한 점은 매년 영업이익이 증가하고 있고, 영업이익률이 20% 이상이라는 것이다. 철강 분야의 대표 회사인 포스코도 당시 영업이익률 6%를 넘지 못했다.

요약재무정보

(단위: 원)

구 분	제6기 (2015.01.01 ~ 2015.12.31)	제5기 (2014.01.01 ~ 2014.12.31)	제4기 (2013.01.01 ~ 2013.12.31)
매출액	66,334,460,453	70,928,953,914	72,233,522,810
영업이익(영업손실)	17,618,155,688	15,791,814,433	11,195,102,974
당기순이익 (당기순손실)	14,560,901,380	12,879,058,777	9,104,851,957
기타포괄손익	(144,682,679)	(144,342,006)	(208,058,012)
총괄포괄손익	14,416,218,701	12,734,716,771	8,896,793,945
주당순이익 (주당순손실)	11,790	10,425	7,257

출처: 2016.3.30 사업보고서(2015.12) '재무에 관한 사항'

포괄손익계산서

(단위: 원)

	제7기 1분기	제6기 1분기	제6기	제5기
매출액	15,413,307,067	16,591,298,734	66,334,460,453	70,928,953,914
매출원가	9,659,707,425	11,366,738,975	43,072,768,496	49,383,446,423
영업이익(손실)	4,340,313,665	3,841,549,705	17,618,155,688	15,791,814,433
당기순이익(손실)	3,801,208,030	3,393,246,761	14,560,901,380	12,879,058,777

출처: 2016.5.16 분기보고서(2016.3) '재무에 관한 사항'

조선선재는 국내 용접봉 관련 시장 가격의 결정권을 행사할 수 있을 정도의 점유율을 가지고 있으며, 높은 영업이익률은 당분간 유지되리라고 판단된다.

저평가 상태 확인: FD PER가 10 이하인가?

2016년 1분기 매출이 전년 동기보다 11억 원 감소했고, 영업이익은 5억 원 증가했다. 당기순이익 역시 5억 원 증가했다. 2016년 총실적은 보수적으로 잡아 1분기의 4배로 계산했다. 나머지 3분기에 어떤 일이 일어날지 모르기 때문에 예상 실적은 항상 보수적으로 잡아야 한다. 시가총액이 822억 원이니 FD PER는 5.4 정도 된다. 불곰의 FD PER 기준을 충족한다.

FD PER 산출을 위한 데이터

(단위: 억 원)

	2016년 제7기 예상	2016년 제7기 1분기	2015년 제6기	2015년 제6기 1분기	2014년 제5기
매출액	**616**	154	663	165	709
영업이익	**172**	43	176	38	157
당기순이익	**152**	38	145	33	128

조사 단계

회사의 공개된 정보 수집

공정공시를 확인한다

주요 원재료등 가격변동추이

(단위: 원/KG)

구 분	제7기 1분기	제6기	제5기
Y-11(원재료)	695	782	888
ER70S-6(원재료)	703	780	950

출처: 2016.5.16 분기보고서(2016.3) '사업의 내용'

원재료 가격이 지속해서 하락하고 있다. 매출원가 비율이 감소하면 영업이익률은 증가할 것이다. 다만 이는 시장점유율이 높았을 경우로, 시장 가격을 결정할 수 있어야 가능하다. 동사는 시장점유율 70%로 독점적 위치에 있다고 볼 수 있는데, 실제로 영업이익이 증가하고 있다.

조선선재의 발행주식 총수는 125만 7,651주다. 지주회사인 CS홀딩스가 45.33%인 57만 59주를 가지고 있고, 장원영 대표가 6.52%인 8만 1,939주를 가지고 있다. 자사주 2만 2,650주를 포함해서 주요 주식 수를 빼면 유통 주식 수는 58만 3,003주라고 봐야 한다.

5%이상 주식소유현황
(기준일: 2016년 03월 31일)   (단위: 주)

구분	주주명	소유주식수	지분율	비고
5% 이상 주주	CS홀딩스(주)	570,059	45.33%	–
	장원영	81,939	6.52%	–
	국민연금공단	102,601	8.16%	–
우리사주조합		377	0.03%	–

출처: 2016.5.16 분기보고서(2016.3) '주주에 관한 사항'

유동성이 매우 낮지만, 가치투자로 잘 알려진 신영자산운용㈜이 2014년 7월 10일 5%를 시작으로 2016년 3월 2일까지 지속해서 매수하여 9.34%인 11만 7,452주를 보유하고 있었다. 국민연금공단 역시 2015년 1월부터 매수하기 시작해서 2016년 현재 8.16%인 10만 2,601주를 보유하고 있다.

유동성이 낮아도 신영자산과 국민연금공단은 지속해서 저가에 매

보유주식등의 수 및 보유비율

	보고서 작성 기준일	보고자		주식등		주권	
		본인 성명	특별 관계자 수	주식등의 수(주)	비율 (%)	주식수 (주)	비율 (%)
직전 보고서	2015.12.21	신영자산 운용(주)	–	102,023	8.11	102,023	8.11
이번 보고서	2016.03.02	신영자산 운용(주)	–	117,452	9.34	117,452	9.34
증 감				15,429	1.23	15,429	1.23

출처: 2016.3.3 주식등의대량보유상황보고서(약식)

 불곰의 투자 Tip

'유동성이 떨어지는 종목은 투자하지 말라'는 주식 격언은 잘못돼도 한참 잘못됐다. 주식 투자의 목적은 거래가 아니라 투자수익이기 때문이다.

수하고 있다. 따라서 유통 주식 수는 더욱 줄어들어 36만 주 정도일 것이다.

재무 안정성의 지표로 활용되는 유보비율을 보면 상당히 높다. 유보비율은 기업이 동원할 수 있는 자금량을 측정하는 지표이기도 하다. 보통 500%가 넘으면 괜찮다고 평가하는데 조선선재는 12,600%가 넘는다. 동사는 배당은 안 하고 있다. 주주들의 불만이 있을 수 있지만, 추후 무상증자나 높은 배당금을 지급할 여지는 있다.

재무상태표

(단위: 원)

	제7기 1분기말	제6기말	제5기말
자본금	628,825,500	628,825,500	628,825,500
주식발행초과금	11,718,865,854	11,718,865,854	11,718,865,854
이익잉여금	67,543,169,904	63,804,564,513	49,388,345,812

출처: 2016.5.16 분기보고서(2016.3) '재무에 관한 사항'

Research 2 IR 자료를 수집한다

2007년 플럭스 코드 와이어 제품이 NEP^New Excellent Product 인증을 획득했다. 대형 조선소의 LPG 선박 화물탱크에 사용할 수 있는 제품과 국내 대형 조선소의 해양플랜트 공사에 적용되고 있는 고강도·고인성 제품이 있다. 대표적인 제품인 아크피복용접봉과 함께 판매하고 있다.

≡✓ 불곰의 Item Insight

신제품 인증(NEP, New Excellent Product) 제도는 국내에서 최초로 개발한 신기술을 적용하여 실용화가 완료된 제품을 정부가 인증함으로써 기술개발을 촉진하고 인증 제품의 초기 판로를 지원하고자 하는 제도다. 조선선재의 플럭스 코드 와이어가 NEP 인증을 받았다는 것은 그만큼 매출 확대가 가능해졌음을 의미한다.

2005년도부터 도입한 ERP 시스템과 MES 최첨단 자동화 시스템 등의 효율적인 관리로 생산공정을 합리화하고 있다. 모든 제품이 자동관리시스템으로 생산되며, 자동화 설비로 정확하게 생산·관리되는 제품은 품

출처: 조선선재 홍보영상 자료

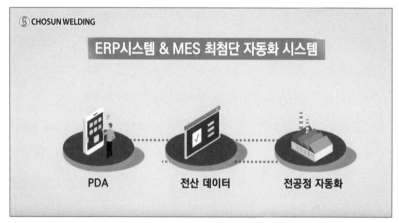

출처: 조선선재 홍보영상 자료

질이 높고 불량률이 현저히 낮다. 전산 시스템을 도입한 것은 장원영 대
표의 결단에 의해서인데, 조선선재의 품질 향상과 생산성 향상에 기여하
여 다양한 산업 분야로 성장하는 데 원동력이 됐다.

증권회사의 종목 리포트를 분석한다

당시 증권회사 리포트는 없었다.

미디어 뉴스를 검색한다

23일 CS홀딩스에 따르면 동국산업은 최근 CS홀딩스 주식 1만 2,352주 (1.1%)를 장내에서 매각했다. 이를 통해 동국산업의 CS홀딩스 지분율은 기존 5.0%에서 3.9%로 낮아졌다. 동국산업은 앞서 지난 4월 CS홀딩스 지분 0.5%를 매각한 바 있다. 동국산업은 지난해 8월부터 올해 5월에 걸쳐 CS홀딩스의 자회사이자 실질적인 사업회사인 조선선재 지분 전량(7.5%)을 매각하며 사실상의 계열분리 수순을 밟기 시작했다. 동국산업이 남은 CS홀딩스 지분 3.9%를 마저 매각할 경우 동국산업과 조선선재 사이의 지분관계는 없어진다. 동국산업은 하반기 중 잔여 지분을 매각할 계획이다.

동국산업과 조선선재는 동국제강이 지금의 동국제강, 한국철강, 동국산업을 축으로 분할된 2001년부터 같은 기업집단에 속해 있다. CS홀딩스, 조선선재, 조선선재온산 등 조선선재 계열사들은 큰 틀에서 동국산업 기업집단에 속한다. 이와 함께 오너 4세인 장원영 조선선재 대표의 지배력이 확고해진 점도 계열분리 추진의 유인으로 작용했다. 고 장세명 조선선재 사장의 장남인 장 대표는 2010년 지주회사 전환을 통해 '장 대표 → CS홀딩스 → 조선선재 외 계열사'로 이어지는 안정적인 지배구조를 구축했다.

출처: 《더벨》(2014.6.25)

동국산업과 그 뿌리를 같이하는 조선선재는 고 장경호 회장이 동국제강보다 먼저 만든 회사로 용접재료 제조가 주력사업이다. 2005년부터 장원영 대표가 경영을 시작하면서 경영권 보호 차원에서 동국산업이 지분을 가지고 있었으나 보수적인 독점 제조업의 개혁을 주도함으로써 구태의연한 생산자 위주의 사고방식을 탈피했다. ERP$^{Enterprise\ Resource}$ ^{Planning}(전사적자원관리)와 MES$^{Manufacturing\ Execution\ System}$(제조실행시스템)를 도입하여 사내 시스템을 개혁하고 신제품 개발에 노력하여 매출 실적을 3배 정도 성장시켰다. 이에 동국산업은 지분을 확보할 필요성이 없어졌기에 보유지분을 매각했다. 홀로서기에 성공한 것이다.

> 조선선재가 위험한 질주를 이어가며 올 들어 세 번째 주권매매 거래정지 조치를 받을 가능성이 점차 커지고 있다. 1일 코스피에서 조선선재는 오전 9시 42분 현재 14.76%(2만 원) 오른 15만 5,000원으로 거래되고 있다. 지난달 29일 주권매매 거래가 정지된 뒤 3거래일 연속 상한가를 기록하는 등 이상 급등세를 이어가고 있다.
>
> 출처: 《파이낸셜》(2010.4.1)

2010년 2월 인적분할로 재상장한 조선선재는 6,740원의 시가를 형성한 뒤 거의 매일 상한가를 이어갔다. 두 달 만에 최고 가격이 203,000원을 기록하기도 했다. 이후 여러 가지 이유로 하락했지만 유통 주식 수가 적다고 주가 상승이 어려운 것은 아니다. 투자자들이 가치가 충분하다고 판단할 때는 거래도 왕성하게 이뤄진다.

투자 가치 최종 확인 및 저가 매수

Decision 1 **회사에 문의한다**

Q   매출이 지속해서 감소하는 이유는 무엇인가?

A   원재료 가격이 인하되면서 당사 제품의 판매 가격 역시 인하하게 되어 전체 매출액이 줄어들 수밖에 없었다. 그렇지만 원재료 가격이 인하된다고 해서 제품 판매 가격에 바로 반영하는 것은 아니기에 영업이익은 좋다.

Q   수익도 많이 나는데 왜 배당을 하지 않는지?

A   배당은 경영진의 경영판단에 따라 결정되는 것이기 때문에 IR 담당자로서는 어떤 의견도 주기 어렵다.

앞서의 답변만 봐도, 시장의 가격결정권을 보유하고 있다는 것은 안정적인 재무상태를 유지하기 위한 수단이라 할 수 있다. 그리고 배당에 대한 답변은 그러리라 예상은 했지만, 아쉬움이 남았다.

Decision 2 **FD PER를 재확인한다**

1단계에서 재무제표를 보고 추정한 2016년 FD PER는 5.4로 무척 저평가된 상태였다. 이후 2단계의 정보 수집과 3단계의 회사 접촉을 통해 실적 상승세가 매년 지속될 가능성이 크다는 점을 확인하고 투자를 결정했다.

저가에 분할 매수한다

2016년 5월 66,400원을 시작으로 매수 추천을 했고, 매수 후 2년이 지난 2018년 5월 114,000원으로 급등하면서 매도했다. 배당수익 3.8%를 포함하여 최종 수익률은 75.4%다.

📋 불곰의 **투자 Review**

조선선재는 거래가 많지 않아 개인투자자들에게는 많이 알려지지 않은 회사이지만, 가치투자를 지지하는 많은 기관이 매수에 동참하는 알짜 회사다. 많은 물량을 확보하기 위하여 1년이 넘도록 매수하는 기관들과 거래량이 적다고 관심을 두지 않는 개인투자자들의 투자 방식 차이는 투자수익률에 그대로 반영된다.

기억하자. 주식투자의 목적은 단 하나, 자본이득이다. 거래를 빨리, 많이 하는 것이 목적이어선 안 된다.

아무리 좋은 음악도 이것이 없으면 말짱 꽝!

에스텍(069510)

최초 매수일 및 가격	2014년 5월 21일 / 7,810원
최종 매도일 및 가격	2014년 11월 17일 / 11,300원
최종 수익률	45%

음악 듣는 것을 무척 좋아해서 스피커나 헤드폰에 관심이 많다. 얼마 전 일본 거래처 지인이 생일선물로 일본산 헤드폰을 선물하겠다며 좋아하는 제품명을 알려달라고 했다. 그 말을 듣고 신이 나서 몇 날 며칠을 오디오 제품 매장에 가서 청음을 했다. 200~300개는 족히 되는 제품을 체험했던 것 같다. 어쨌든 좋은 스피커나 헤드폰을 소장한다는 것은 행복한 일이다.

성능 차이는 있겠지만, 가정이나 사무실 등 컴퓨터를 사용하는 곳이면 스피커나 헤드폰이 꼭 있다. 거리에서도 이어폰이나 헤드폰을 착용하고 다니는 모습을 쉽게 볼 수 있다. 뮤직카페 등 음악을 들으면서 음료와 식사를 할 수 있는 곳에선 커다란 스피커가 설치돼 있기도 하다. 이렇듯 음향기기는 우리 생활과 정말 밀접하다. 하지만 대개는 어떻게 해서 소리가 나는지 어떻게 생산되는지에 대해서는 생각하지 않는다. 그저 완제품 브랜드에 관심을 갖거나 기억할 뿐이다.

나 역시 이전까지는 크게 눈여겨본 적이 없지만, 호기심이 들어 한번 찾아봤다. 스피커는 전기 에너지를 음성 에너지로 변환시키는 전기음향 변환장치로 오디오 제품의 품질을 좌우하는 중요한 구성 요소일 뿐 아니라 통신기기 등 거의 모든 전자제품에 들어가는 필수 부품이다.

전용 오디오기기인 컴포넌트 패키지나 CD 플레이어뿐만 아니라 TV·자동차·장난감, 심지어 냉장고·세탁기·에어컨에도 스피커가 탑재되어 있다. 전화기는 말할 것도 없다. 전방산업인 전자산업, 자동차산업과도 밀접한 관계가 있다. 또한 스피커는 제조에 필요한 부품 및 원자재가 매우 많아 제조 공정상 자동화가 어렵기 때문에 인간의 노동력을 투자해야 하는 노동집약적 산업이다.

여기까지 조사하던 중 재미있는 사항을 알게 됐다. 스피커에 들어가는 중요한 원재료 중 하나가 자석이라는 것이다. 강력한 자력을 가지고 있는 네오디움이라는 희토류와 페라이트가 사용된다. 스피커와 관련된 종목을 추천해도 좋겠다는 생각에 조사를 계속하다가 에스텍이라는 회사를 찾아냈다.

에스텍은 각종 스피커와 스피커 관련 부품을 포함한 음향기기의 제조 및 판매를 목적으로, LG이노텍㈜으로부터 분사하여 1999년 9월 16일에 설립됐다. 2003년 11월 12일에 한국증권업협회로부터 코스닥 등록을 승인받아 11월 14일에 매매가 개시됐다.

에스텍의 히스토리가 재밌다. 1971년 ㈜금성사, 일본 포스타전기㈜

가 합작하여 만든 금성포스타㈜로 시작했다. 1995년 LG포스타로 사명을 변경했고, 1998년 포스타전기와 합작한 사업이 종료되면서 LG이노텍㈜은 LG포스타 매각을 준비했다. 이에 LG포스타 임직원이 퇴직금을 모아 LG이노텍으로부터 회사를 인수하여 새로 회사를 설립했다. 종업원이 기업을 인수EBO, Employee Buy Out하는 방식으로 분사했기 때문에 임직원의 지분율이 88%로 높은 편이다.

2004년 동성화학의 적대적 M&A 시도가 있었지만, 힘겹게 경영권 방어에 성공한 후 재발 방지를 위해 일본 포스타전기에 상호협력을 제안했다. 포스타전기는 에스텍의 주식 15.4%인 168만 주를 매입하여 최대 주주가 됐고 경영에 참여할 것을 공시했다. 이후 추가 매수를 통해 보유 지분을 49.41%까지 늘렸다.

그와 함께 주가는 다음과 같은 움직임을 보였다.

출처: 삼성증권

3중 필터링으로 종목 압축

Filtering 1 **재무 안정성 검증: 부채비율이 100% 이하인가?**

최근 3년간의 부채비율은 조금씩 상승하고 있지만, 불곰의 종목 선정 기
준인 '부채비율 100% 이하'를 유지하고 있다. 앞서 소개한 추천 종목들
에 비해 다소 높다고 볼 수 있지만, 괜찮은 부채비율이다.

부채비율 확인을 위한 데이터 (단위: 억 원, %)

	2014년 제16기 1분기	2013년 제15기	2012년 제14기
자본	899	902	836
부채	637	592	493
부채비율	70	65	59

Filtering 2 **비즈니스 성장성 확인: 영업이익이 지속해서 성장하는가?**

희토류 파동으로 2010년에 비해 2011년 영업이익이 50% 감소했지만,
대체 원재료 연구에 성공해 2013년부터 상승세를 보였다. 어려운 상황
에서도 영업이익을 냈다는 것이 중요하다. 2014년 실적은 사상 최대치
가 될 것으로 예상된다. 현재 프리미엄 제품을 개발하고 있으므로 향후
성장을 이어갈 것이다.

에스텍주식회사 및 종속기업

(단위: 천 원)

구분	제16기 1분기	제15기말	제14기말	제13기말	제12기말 (감사받지 아니한 재무제표)
	2014년 03월 31일	2013년 12월 31일	2012년 12월 31일	2011년 12월 31일	2010년 12월 31일
매출액	65,412,702	222,346,732	210,492,995	223,212,467	210,663,735
영업이익 (손실)	2,442,160	12,912,883	9,651,881	11,789,554	32,209,389
법인세비용 차감전순이익 (손실)	2,134,949	13,880,512	11,689,605	14,191,025	32,352,711
당기순이익 (손실)	1,843,540	10,086,407	8,838,232	12,144,197	24,566,086

출처: 2014.5.15 분기보고서(2014.3) '재무에 관한 사항'

Filtering 3 **저평가 상태 확인: FD PER가 10 이하인가?**

2012년과 2013년을 비교해볼 때 매출, 영업이익, 당기순이익 모두 10% 이상 성장했다. 2013년 1분기와 2014년 1분기를 비교해보면 당기순이익은 소폭 감소했지만 매출은 40% 이상, 영업이익은 20% 증가했다. 2014년 총매출액 2,600억 원, 영업이익 150억 원, 당기순이익 120억 원으로 전년 대비 20% 상승할 것으로 기대했다. 시가총액이 848억 원이니 FD PER는 7 정도 된다. 불곰의 FD PER 기준을 충족한다.

FD PER 산출을 위한 데이터

(단위: 억 원)

	2014년 제16기 예상	2014년 제16기 1분기	2013년 제15기	2013년 제15기 1분기	2012년 제14기
매출액	**2,600**	654	2,223	459	2,105
영업이익	**150**	24	129	20	96
당기순이익	**120**	18	100	23	88

조사 단계

회사의 공개된 정보 수집

Research 1 공정공시를 확인한다

에스텍은 차량용 스피커 48%, TV용 스피커 39%를 주문자 생산 방식으로 생산하고 있다. 우리가 일상적으로 접하는 가정용 일반 스피커와 전화기용 스피커의 비중은 13%다. 전체적으로 볼 때 자동차와 가전제품 의존도가 높다.

2014년 현재 LED/OLED/UDH TV, 헤드셋, 이어폰 등의 신규 제품을 개발하면서 매출 확대를 위해 노력하고 있다.

주요 제품 등의 현황

(단위: 백만 원)

사업 부문	매출유형	품 목	구체적 용도	주요 상표등	매출액(비율)
CAR	제품	차량용 스피커	자동차부품	OEM	31,434(48.1%)
TV	제품	LCD/ PDP용	대형TV 부품	OEM	25,398(38.8%)
기타 및 부품	제품/부품	기타/부품	AUDIO/HP 외	OEM	8,581(13.1%)
계	–	–	–	–	65,413(100.0%)

출처: 2014.5.15 분기보고서 '사업의 내용'

연구개발 실적

연구 과제	연구 기관	연구결과	기대효과	비고
TV용 Slim 2 Way System	에스텍	저음용 Woofer와 고음용 Tweeter 결합하여 전대역 Speaker 개발	LCD/LED TV에 적용으로 매출 증대 예상	개발 중
TV용 음질강조 Speaker System	에스텍	LCD/LED TV용 음질강조 Speaker System 개발	박형 LCD/LED TV의 음질강조 목적	개발 중
박형 TV용 2.1CH System	에스텍	박형 TV(폭12mm 이하)용 2.1CH Full range Speaker 개발	OLED TV용으로 매출 증대 예상	개발 중

Premium급 In Ear HP	에스텍	B/A(2-Way)와 Woofer(1-Way)를 결합하여 최적의 음향 구현	고음질과 편안한 장착감 확보	개발 중
Premium급 Over Ear HP	에스텍	ANC(소음차단), B/T(무선연결), Touch Senser, Smart Phone과 Application 연동	사용자 편의성 극대화한 고음질 HP	개발 중
UHD TV용 Sound Bar Syatem	에스텍	4CH Sound Bar System으로 입체 음향 구현	UDH TV용 음질 보강 제품으로 매출 증가 예상	개발 중
Magnesium 진동판 적용 Speaker	에스텍	고음질 구현을 위한 Car/TV/Home用 Speaker 개발	Premium Sound Speaker System에 적용하여 매출 증대 예상	개발 중

출처: 2014.5.15 분기보고서 '사업의 내용'

2009년 5월 자금 담당 직원이 6년간 84억 원이 넘는 회삿돈을 개인적 용도로 사용한 횡령 사건이 발생했다. 이를 나는 중요 공시라고 판단했는데, 상장폐지가 될 수도 있었던 사건임에도 재무제표상 비용으로 처리하며 잘 넘어갔기 때문이다. 만약 자기자본을 넘어서는 액수의 사건이 발생했다면 자본잠식으로 상장폐지가 됐을 것이다. 이번 사건으로 회사의 자금관리 시스템이 한층 업그레이드됐다. 예방주사를 제대로 맞은 셈이다.

횡령·배임 혐의 진행사항

1. 사고발생내용		전 자금담당직원이었던 채중희의 횡령사고 발생(배임혐의에 대한 추가고소)
2. 횡령 등 관련사항	발생금액(원)	8,461,159,406
	자기자본(원)	36,739,577,011
	자기자본대비(%)	23%
	대기업해당여부	미해당
	최초 공시일자	2009-05-25

출처: 2009.12.14 횡령·배임혐의진행사항

　　최대주주인 일본 포스타전기가 무려 49.41%의 지분을 가지고 있다. 대주주가 수익을 많이 가져가기 위해선 배당률이 높아야 한다. 최근 현금배당 성향을 보면 평균 20%로 배당수익률이 5%에 가깝다. 일반 주주에게도 좋은 소식이다.

최근 3사업연도 배당에 관한 사항

구 분	주식의 종류	제15기 (2013)	제14기 (2012)	제13기 (2011)
주당액면가액(원)		500	500	500
당기순이익(백만 원)		11,324	9,045	13,292
주당순이익(원)		1,347	1,076	1,579
현금배당금총액(백만 원)		2,355	2,102	2,523
주식배당금총액(백만 원)		-	-	-

현금배당성향(%)		20.8	23.2	19.0
현금배당수익률(%)	보통주	4.44	4.12	5.60
	–	–	–	–
주식배당수익률(%)	보통주	–	–	–
	–	–	–	–
주당 현금배당금 (원)	보통주	280	250	300
	–	–	–	–
주당 주식배당(주)	보통주	–	–	–
	–	–	–	–

출처: 2014.5.15 분기보고서 '배당에 관한 사항 등'

Research 2 **IR 자료를 수집한다**

출처: 에스텍 내부 홍보자료

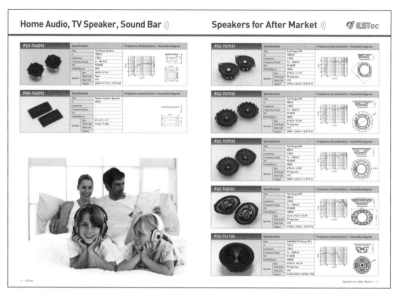

출처: 에스텍 제품 카탈로그

에스텍의 스피커는 주로 주문자 생산 방식으로 제조되며, 다양한 거래처의 니즈에 맞게 설계·생산되고 있다. 제품 기획 단계부터 거래처와 논의하기 때문에 고객과의 오래된 신뢰관계가 구축돼 있고, 이는 경쟁자들에겐 진입장벽으로 작용한다. 미국, 일본, 유럽에 판매조직과 영업망을 구축하고 현대자동차, 기아자동차, LG전자, 하만[Harman], 폴크오디오

⎚ 불곰의 Item Insight

에스텍에서 생산하고 있는 스피커는 적용 범위가 다양해서 매출구조가 안정화되어 있다. 스피커를 사용하지 않는 전자제품은 거의 없다. 디지털 관련 산업이 확대되고 발전하면서 수요는 더더욱 증가할 것이다. 특히 고급 및 다기능 제품이 지속적으로 개발돼 매출 증대에 기여할 것이다.

Polk Audio, 데피니티브Definitive, 소니Sony, 미쓰비시Mitsubishi, 알파인ALPINE, 히타치Hitachi, 켄우드Kenwood, 야마하Yamaha, 파나소닉Panasonic 등에 영업활동을 하고 있다.

Research 3 **증권회사의 종목 리포트를 분석한다**

에스텍의 주요 고객사는 완성차 업체(현대·기아차), 가전 업체(SONY, LG전자), 오디오(ALPINE, KENWOOD) 전문 업체 등이며, 수출 비중은 92%다 (2010년 매출액 기준). 현재는 주력시장이 미국, 일본, 유럽 등으로 국한되어 있지만 향후 동사의 대주주인 포스타전기를 통한 영업망 확대가 전망된다. 매출의 94%를 차지하는 자동차와 TV 시장이 하이엔드(High-end)화됨에 따라 고음질을 선호하는 소비자들이 증가하고 있다. 현재 스피커 시장은 제품의 스펙(SPEC)이 주요 경쟁력으로 부각되고 있는데, 동사는 40년의 업력과 꾸준한 R&D 투자를 통해 이에 부합하고 있다.

주요 원재료인 ABS수지, 냉연강판, 마그넷 등의 가격이 모두 빠르게 상승하고 있어 동사의 부담으로 작용하고 있다. 최근 2년간 ABS수지와 냉연강판의 가격이 각각 110%, 30% 상승했고, 원가 비중의 5.3%를 차지하고 있는 마그넷에는 희토류가 첨가되어 향후 수급 불균형에 따른 가격 급등 가능성이 크기 때문이다. 현재 대체품을 연구 중이지만 단기간 내 가시화되기는 힘들 전망이다.

출처: IBK투자증권 보고서(2011.5.31)

문화생활 수준이 높아지면, 스피커도 높은 음질의 제품을 찾게 된다.

에스텍은 40년 이상의 연구·개발 노하우로 고음질의 프리미엄급 스피커를 생산하고 있다. 일반적으로 시장은 소비자가 이끌어가는데, 스피커 시장만큼은 제조사가 주도하고 있다. 신제품이 출시되기를 소비자들이 기다린다는 뜻이다.

2011년 희토류 가격 파동이 있었다. 스피커에는 네오디움 희토류가 필요하다. 원가 비중이 5%에서 약 20%까지 상승하는 문제가 발생해 2011년 영업이익이 50% 이상 감소했다. 그럼에도 이익을 냈다는 것은 훌륭하다고 할 수 있다. 현재 네오디움 마그넷의 대체재로 페라이트 마그넷을 사용해 원가를 낮추고 있어 영업이익이 증가세를 보이고 있다.

`Research 4` 미디어 뉴스를 검색한다

에스텍(대표 김충지)은 1971년 LG전자(당시 금성사)와 일본 포스타전기의 합작회사인 LG포스타(당시 금성포스타)로 설립되어, 1999년 전 종업원이 자본출자를 통해 사업을 인수하는 형태의 사업분사 방식으로 출범한 회사다. 자동차용, 홈시어터용, TV용, PA용, PC 및 이동통신용 등 다양한 스피커 분야에서 30년 이상의 마케팅력과 선진 기술로 국내 동종 업계 1위를 기록하고 있다.

에스텍의 자동차용 스피커는 국내의 현대자동차 기아자동차에 주로 판매되며 해외의 경우 하만 인터내셜사, 알파인, 혼다자동차에 공급 중이다. 특히 하만 인터내셜사에 판매한 제품은 북미 시장 3년 연속 판매 1위를 기록해 올해 초에 우수협력업체로 선정됐다.

홈시어터 및 TV용 스피커는 한국소니전자와 LG전자에 주로 판매되며, 홈시어터용 제품은 DVD의 보급 확대에 따라 급성장이 기대되는 제품이다. 소니사와는 1999년부터 현재에 이르기까지 시리즈로 제품을 공동 개발해왔다. 또한 디지털앰프 내장 파워드(Powered) 스피커 시스템을 자체 개발해 해외 유명 오디오 업체인 켄우드, 카 오디오 업체인 알파인, 미쓰비시자동차에 제품을 공급하고 있다. IT 부문에서는 휴대전화의 소형, 박형, 경량화 요구에 부응하여 부저, 리시버, 스피커, 진동모터의 네 가지 부품을 하나에 집약시킨 복합 기능 부품(Multi Functional Devices)을 개발하여 양산에 성공했으며, 지속적인 성능 향상으로 향후 증대되는 수요에 대응해나갈 예정이다.

출처: 《머니투데이》(2003.11.1)

종목 조사를 하던 시점 기준 10여 년 전 기사인데, 당시 동종 업계 1위로 다양한 거래처에 다양한 형태의 스피커를 납품하고 있었다. 지금까지도 거래처 관계가 유지되고 있고 더 확대되어 매출 규모가 2배 이상 증가해 2,200억 원을 넘어서고 있다. 40년 이상 스피커 하나를 연구·개발하고 생산해온, 거래처에 인정받는 기업임을 알 수 있다. 사업구조를 보면 내수보다는 수출이 중심이다. 스마트폰의 보급률이 높아지면서 관련 사업도 확장됐다.

동성화학에서 적대적 인수·합병(M&A) 공격을 받았던 에스텍이 법원 결정에 힘입어 일단 경영권 방어에 성공했다. 에스텍은 15일 임시 주주총회를 열고 김충지 대표이사 체제를 유지하고 신임 이사 5명을 신규로 선임했다. 주총에선 애초 동성화학 측과 지분 대결이 예상됐으나 전날 법원에서 동성화학 측이 제3의 회사에 넘긴 309만여 주에 대한 의결권 행사를 금지함에 따라 에스텍 측 지분이 절반을 넘어 별다른 마찰 없이 진행됐다.

한편 에스텍은 이날 주총에서 정관을 개정해 현재 5명인 이사를 9명으로 늘려 이사회 의결권을 강화하는 방식으로 향후 M&A에 대비하는 조치를 취했다. 에스텍은 이번 M&A 방어 과정에서 동성화학 주식을 10% 이상 취득해 의결권을 막는 '역공개매수(Pac-Man Strategy)', '법률소송' 등 다양한 방어수단을 동원해 눈길을 끌었다.

출처: 《매일경제》(2004.9.15)

동성화학의 적대적 M&A 시도로 회사가 존폐 위기에 몰렸을 정도로 위험한 상황이 있었다. 그렇지만 임직원이 힘을 합쳐 세운 회사인 만큼 주주들의 애사심과 다양한 방어수단을 동원해 위기를 극복했다. 이 일은 지배구조를 강화하는 계기가 됐으며, 회사가 내부적으로 더 강해졌다.

지난 5일 에스텍은 장 마감 후 공시를 통해 "거래소는 에스텍에 대해 횡령·배임으로 인한 재무적 손실 규모, 코스닥 상장규정 제38조 제2항 제5호의 종합적 요건에 의한 상장폐지 가능성 등을 검토한 결과 상장폐지 실질심사 대상에서 제외하기로 결정했다"고 밝혔다.

출처: 《아시아경제》(2009.6.8)

에스텍은 자금 담당자가 84억 원가량을 횡령한 사건으로 상장폐지될 뻔했다. 그런데 충분한 자본을 보유하고 있었기에 손실 비용으로 처리하기로 하면서 상장 유지 결정이 내려졌다. 상장 후 여러 가지 문제로 힘든 시기를 보냈는데, 이 일 역시 임직원이 회사를 더욱 안정화하는 데 힘을 모으는 계기로 삼았다.

투자 가치 최종 확인 및 저가 매수

Decision 1 회사에 문의한다

Q 2014년 1분기 매출도 증가했지만 판매관리비가 크게 늘었는데, 그 이유는 무엇인가?

A 주 생산공장들이 해외에 있어서 주로 배를 통해 운송한다. 간혹 생산이 늦어져 해상운송을 할 수 없는 경우 항공을 이용해야 한다. 거래처 납품일을 지키는 것이 신뢰관계에 매우 중요하기 때문이다. 이번 분기에 항공운송 횟수가 많아 판관비가 증가한 것이다.

연결손익계산서

(단위: 원)

	제16기 1분기		제15기 1분기	
	3개월	누적	3개월	누적
수익(매출액)	65,412,701,767	65,412,701,767	45,908,813,973	45,908,813,973
매출원가	54,011,697,937	54,011,697,937	38,259,472,889	38,259,472,889
매출총이익	11,401,003,830	11,401,003,830	7,649,341,084	7,649,341,084
판매비와관리비	8,958,844,308	8,958,844,308	5,561,524,955	5,561,524,955
영업이익(손실)	2,442,159,522	2,442,159,522	2,087,816,129	2,087,816,129

출처: 2014.5.15 분기보고서 '재무에 관한 사항'

Q 2011년 희토류 파동으로 원자재 가격이 5배 이상 급등해서 영업이익이 급감한 후 차차 증가하고 있는 모습을 보이고 있다. 이에 대한 대비책을 찾은 것인가?

A 희토류 최대 보유국인 중국의 수출제한으로 가격이 폭등하면서 원가 비중이 너무 올라가 이익이 급감했다. 톤당 4만 7,000달러에서 23만 달러로 급등했다. 희토류 중 네오디움 마그넷이 스피커에 사용되는데 대체재인 페라이트 마그넷 사용을 확대함으로써 원가를 낮출 수 있었다. 대체 원자재를 개발함으로써 가격 변동으로 인한 위험성도 낮출 수 있었다.

Decision 2 FD PER를 재확인한다

1단계에서 재무제표를 보고 추정한 2014년 FD PER는 7이었다. 2단계의 조사와 3단계의 회사 접촉을 통해 이는 충분히 가능하고 현재까지의 성장세가 매년 지속될 가능성이 크다는 점을 확인할 수 있었기에 투자를 결정했다.

Decision 3 저가에 분할 매수한다

2014년 5월 7,810원을 시작으로 매수 추천을 했고, 예상했던 대로 실적이 지속적으로 향상됨에 따라 주가도 꾸준히 상승했다. 매수 후 6개월 뒤인 2014년 11월에 주가가 급등해 11,300원에 매도했다. 수익률은 45%다.

무엇이든 좋게 생각하는 긍정주의자들의 시각으로 볼 때, 에스텍은 다른 기업으로부터 적대적 M&A 공격을 받을 정도로 매력적인 회사였고 자금 담당 직원이 6년 동안 84억 원을 횡령할 때까지도 알아채지 못할 정도로 돈이 풍족한 회사였다고도 할 수 있다. 지금은 이런 과거 경험을 통해 더욱 강화된 경영 시스템과 내부 조직을 구성했다.

현재는 불곰이 처음 매수했던 시점인 2014년보다 실적이 더욱 좋아졌고 주주들에 대한 배당도 2배 정도(1주당 500원)로 늘었다. 기업도 사람의 인생사처럼 다사다난한 역경에 부닥친다. 투자자는 기업이 그런 시련을 어떻게 극복해나가는지를 잘 보고 판단해서 투자 결정을 해야 할 것이다.

오해입니다, 증여 때문이 아니에요

디씨엠(024090)	
최초 매수일 및 가격	2013년 2월 26일 / 10,250원
최종 매도일 및 가격	2014년 10월 22일 / 15,450원
수익률	50.7%
주당 배당금	1년 / 169원
배당수익률	1.6%(배당세율 15.4% 제외)
최종 수익률	52.3%

재산을 증여받거나 상속받으면 증여세 또는 상속세를 내야 한다. 기본적으로 1억 원 미만은 10%이며, 2억부터 5억 미만은 20%, 5억부터 10억 미만은 30%, 10억부터 30억 미만은 40%, 30억을 초과하면 50%를 내야 한다. 그런데 금액을 바로 산정할 수 있는 재산은 문제가 되지 않지만, 매일매일 가격이 변하는 주식을 증여 또는 상속받는다면 얘기가 다르다.

상장주식 증여의 예를 들자면 증여일을 기준으로 이전 2개월과 이후 2개월 등 총 4개월 동안의 종가 평균을 과세 기준 시가로 잡고 증여할 주식 수를 곱해 금액을 산정한다(비상장주식은 평가 기준이 다르다). 따라서 증여하는 입장에서는 주가가 낮으면 낮을수록 절세할 수 있다. 일부러 주가를 떨어뜨리는 기업들도 있을 정도다. 그러니 주주 입장에서 증여 및 상속은 달갑지 않은 소식이다. 최소 2개월 동안은 주가 상승을 기대하기 어렵기 때문이다.

이와 관련된 종목을 소개한다. 2011년 본의 아니게 증여세를 줄이게 된 일로 오해 좀 받았던 기업이다. 디씨엠이라는 기업인데, 래미네이트 컬러 강판을 제조하며 국내 시장점유율 50%를 차지하고 있다. 자세한 설명은 뒤에 하기로 하고 다음 차트를 보자.

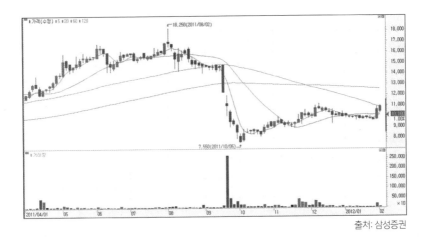

2011년 9월에 엄청난 주가 하락이 있었다. 무려 50% 이상 하락했다. 공교롭게도 8월에 증여한다는 공시가 나온 후에 벌어진 일이라 주주들로부터 엄청난 오해를 받았다. 유가증권시장본부로부터 현저한 시황 변동에 대한 조회공시도 요구받았다. 하지만 회사 측에선 시황 변동에 영향을 미칠 만한 공시사항이 없다고 답변했다. 충분히 오해할 수 있는 상

황이었다. 당연히 증여는 취소됐고, 주가가 안정되고 상승세를 소폭 회복한 12월 5일에 증여했다. 결과적으로 증여세 부과를 위한 과세 기준 시가가 낮아져 증여세를 절세하게 됐다(주가 급락의 원인은 회사에 문의해서 알 수 있었는데, 이는 뒤의 'Decision 1'을 참조하기 바란다).

디씨엠은 1972년 대림화학공업사로 시작해 1992년 래미네이트 컬러 강판 생산을 개시했다. 1999년 5월 14일 지금의 '디씨엠 주식회사'로 상호를 변경하고, 같은 해 8월 18일 한국증권선물거래소(현 한국거래소)에 상장했다. 주요 사업은 여러 종류의 강판 표면에 각종 필름을 붙여 만드는 래미네이트 강판의 제조·판매다. 디자인이 들어간 필름을 사용해 냉장고, 세탁기, 에어컨, 김치냉장고 등의 가전제품 외형을 제조하기도 한다. 국내 1위의 시장점유율을 가지고 있으며 수출 비중이 전체 매출의 40%가 넘는다.

래미네이트 강판 구조

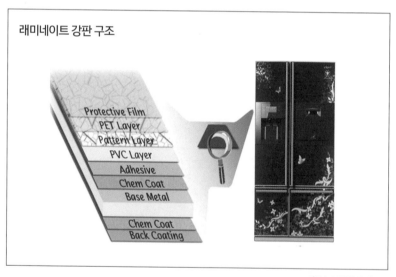

출처: 디씨엠 홈페이지

3중 필터링으로 종목 압축

Filtering 1   재무 안정성 검증: 부채비율이 100% 이하인가?

최근 3년간의 부채비율은 20~30%대 수준으로 불곰의 종목 선정 기준인 '100% 이하'를 유지하고 있다. 2012년 실적은 2013년 2월 15일에 발표한 '매출액또는손익구조30%(대규모법인은15%)이상변경' 공시를 참고했다.

부채비율 확인을 위한 데이터

(단위: 억 원, %)

	2012년 제26기	2011년 제25기	2010년 제24기
자본	1,335	1,268	1,155
부채	508	282	324
부채비율	38	22	28

Filtering 2   비즈니스 성장성 확인: 영업이익이 지속해서 성장하는가?

2006년 제20기부터 2011년 제25기까지의 매출 및 영업이익은 전체적으로 성장세다. 2012년에는 전년도에 비해 매출이 크게 감소했다. 이는 회사 설립 이후 처음 일어난 일로, 당시 경기침체 탓에 업황이 좋지 않았음을 짐작할 수 있다.

2013년 제27기는 100% 설비증설로 원가 절감 효과를 보게 될 것으로 기대했고, 경기가 회복할 것으로 판단했다.

요약재무정보

(단위: 백만 원)

구 분	제24기	제23기	제22기	제21기	제20기
매출액	154,110	111,680	106,278	80,388	64,415
영업이익	21,294	11,318	17,897	9,343	7,281
당기순이익	23,380	13,484	10,513	13,070	6,303
기본주당순이익(원)	2,317	1,337	1,042	1,295	625

출처: 2011.3.30 사업보고서(2010.12) '재무에 관한 사항'

Filtering 3 저평가 상태 확인: FD PER가 10 이하인가?

사업보고서 공시 전이지만 '매출액또는손익구조30%(대규모법인은15%)
이상변경' 공시를 통해 제26기의 실적을 확인할 수 있었다. 시가총액이
1,199억 원이니 이를 당기순이익 134억 원으로 나누면 FD PER는 8.9
다. 불곰의 FD PER 기준을 충족한다.

FD PER 산출을 위한 데이터

(단위: 억 원)

	2012년 제26기	2011년 제25기	2010년 제24기	2009년 제23기
매출액	**1,582**	1,748	1,541	1,116
영업이익	**121**	244	252	113
당기순이익	**134**	165	249	134

회사의 공개된 정보 수집

Research 1 공정공시를 확인한다

디씨엠의 배당 성향은 꽤 좋다. 2012년 제26기 '현금·현물배당결정' 공시를 보면 시가배당률이 무려 5.57%인 600원이나 된다. 당시 은행이자보다 높았다.

현금·현물배당 결정

1. 배당구분		결산배당
2. 배당종류		현금배당
– 현물자산의 상세내역		–
3. 1주당 배당금(원)	보통주식	600
	종류주식	–
4. 시가배당율(%)	보통주식	5.57
	종류주식	–

출처: 2013.2.19 현금·현물배당결정

지난 3년간의 배당금을 보면 제23기 200원, 제24기 350원, 제25기 600원으로 증가했다. 2011년 제25기와 2012년 제26기가 유난히 배당금이 높은데, 여기에는 이유가 있다. 2011년 정현택 대표이사가 부인과 자녀들에게 증여했다. 모두 합치면 150만 주 규모였다.

가장 많이 증여받은 정동우(70만 주) 씨를 기준으로 증여세를 계산해

보면, 평균 시가를 1만 원 정도로 예상했을 때 '70억 원 × 50%(세율) = 35억 원'이 된다. 우리나라에선 증여를 받은 사람이 증여세를 내며, 증여세는 5년 연납이 가능하다. 세금을 마련할 수 있는 가장 좋은 방법으로 고배당 정책을 택했다고 추측할 수 있다. 그 덕에 일반 주주들도 혜택(?)을 보게 됐다.

최근 3사업연도 배당에 관한 사항		제 25 기	제 24 기	제 23 기
구 분		제 25 기	제 24 기	제 23 기
주당액면가액 (원)		500	500	500
현금배당성향 (%)		40.02	15.75	14.96
현금배당수익률 (%)	보통주	5.89	2.95	2.49
	우선주	–	–	–
주당 현금배당금 (원)	보통주	600	350	200
	우선주	–	–	–

출처: 2012.3.29 사업보고서(2011.12) '회사의 개요'

재미난 공시도 있었다. 2013년 2월 현금·현물배당결정 공시 내용 중 기타 참고사항을 보면 소수 주주가 제안한 주당 배당금 1,000원을 지급해달라는 안건이 정기주주총회에 상정됐다. 물론 3월 22일 총회에서 부결되긴 했지만, 쉽게 볼 수 없는 사건이었다.

현금·현물배당 결정

| 11. 기타 투자판단에 참고할 사항 | 5) 당사는 소수주주로부터 1주당 배당금 1,000원의 주주제안을 요청받았으며, 상기 안건을 제26기 정기주주총회에 상정할 예정입니다 |
| | 6) 최대주주 1인은 주당 500원(액면가대비 100%)으로 차등배당 예정임 |

출처: 2013.2.19 현금·현물배당결정

2011년 8월경 주가가 적정 수준이라고 판단한 정현택 대표이사는 부인과 자녀에게 증여를 한다고 공시했다. 증여는 액수에 따라 세율이 결정되는데, 150만 주면 볼 것도 없이 50%의 세율이 적용된다. 다만, 5년간의 분납은 가능하다.

세부변동내역

보고사유	변동일	특정증권 등의 종류	소유주식수(주)			취득/처분 단가(원)	비 고
			변동전	증감	변동후		
증여(-)	2011년 08월 17일	보통주	3,630,000	-1,500,000	2,130,000	-	특수관계인 문정혜, 정동우, 정동은
합 계			3,630,000	-1,500,000	2,130,000	-	-

출처: 2011.8.17 임원·주요주주특정증권등소유상황보고서

그런데 2011년 9월 큰 폭의 주가 하락이 일어나면서 증여를 취소하게 된다. 앞서 봤듯이, 주가가 50% 이상 하락했기 때문이다.

일반적으로 증여 소식이 나오면 한동안 주가 상승은 힘들고 하락하는 경우가 많다. 하지만 이처럼 단기간에 급락하지는 않는다. 원인은 다른 데 있었다. 이 회사의 주식을 대량 보유한 개인투자자가 있었는데, 주식 담보 문제로 반대매매가 발생해 주가가 급락한 것이었다. 이에 대표이사는 9월 28일 증여를 취소했다.

세부변동내역

보고사유	변동일	특정증권 등의 종류	소유주식수(주)			취득/처분 단가(원)	비 고
			변동전	증감	변동후		
증여취소 (+)	2011년 09월 28일	보통주	2,133,000	1,500,000	3,633,000	–	특수관계인 문정혜, 정동우, 정동은
합 계			2,133,000	1,500,000	3,633,000	–	–

출처: 2011.9.30 임원·주요주주특정증권등소유상황보고서

2011년 12월 주가가 안정세를 찾아가는 시점에 다시 증여 신고를 했다. 동일 인물, 동일 주식 수로 신고했다. 2011년 10월 5일부터 2012년 2월 5일까지의 종가 평균으로 과세 기준을 결정하므로, 당시 주가 차트로 볼 때 대략 1만 원대에서 결정됐을 것이다. 150만 주를 증여했으니 150억 원이 되어 30억 원을 초과하므로 50%의 증여세를 내야 한다. 즉, 증여세만 75억 원이다.

세부변동내역

성명 (명칭)	생년월일 또는 사업자 등록번호 등	변동일	취득/처 분 방법	주식등 의 종류	변동 내역			취득/처 분 단가	비 고
					변동전	증감	변동후		
정연택	510420	2011년 12월 05일	증여(-)	보통주	3,633,000	-1,500,000	2,133,000	-	문정혜, 정동은, 정동우 수증
정연근	570720	2011년 12월 05일	증여(-)	보통주	50,000	-50,000	0	-	정동우 수증
문정혜	570926	2011년 12월 05일	수증(+)	보통주	509,090	300,000	809,090	-	정연택 증여
정동은	830429	2011년 12월 05일	수증(+)	보통주	306,550	500,000	806,550	-	정연택 증여
정동우	840408	2011년 12월 05일	수증(+)	보통주	548,990	750,000	1,298,990	-	정연택, 정연근 증여

출처: 2011.12.8 주식등의대량보유상황보고서(일반)

또한 디씨엠은 부산광역시 해운대구 우동 1506 일대 부지에 센텀스퀘어 오피스텔을 신축하여 분양사업을 시작했다. 공사 기간은 2009년부터 2012년 10월까지이며, 지하 5층에 지상 38층의 규모다. 분양 세대는 총 465세대로 분양률이 83.22%였다.

디씨엠은 분양사업으로도 큰 수익을 얻을 것이다. 주요 사업 분야가 아니기에 중요 투자 포인트는 아니지만 플러스알파는 된다.

경영상의 주요계약 등

분양공사명	센텀스퀘어 오피스텔 신축사업
규모	지하 5층 ~ 지상 38층
개발용도	업무시설(오피스텔) 및 근린생활시설
부지 및 연면적	부지: 4,117㎡, 연면적: 64,689㎡
공사예정기간	2009.7 ~ 2012.10
비고	분양대상은 오피스텔에 한함

(단위: 백만 원)

구 분	당 기
총분양세대수	465세대
분양률(%)	83.22%
공사진행률	96.72%
총분양예정수익	103,590
누적분양수익	78,840
당기분양수익	27,117
당기분양원가	15,955

출처: 출처: 2012.11.14 분기보고서(2012.9) '사업의 내용'

Research 2 **IR 자료를 수집한다**

당시 디씨엠은 IR 자료가 없었다.

Research 3 **증권회사의 종목 리포트를 분석한다**

동사는 보호필름 CAPA(생산 규모)(2009년 판매량 3,000톤, 최대 연간

7,000톤 생산 가능)와 자회사의 래미네이트 필름 CAPA를 확장(33%, 기존 생산라인 3개에서 4개로)했으며, 추가로 래미네이트 강판 CAPA를 현재의 2배까지 확대(2011년 하반기부터 가능 예상)할 것으로 보인다. 설비 확장을 통해 수직계열화된 국내 1위의 래미네이트 강판 지위를 지속적으로 유지하면서 수익성도 안정적(CAPA 확장에 따른 규모의 경제 효과와 래미네이트 필름 CAPA 확장을 통한 자체 원재료 조달률 60% 수준에서 대폭 상향, 래미네이트 필름 외부판매 가능)일 것으로 보인다.

출처: 이트레이드 리포트(2010.11.22)

디씨엠은 철강사업부와 필름사업부로 나뉘어 원료 공급을 자체적으로 해결하는 복합구조로 되어 있다. 안정적인 이익구조다. 보호필름 잉여분을 외부에 판매도 하고 있다. 설비 확장으로 향후 매출도 증대할 것이다. 전년 대비 매출은 30% 이상 증가했고, 이후로도 지속해서 매출이 성장하리라 예측된다.

`Research 4` 미디어 뉴스를 검색한다

디씨엠은 가전제품 외형에 사용되는 래미네이트 컬러 강판을 생산한다. 이 강판 생산 업체 중에서는 50% 이상의 시장점유율을 확보한 회사다. 주요 매출처는 삼성전자, LG전자, 대우일렉트로닉스 등 국내외 가전을 생산하는 기업들이다.

시장점유율 50%…공급처 다양해 매출 '화창'

보통 B2B 사업을 하는 업체들은 대기업으로부터 단가 인하 압력과 같은 것이 존재한다. 하지만 디씨엠은 국내외로 매출처가 다양해 단가 인하 압력에서 자유롭다. 디씨엠은 증여 발표로 9월에 급락했었다. 대주주 입장에서 상속세 절감을 위한 일시적 주가 낮추기라는 의견이 있다. 증여를 마친 현재 시점에서 주가는 다시 1만 원대를 회복했으며 추가 상승이 기대된다.

40억대 영업이익 불구 3분기 적자?

40억대의 영업이익을 기록했는데도 불구하고 동사는 3분기에 적자를 기록했다. 주가가 급락하다 보니 금융적인 부분에서 손실이 있었던 것이다. 이는 일시적 손실이며, 이번 4분기 영업이익은 상승 흐름을 타고 있다.

부산 '센텀스퀘어' 부동산 수익 연 50억 원 전망

동사는 부산의 최대 상업지역 센텀스퀘어에서 오피스텔과 상업시설이 접목된 부동산을 운영하고 있는데 여기서 분양 이익이 들어오고 있다. 상업형 임대시설에 대한 수익은 2013년부터 발생할 전망이다. 이는 재무제표상엔 아직 반영되지 않은 상태이다. 완공 후 추가될 추정 임대수익은 매년 50억 원이며 누적 분양수익은 600억 원이다.

출처: SBS CNBC(2011.12.7)

주요 제품인 래미네이트 컬러 강판의 국내 시장점유율이 50% 이상이면서 회사의 캐시카우 Cash Cow (수익창출원) 역할을 하고 있다는 점과 다양한 매출처 확보로 안정적인 수익구조를 가지고 있다는 점이 디씨엠의 강점이다. 증여에 관한 오해도 있었지만, 증여가 마무리되면서 주가도 점차 안정세를 찾아가고 있다. 부산에 오피스텔 분양사업을 시작하여 기타 수익을 올리고 있는데, 상가는 분양하지 않고 임대할 것으로 보여 연 50억 원 이상의 추가 수익이 예상된다.

투자 가치 최종 확인 및 저가 매수

Decision 1 ┃ 회사에 문의한다

Q 2011년 9월 주가가 급락한 이유가 무엇인지 밝혀졌는가?

A 주식을 많이 보유하고 있던 개인투자자 중 한 사람이 주식담보대출로 다른 주식을 매수했는데 담보비율이 부족해져 반대매매가 발생했기 때문이다. 회사 문제나 증여 문제로 하락한 것이 아니었다.

Q 2013년 100% 설비투자를 진행했다고 하는데 이에 대한 공시를 접하지 못했다. 이유가 무엇인가?

A 자기자본 10% 미만의 자본을 사용할 경우에는 공시 의무가 없기 때문에 공시를 하지 않았다. 당시 자본총계가 1,343억 원으로, 130억 원 미만의 투자는 공시하지 않아도 될 정도로 자본금이 컸다. 언제든 신규 사업을 통한 사업다각화가 가능하다.

Decision 2 ┃ FD PER를 재확인한다

1단계에서 추정한 FD PER는 8.9였다. 2단계의 조사와 3단계의 회사 접촉을 통해 시장의 성장이 지속될 가능성이 크다는 점을 확인했고, 부수적으로 분양사업을 통해 엄청난 수익이 발생하리라는 점을 알게 됐기에 투자를 결정했다.

저가에 분할 매수한다

2013년 2월 10,250원을 시작으로 매수 추천을 했고, 2014년 10월 15,450원에 매도했다. 배당을 포함하여 수익률은 52.3%다.

📖 불곰의 **투자 Review**

디씨엠은 철강사업부와 필름사업부가 시너지 효과를 발휘하면서 제품을 생산하는 시스템으로 되어 있어 경쟁사 대비 수익률이 높았다. 또한 배당도 적극적으로 실시하고 있어서 투자자들에게 매력이 있는 기업이었다. 2015년 7월에는 우리가 매수했던 가격(10,250원) 대비 100%가 오른 20,750원의 주가를 형성했다. 그 후 1년 뒤에는 실적 악화로 다시 10,000원 밑으로 하락하는 수모도 맛봤다.

이렇게 좋은 주식도 가격이 이처럼 오르고 내리기를 밥 먹듯이 한다. 가치투자를 기본으로 생각하는 투자자들은 기업의 펀더멘털엔 전혀 문제가 없는데 주가가 단기적으로 하락한다면 바로 이때를 저가 매수의 기회로 삼는다. 반면 어중간한 가치투자자들은 저평가된 가치주를 매수했더라도 주식이 계속 하락하면 참지 못하고 매도해버린다. 이것은 잘못된 투자다. 가치투자라는 이름만 빌렸을 뿐이다.

신용만이 아니라 신용정보도 돈이 된다

나이스디앤비(130580)	
최초 매수일 및 가격	2014년 3월 20일 / 2,385원
최종 매도일 및 가격	2014년 10월 13일 / 3,795원
최종 수익률	60%

난 사람 만나는 것을 좋아한다. 다양한 분야의 사람들과 이야기하면서 새로운 지식을 습득하는 것은 매우 즐거운 일이다. 다만, 사기꾼 기질이 있는 사람은 절대 두 번 보지 않는다. 함께 있는 자리에서 다른 누군가에게 연락이 왔을 때 전화를 받지 않는다거나 답신 전화를 너무 늦게 하는 경우를 예로 들 수 있다. 물론 내 기준이다.

이렇듯 개인도 서로를 검증하고 평가하며 관계를 이어가는데 정부와 기업, 기업과 기업의 관계에서는 오죽하겠는가. 이익을 추구하는 집단 간의 관계에서는 신용평가가 매우 중요하다. 특히 정부 기관에서 진행하는 사업을 수주할 때는 입찰자들의 신용을 평가하는 것이 아주 기본적인 절차다.

예전에는 응찰하는 회사들로부터 3년 치 재무제표와 주주 현황 등 여러 자료를 제출받아 경영 상태를 검증한 후 심사를 거쳐 낙찰자를 선정했다. 그러다가 2005년 들어 시스템이 변경돼 '신용정보회사'를 통해 신용평가등급 확인서를 발급받아 제출하게 했다. 조달청이나 공공기관이 직접 하던 기업의 경영 상태 파악이라는 일을 신용정보회사가 하게 된 것이다. 기업신용평가 업종은 정부의 시스템 변화로 수혜를 보게 됐다고 할 수 있다.

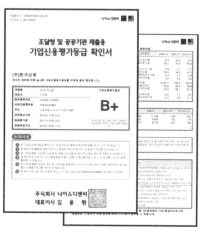

출처: 나이스디앤비 브로슈어

지금부터 소개할 종목이 바로 기업신용정보 서비스를 제공하는 나이스디앤비다. 국내 글로벌 기업정보 서비스 시장에서 독보적인 지위를 차지하고 있다. 미국 D&B^{Dun & Bradstreet Corporate}의 서비스를 독점적으로 제공받는 국내 유일의 회원사로서 경쟁력이 매우 높다. D&B는 전 세계 약 2억 2,000만 개 기업의 데이터베이스를 제공해주는 세계 최대 기업정보회사다. 더욱이 이 업종은 정부에서 관리하는 허가 사업으로 진입장벽도 매우 높다.

나이스디앤비는 2002년에 나이스홀딩스, 미국 D&B, 일본 TSR^{Tokyo Shoko Research}이 함께 현물출자 하여 설립했다. 나이스홀딩스가 35%로 최대주주다. 2005년에 싱가포르 금융회사인 필립캐피탈^{Phillip Capital}이 투자하여 약 27%의 지분을 가지고 있다. 2011년 12월 22일 코스닥에 상장했으며, 당시 공모 가격은 1,700원이었다. 2012년 10월 5,400원대까지 상승한 이후 하락하여 주가는 2,000~3,000원대를 오가는 상황이었다.

출처: 삼성증권

나이스디앤비는 국내외 기업에 대한 신용정보 제공 서비스를 하는 기업으로, 고정비용이 많이 들어가지 않는 사업구조를 가지고 있다. 즉, 매출 증가가 수익성 증가로 이어진다는 의미다. 2002년 상반기 신규 서비스인 동반성장지원시스템 나이스윙크$^{NICE\ WinC}$를 선보였다.

WinC는 대기업이 협력기업을 관리하고 1차 및 2차 협력기업에 자금은 물론 상거래와 공정거래를 지원하는 서비스다. 중소협력기업 간 상거래를 지원할 때는 자금, 전자계약, 전자세금계산서 등의 서비스를 동사의 신용인증 서비스와 연계한다. 예컨대 대기업의 어음 발행을 은행이 확인하고, 필요하다면 그 범위 안에서 1·2차 협력기업에 저금리로 대출해준다. 그러면 1·2차 협력기업들이 어음을 할인받음으로써 발생할 손실을 줄여줄 수 있다.

　2002년 5월 SK텔레콤, 기업은행과 업무협약을 맺고 서비스를 시작했다. 현재는 롯데마트, SK플래닛, SK브로드밴드 등이 도입하고 운영 중이다. 관계된 협력기업들의 WinC 가입률은 지속해서 증가하고 있다. 새로운 매출을 창출하고 있는 것이다.

3중 필터링으로 종목 압축

Filtering 1　**재무 안정성 검증: 부채비율이 100% 이하인가?**

최근 3년간의 부채비율은 20% 정도로, 불곰의 종목 선정 기준인 '100% 이하'를 유지하고 있다. 더불어 차입금이 없는 무차입경영을 하고 있다. 재무제표를 보면 차입금 계정이 전혀 없음을 확인할 수 있다.

부채비율 확인을 위한 데이터　　　　　　　　　　　　　　(단위: 억 원, %)

	2013년 제12기 3분기	2012년 제11기	2011년 제10기
자본	221	205	184
부채	45	43	42
부채비율	20	21	23

Filtering 2　**비즈니스 성장성 확인: 영업이익이 지속해서 성장하는가?**

2010년부터 영업이익이 10% 이상 성장세를 보였다. 시장 경제에 큰 변동이 없는 한 비슷한 실적을 유지할 것이다. 2012년 5월 시작한 신규 서비스 WinC가 새로운 시장을 창출한다면 수익은 더욱 증가하게 된다. 또한 나이스디앤비는 글로벌 기업의 신용정보와 관련하여 국내에서 독보적인 지위를 차지하고 있다. 많은 기업이 이미 설정한 신용정보체계를 쉽게 바꿀 수 없기 때문에 나이스디앤비의 성장은 당분간 지속될 수밖에 없다. FTA 체결 국가가 늘어나 무역량이 증가하고 있다는 것도 성장에 한몫을 할 것이다.

요약재무정보

(단위: 백만 원)

구분	2013년도 3분기 (제12기 3분기)	2012년도 (제11기)	2011년도 (제10기)	2010년도 (제9기)	2009년도(제8기)
영업수익	15,093	19,285	17,447	16,299	14,316
영업이익	2,876	3,200	2,848	2,189	2,372
당기순이익	2,588	3,025	2,483	1,875	2,028
주당순이익(원)	168	196	214	164	184

출처: 2013.11.14 분기보고서 '재무에 관한 사항'

Filtering 3 저평가 상태 확인: FD PER가 10 이하인가?

2012년 3분기 누적 매출이 146억 원이고 4분기 매출이 46억 원으로, 총 매출은 192억 원이다. 2013년 3분기 누적 매출은 150억 원으로 전년 동기 대비 4억 원 정도 증가했다. 4분기 매출이 전년 동기와 동일하다고 보수적으로 잡을 때, 2013년 총매출은 196억 원으로 전망할 수 있다. 영업이익과 당기순이익 역시 전년 4분기 실적과 동일하게 잡으면 영업이익은 34억 원, 당기순이익은 32억 원이 된다. 매수 전 시가총액이 367억 원이니 FD PER는 11 정도로 볼 수 있다. 이 실적은 불곰의 FD PER 기준을 약간 넘지만 기업의 성장성과 안정적인 이익창출력을 고려해볼 때 투자 종목으로 선정해도 리스크는 크지 않다고 판단했다.

FD PER 산출을 위한 데이터

(단위: 억 원)

	2013년 제12기 예상	2013년 제12기 3분기	2012년 제11기	2012년 제11기 3분기	2011년 제10기
매출액	**196**	150	192	146	174
영업이익	**34**	28	32	26	28
당기순이익	**32**	25	30	23	24

조사 단계

회사의 공개된 정보 수집

`Research 1` **공정공시를 확인한다**

주요 매출구조를 보면 D&B의 글로벌 기업정보 서비스가 가장 큰 비중을 차지하고 있다. 최근 우리나라가 다수 국가와 FTA를 체결하면서 국제 교역량이 증가해 해외 협력사에 대한 신용정보 의뢰가 많아졌기 때문이다. 국내 기업의 신용도를 평가하는 신용인증 서비스가 그다음으로 비중이 높다. 국내 기업들이 공공기관에 입찰하기 위해선 신용평가등급이 필요하기 때문이다.

주요 서비스의 현황

(단위: 백만 원)

품목	매출액(비중)		
	제12기 3분기	제11기	제10기
글로벌 기업정보 서비스	5,893(39.1%)	8,698(45.1%)	7,898(45.3%)
신용인증 서비스	6,783(44.9%)	7,667(39.8%)	6,861(39.3%)
거래처관리 서비스 외	2,417(16.0%)	2,920(15.1%)	2,688(15.4%)
합　계	15,093(100.0%)	19,285(100.0%)	17,447(100.0%)

출처: 2013.11.14 분기보고서 '사업의 내용'

🖳✓ 불곰의 Item Insight

특히 수익성이 좋은 부분은 기업들이 원청기업에 협력사로 등록하기 위해 신용평가를 받아야 할 때다. 이때 원청기업은 협력사의 경영 상태를 수시로 확인하고자 한다. 이럴 때는 거래처 관리 서비스를 신청하면 되는데 비용이 꽤 비싸다. 늘 최신 정보로 업데이트되어야 하기 때문이다. 공공기관에 입찰하는 기업이나 구매 기업의 협력사가 신용인증 서비스를 신청할 때는 일회성이기 때문에 크게 비싸지 않지만, 입찰자와 원청사에 협력사가 되기 원하는 기업이 절대다수이기 때문에 신용인증 서비스의 매출이 높은 비중을 차지한다.

　　주요 주주 현황을 살펴보니 최대주주인 나이스홀딩스가 약 35%, 필립캐피탈이 26.6%, TSR이 9.4%, D&B가 3.2% 지분을 보유하고 있다. 이처럼 설립에 참여한 기업들이 70% 이상을 보유하고 있고, 소액주주의 보유분이 대략 22%인 330만 주 정도였다. 유통에는 문제가 없어 보였다.

최대주주 및 특수관계인의 주식소유 현황

(기준일: 2013년 09월 30일)   (단위: 주, %)

성명	관계	주식의 종류	소유주식수 및 지분율				비고
			기초		기말		
			주식수	지분율	주식수	지분율	
(주)NICE 홀딩스	본인	보통주	5,385,000	34.97	5,385,000	34.97	–

출처: 2013.11.14 분기보고서 '주주에 관한 사항'

5%이상 주주 및 우리사주조합의 주식소유 현황

(기준일: 2013년 09월 30일)   (단위: 주)

구분	주주명	소유주식수	지분율	비고
5% 이상 주주	Phillip Capital Pte Ltd.	4,100,000	26.62%	–
	Tokyo Shoko Research, Ltd	1,450,000	9.42%	–

출처: 2013.11.14 분기보고서 '주주에 관한 사항'

　　최근 3년간의 배당에 관한 사항을 보면 현금배당 성향이 매년 30%를 유지하고 있음을 확인할 수 있다. 설립에 참여했던 기업들의 주식보유 목적이 자본이득Capital Gain이 아니기에 선택한 방법이라 볼 수 있다. 배당을 중시하는 투자자들에게는 이 또한 투자 포인트가 된다.

최근 3사업연도 배당에 관한 사항

구 분	주식의 종류	제11기	제10기	제9기
주당액면가액(원)		500	500	500
당기순이익(백만 원)		3,024	2,483	1,874
주당순이익(원)		196	214	164
현금배당금총액(백만 원)		909	755	563
주식배당금총액(백만 원)		–	–	–
현금배당성향(%)		30.04	30.41	30.04
현금배당수익률(%)	보통주	2.5	1.7	–
	–	–	–	–
주식배당수익률(%)	보통주	–	–	–
	–	–	–	–
주당 현금배당금(원)	보통주	59	49	49
	–	–	–	–
주당 주식배당(주)	보통주	–	–	–
	–	–	–	–

출처: 2013.11.14 분기보고서 '배당에 관한 사항 등'

Research 2 **IR 자료를 수집한다**

기업신용평가 솔루션을 제공하는 과정은 다음과 같다. 구매 기업에 협력사가 되길 원하는 회사가 나이스디앤비에 신용평가 신청을 하면, 나이스디앤비가 실사 방문 및 평가를 한 뒤 구매 기업에 결과를 제공한다. 협력사는 일회성이지만 구매 기업은 수시로 확인할 수도 있는데, 이때는 거래처 관리 솔루션을 이용하면 된다.

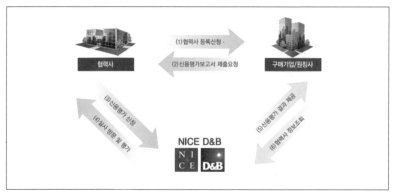

세계 1위 기업정보회사인 D&B가 운영하는 D&B월드와이드네트워크^{D&B WorldWide Network}의 국내 유일한 회원으로서 D&B 서비스를 독점적으로 제공하고 있다. 최근 FTA 체결이 활성화되고 있어 국내외 기업들의 신용평가 의뢰 물량이 크게 증가했다. 해외 협력업체의 신용평가 프로세스는 다음과 같다.

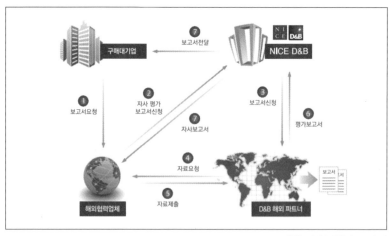

증권회사의 종목 리포트를 분석한다

- 투자 포인트로 기업신용조회 필요성 확대에 따른 지속적인 매출 증가 전망
- 글로벌 기업신용정보 1위 사업자로서 글로벌 기업신용정보 수요 증대의 수혜 예상
- 신규 사업 추진으로 성장에 물꼬를 틈
- 꾸준하게 성장하는 캐시카우와 신규 사업으로 성장동력 마련
- 2013년 매출액 212억 원, 영업이익 37억 원 예상

출처: 대신증권 보고서(2013.6.28)

FTA 체결 국가의 증가와 정부의 수출 장려 정책에 따른 교역량의 증가로 거래 상대 기업의 신용정보 필요성이 더욱 커지고 있다. 이 시장에서 나이스디앤비는 매출 규모 1위를 차지하고 있다. 사업영역의 확대와 매출구조의 다변화를 위해 신규 사업인 WinC 서비스를 제공하면서 정부의 정책과 맞물려 공급을 확대해나가고 있다. 연평균 10% 성장을 유지하고 있는 안정적인 기업이다.

Research 4 **미디어 뉴스를 검색한다**

최준근 신한금융투자 연구원은 "나이스디앤비는 신용정보 업체로 시장에서 한국기업데이터 등 6개 업체와 경쟁을 벌이고 있다"며 "기업정보의 경우 단기간 내에 데이터베이스를 축적해 정보화하는 것이 불가능해 진입장벽이 상당히 높은 편이며, 나이스디앤비는 약 300만 개의 기업 개요정보를 확보

하고 있다"고 설명했다.

최 연구원은 "나이스디앤비는 작년 기준 시장점유율이 16%로 낮은 수준이지만 글로벌 부분에서는 85%로 독점적인 지위를 유지하고 있다"며 "전 세계 2억 개 기업정보를 통합 관리하고 있는 D&B와의 전략적 제휴를 통해 D&B 서비스를 국내에서 독점 유통하고 있기 때문"이라고 분석했다.

출처: 《머니투데이》(2011.12.22)

이 기사에서 키워드는 '독점'이다. 독점이라는 무기는 매우 강력하다. 경쟁상대가 없다는 뜻이니 말이다. 글로벌 기업정보 1위 회사의 국내 유일 파트너로서 85%의 점유율을 차지하고 있기에 매출구조가 매우 안정적이다.

롯데마트는 유통 업계 최초로 2차 협력사에 대한 자금지원에 나선다고 6일 밝혔다. 이를 위해 최근 롯데마트는 기업은행, 기업신용정보 업체 나이스디앤비와 업무협약을 맺었다. 지원 대상은 1차 협력사의 하청업체 또는 원재료를 공급하는 2차 협력사 중 1차 협력업체와 기업은행 등 3자 간 채권양도 계약을 맺은 업체다. 이들 기업은 1차 협력업체의 롯데마트 납품액 70% 내에서 자금을 시중금리보다 2%p 낮게 지원받을 수 있다.

출처: 《매일경제》(2013.5.6)

롯데마트를 시작으로 6월엔 SK플래닛, 10월엔 SK브로드밴드, 11월엔 포스코, 12월엔 KT·기업은행·KB국민은행과 WinC를 활용한 동반성장지원 업무협약을 맺고 1·2차 협력사 지원을 시작했다. 신성장동력 사업의 확대로 실적이 증가할 것이다.

투자 가치 최종 확인 및 저가 매수

Decision 1 회사에 문의한다

Q   2014년 매출 목표는 어떻게 되는가?

A   과거의 데이터를 참조하면 충분히 알 수 있으리라고 본다. 큰 변화가
    있는 업종이 아니기 때문에 쉽게 예측할 수 있다. 공정공시 때문에
    실적발표 전까지는 알릴 수 없음을 이해해달라.

담당자는 알려줄 수 없음을 이해해달라고 했지만, 사실 큰 힌트를 준
셈이다. 과거 데이터에서 큰 변화가 없으리라고 했으므로, 예년과 비슷
하게 10% 정도의 성장을 예측할 수 있었다.

Decision 2 FD PER를 재확인한다

1단계에서 과거 실적을 통해 추정한 2014년 FD PER는 10 정도였다. 이
후 2단계의 정보 수집과 3단계의 회사 접촉을 통해 국제 교역량 증가에
따른 해외 협력사 신용정보 의뢰와 국내 원청사와 협력사 간의 신용인증
서비스 시장이 앞으로도 성장할 가능성이 크다는 사실을 확인하고 투자
를 결정했다.

저가에 분할 매수한다

2014년 3월 2,385원을 시작으로 매수 추천을 했고, 7개월 만인 2014년 10월 3,795원에 매도했다. 수익률은 60%다.

📖 불곰의 투자 Review

나이스디앤비가 영위하는 사업은 독점적이고 정부의 허가사항이라는 점에서 엄청난 진입장벽을 형성하고 있다. 나이스디앤비는 수익이 굴곡 없이 꾸준하게 발생하고 있기에 엄청난 투자 매력도를 가진 종목이었다. 매도 후 1년이 지난 시점에는 매수가 대비 460%가 폭등해 11,000원까지 올랐다.

아무리 더디게 가는 주식이라도 실적이 계속 좋아지면 주가는 상승할 수밖에 없다. 하지만 그 열매는 기다리지 못하는 투자자의 몫은 아니다.

미국의 마트에서 발견한 '메이드 인 코리아'

코메론(049430)	
최초 매수일 및 가격	2011년 5월 9일 / 3,610원
최종 매도일 및 가격	2014년 9월 1일 / 5,730원
수익률	59%
주당 배당금	3년 / 182원
배당수익률	5%(배당세율 15.4% 제외)
최종 수익률	64%

미국에서 공부하던 시절에 필요한 가구가 있어 마켓을 방문한 적이 있다. 국내에서처럼 완성품을 구입해 배송을 의뢰할 예정이었다. 그런데 가서 보니 소파와 같이 조립이 어려운 가구를 제외하고는 대부분이 직접 조립하게 되어 있는 DIY^{Do It Yourself} 가구였다. 사려고 했던 가구가 있는지를 확인하고 집으로 돌아왔다. 사이즈를 알아야 했기 때문이다.

집에 와서 가구를 둘 위치를 대략 정한 다음 사이즈를 재려 했는데, 줄자가 없었다. 그래서 마켓에 다시 갔다. 진열된 줄자를 살펴보던 중 'Made in Korea'라는 글씨가 눈에 확 들어왔다. 반갑고 놀라웠다(외국

나가면 다 애국자가 된다고 하지 않던가). 그것도 인기 있는 제품들만 선별해놓은 곳에 당당히 진열돼 있었다. 회사명을 보니 '㈜코메론'이었다. 세월이 한참 지났지만, 그날 본 줄자와 코메론이라는 회사 이름은 내 기억 속에 오랫동안 선명하게 남았다.

그래서 그런지 불곰주식연구소를 오픈한 뒤, 한 번쯤 추천 종목으로 선정했으면 했다. 물론 모든 기준을 통과해야 한다는 조건이 붙겠지만 말이다. 그러던 차에 기회가 왔다. 가치투자로 유명한 신영자산운용사가 코메론 주식을 대량 보유하고 있다가 매도했다고 공시한 것이다.

신영자산운용사는 2004년 12월 8일 코메론 주식 5.09%를 취득했다고 공시한 후 2008년 1월까지 보유량을 14.05%로 늘렸다. 이후 조금씩 매도하기 시작하여 2011년 4월에는 소유상황보고서를 통해 잔여 비율이 3.12%임을 공시했다. 5% 이하가 되면 매매보고 의무가 없어지기에 확인할 방법은 없지만, 곧 전량 매도할 것으로 예상됐다.

이때부터 천천히 관심을 갖고 지켜보기 시작했다. 신영자산운용사가 100만 주 이상을 보유하는 동안 주가 상승은 거의 없었다. 누구 눈에나 뻔히 보이는 매도 세력이 있는 종목에서 더 큰 바보가 되고 싶은 투자자는 없을 테니, 한편으론 당연한 일이기도 하다. 그런데 다른 면으로 본다면 가치주의 단기 하락 시에는 보유하는 것이 맞다는 것을 보여준 사례다. 2008년 리먼 사태로 주식시장이 폭락했을 때도 신영자산운용사는 손절매하지 않고 기다렸다. 또한 충분한 시간을 두고 매매를 했다. 3년 동안 천천히 매수했고 다음 3년간 천천히 매도했다.

이것이 정석투자라고 생각한다. 우리도 지켜야 할 원칙이다. 아무튼, 큰 매도 세력이 없어진다는 것은 좋은 매수 포인트라고 판단했다.

출처: 삼성증권

코메론은 1963년 한국엠파이어공업사로 시작하여 1990년 상호를 코메론으로 변경했다. 2001년 1월 코스닥에 상장했는데 당시 공모 가격은 8,500원, 경쟁률은 246:1이었다. 2002년 5월 18일 유동성 개선을 이유로 액면가의 2분의 1 주식분할을 하면서 공모 가격이 4,250원으로 변경됐다.

주력제품으로는 줄자, 압연, 자동차 부품 유통 등이 있다. 줄자사업부

출처: 코메론 홈페이지

문이 2010 사업연도 기준으로 86.97%를 차지할 정도로 주력사업이다. 해외 80여개국에 수출하고 있는데, 선진국에선 줄자가 필수용품이어서 수요가 많다. 국내 시장점유율 60%이고 일본 시장에

서는 타지마^{Tajima}에 이어 2위의 인지도를 가지고 있다. 미국 시장에서는 스탠리^{Stanley}와 러프킨^{Lufkin}에 이어 3위이며 유통 전문점인 월마트^{Wal-Mart}, 시어스^{Sears}, 홈디포^{Home Depot} 등에서 유통된다.

기초 단계

3중 필터링으로 종목 압축

`Filtering 1` **재무 안정성 검증: 부채비율이 100% 이하인가?**

최근 3년간의 부채비율을 보면 '100% 이하'를 유지하고 있다. 매년 거의 10% 이하로 매우 낮은 수준이다.

부채비율 확인을 위한 데이터   (단위: 억 원, %)

	2010년 제28기	2009년 제27기	2008년 제26기
자본	640	585	537
부채	65	27	50
부채비율	10.1	4.6	9.3

`Filtering 2` **비즈니스 성장성 확인: 영업이익이 지속해서 성장하는가?**

최근 5년간의 손익계산서를 살펴보면 우상향 곡선을 형성하고 있다. 2008년 리먼 사태로 주식시장이 폭락하면서 보유하고 있던 펀드에서 손실이 발생해 제26기의 당기순이익이 좋지 않았지만, 전체적으로는 증가세다. 코메론의 글로벌 인지도가 높고 유통 전문점의 점유율도 상승하고 있기에 매출 증가는 당분간 이어질 것이다.

요약재무정보

(단위: 원)

구 분	제28기	제27기	제26기	제25기	제24기
매출액	41,925,923,949	34,013,016,230	39,056,455,809	28,580,951,893	29,076,714,248
영업이익	8,238,488,902	7,567,340,586	5,947,345,316	5,200,909,217	5,566,853,396
계속사업이익	8,418,230,277	6,717,263,878	808,594,940	6,257,265,504	5,334,999,314
당기순이익	6,619,638,902	5,249,161,257	1,056,544,858	4,333,154,049	3,173,741,523
주당순이익	737	583	117	479	385

출처: 2011.5.13. 사업보고서(2010.12) '재무에 관한 사항'

Filtering 3 **저평가 상태 확인: FD PER가 10 이하인가?**

2011년 매출액을 예측하는 것이 중요하다. 1사분기 실적이 공시되기 전이라 2010년 매출을 기준으로 보수적으로 잡았다. 회사 측에서도 2011년 매출이 전년 수준은 될 것으로 내다보고 있었다. 보수적으로 소폭의 매출 증가를 고려했을 때 예상 실적은 다음 표와 같다. 현재 시가총액 326억 원으로 2010년 기준 PER는 4.9이고, 2011년 FD PER는 4.6으로 추정한다. 불곰의 FD PER 기준을 충족한다.

FD PER 산출을 위한 데이터

(단위: 억 원)

	2011년 제29기 예상	2010년 제28기	2009년 제27기	2008년 제26기
매출액	**420**	419	340	390
영업이익	**85**	82	75	59
당기순이익	**70**	66	52	10

회사의 공개된 정보 수집

Research 1 | 공정공시를 확인한다

앞서 언급한 신영자산운용사의 주식 소유 상황이 투자판단을 하는 데 중
요한 부분이었다. 신영자산운용사는 2004년 11월 30일에 5.10%를 보유
하고 있다고 공시하면서 주요주주가 됐다. 이후 매수와 매도를 반복하여
2008년 1월 31일에는 보유비율이 14.05%까지 올라갔고, 그때부터는 매
매를 통해 보유비율을 줄여나갔다. 2011년 3월 31일에 대량보유자 공시
의무 기준인 5% 선까지 내려왔고, 4월 29일에는 3.12%가 됐다.

이후는 공시 의무가 없어 알 수 없지만, 2011년 5월 안에 전량 매도
할 것으로 예상했다. 기관의 기조가 매수에서 매도로 바뀌었다고 볼 수
있기 때문이다.

> ### ☑ 불곰의 투자 Tip
>
> 신영자산운용사의 소멸은 눈에 보이는 매도 세력이 사라지는 순간이었다. 이렇듯 엄청난
> 물량을 가지고 있는 기관에서 매도물량을 계속 내놓는데 선뜻 매수에 나설 투자자는 없을
> 것이다. 신영자산운용사가 어떤 이유에서 전량 매도를 했는지는 알 수 없지만, 일반 투자
> 자에게는 저가 매수의 기회이자 좋은 소식이다.

보유주식등의 수 및 보유비율

보고기준일		보고자		주식등의 비율		주권의 비율	
		본인 성명	특별관계 자 수	주식수 (주)	비율 (%)	주식수 (주)	비율 (%)
직전보고서 작성기준일		-	-	-	-	-	-
이번보고서 작성기준일	2004년 11월 30일	신영투자 신탁운용 (주)	-	295,770	5.10	295,770	5.099
증 감		-	-	295,770	5.10	295,770	5.099

출처: 2004.12.8 기관투자자-주식등의대량보유(변동)보고서

주식소유상황

보 고 일 자		소 유 주 식		
		구 분	주식수(주)	비 율(%)
직전보고서 제출일	2007년 12월 28일	보통주	1,267,662	14.01
		우선주	-	-
		계	1,267,662	14.01
이번보고서 제출일	2008년 01월 31일	보통주	1,271,350	14.05
		우선주	-	-
		계	1,271,350	14.05
증 감		보통주	3,688	0.04
		우선주	-	-
		계	3,688	0.04

출처: 2008.2.5 임원·주요주주특정증권등소유상황보고서

보유주식등의 수 및 보유비율

보고서작성 기준일		보고자		주식등		주권	
		본인 성명	특별관계 자 수	주식등의 수(주)	비율 (%)	주식수 (주)	비율 (%)
직전 보고서	2011.03.31	신영자산 운용(주)	–	511,049	5.65	511,049	5.65
이번 보고서	2011.04.29	신영자산 운용(주)	–	282,638	3.12	282,638	3.12
증 감				-228,411	-2.53	-228,411	-2.53

출처: 2011.5.9 주식등의대량보유상황보고서(약식)

2002년 2월 25일 유동성 개선을 이유로 주식 액면가를 2분의 1로 내리고 발행주식 수를 증가시키는 주식분할결정 공시가 나왔다. 액면가 1,000원인 코메론 주식 290만 주가 액면가 500원으로 변경되고, 주식 수는 580만 주로 늘어난다.

액면분할로 받게 되는 신주권 교부 예정일은 2002년 5월 18일이며, 8,500원인 공모 가격은 4,250원으로 정정된다.

 불곰의 투자 Tip

액면분할은 주식의 액면가액을 일정 비율로 분할하여 주식 수를 늘리는 것을 말한다. 단순히 액면가를 변경한 것이기에 자본금의 변동은 없다.

액면분할의 긍정적인 효과는 주식 수가 늘어나 매매가 촉진된다는 점이다. 이전에 비해 싸다는 착시 현상도 일으키기 때문에 주가가 상승하는 경향이 있다. 또 기업 입장에서는 주식이 분산되면서 적대적 M&A를 보다 효과적으로 방어할 수 있다는 장점도 있다.

주권등 액면분할

1. 분할의 내용			
가. 변경전	1주의 금액 (원)		1,000
	회사가 발행할 주식의 총수 (주)		15,000,000
	발행주식의 종류 및 총수	기명식 보통주 (주)	2,900,000
		기명식 우선주 (주)	0
		기명식 신형우선주 (주)	0
나. 변경후	1주의 금액 (원)		500
	회사가 발행할 주식의 총수 (주)		30,000,000
	발행주식의 종류 및 총수	기명식 보통주 (주)	5,800,000
		기명식 우선주 (주)	0
		기명식 신형우선주 (주)	0

출처: 2002.2.25 주식분할결정

2009년에는 세계 80개국 이상의 영업 네트워크를 바탕으로 자동차 부품 시장에 진출한다는 공시가 있었다. 자동차 부품 제조 및 유통 업체인 시몬스아이케이 주식 170만 주를 취득했다는 공시다. 40년 이상 줄자한 품목으로 세계적인 회사가 된 코메론이 신성장동력으로 사업영역을 확대하려고 노력하는 모습이다. 단순 줄자사업에서 유통 시너지 효과를 낼 수 있는 사업다각화는 투자자들에게 긍정적인 메시지다.

타법인 주식 및 출자증권 취득결정(자율공시)

1. 발행회사	회사명(국적)	시몬스아이케이(주)(한국)	대표이사	김남옥
	자본금	1,062,500,000원	회사와의 관계	타인
	발행주식총수(주)	2,125,000	주요사업	자동차부품 제조 및 유통
2. 취득내역	취득주식수(주)			1,700,000
	취득금액(원)			4,160,000,000원
	자기자본(원)			53,714,458,239원
	자기자본대비(%)			7.7%
	대기업 해당여부	미해당		
3. 취득후 소유주식 수 및 지분 비율	소유주식수(주)			1,700,000
	지분비율(%)			80.0%
4. 취득방법	현금 취득			
5. 취득목적	① 미국,유럽,일본 자동차시장을 중심으로 자동차부품의 제조 및 유통업을 영위하는 시몬스아이케이㈜의 최대주주로서 경영참여 ② 자동차부품시장 진출을 통한 사업다각화			
6. 취득예정일자	2009-10-10			

출처: 2009.8.18 타법인주식및출자증권취득결정(자율공시)

코메론은 배당이 매력 있다. 1년에 두 번 배당한다. 중간배당 기준은 6월 말, 결산배당 기준은 12월 말이다. 중간배당은 8월에 지급하고 결산배당은 이듬해 4월에 지급한다. 현금배당 성향이 약 15~20%에 달한다. 배당에 관한 사항을 일부 살펴보면 2010년 8월에 중간배당 75원, 2011

년 4월에 결산배당 40원을 지급한다고 결정했다.

현금배당 결정

1. 배당구분		중간배당
2. 1주당 배당금(원)	보통주	75원
	우선주	–
3. 시가배당률(%)	보통주	2.3%
	우선주	–
4. 배당금총액(원)		673,303,725원
5. 배당기준일		2010-06-30
6. 배당금지급 예정일자		2010-08-25

출처: 2010.8.9 현금·현물배당결정

현금배당 결정

1. 배당구분		결산배당
2. 1주당 배당금(원)	보통주	40원
	우선주	–
3. 시가배당률(%)	보통주	1.1%
	우선주	–
4. 배당금총액(원)		359,095,320원
5. 배당기준일		2010-12-31
6. 배당금지급 예정일자		2011-04-20

출처: 2011.2.25 현금·현물배당결정

IR 자료를 수집한다

발표된 IR 자료가 없었다.

증권회사의 종목 리포트를 분석한다

동사의 국내 줄자 가격은 원자재 가격 상승으로 인하여 1분기 중 10%가량 인상됐으며, 동기에 3,000mm 고직립도 맥그립 엑스트라를 출시하여 매출 증가에 기여할 것으로 보인다. 또 하반기에는 해외 시장을 겨냥한 또 다른 신상품 출시와 함께 시어스사와 월마트로 400만 달러가량의 추가적 매출이 발생할 전망이다. 이에 따라 2011년 매출은 461억 원(+9.9%, 전년 대비), 영업이익은 81억 원(-1.9%, 전년 대비)을 기록할 것으로 보인다.

Valuation Summary

(단위: 십억 원, %, 배)

	매출액	영업이익	세전이익	순이익	EPS	증감률	EBITDA	PER
2009	34.0	7.6	6.7	5.2	584.7	400.7	8.3	4.6
2010	41.9	8.2	8.4	6.6	737.4	26.1	9.0	5.0
2011F	46.1	8.1	8.7	6.6	736.2	-0.2	8.8	4.7
2012F	47.6	8.9	9.7	7.3	817.5	11.0	9.8	4.2
2013F	50.5	9.8	10.6	8.1	899.2	10.0	10.7	3.9

출처: 이트레이드증권 보고서(2011.5.9)

2008년 리먼 사태 이후 글로벌 경기가 회복세를 보이면서 줄자 수요가 회복되어 판매량이 증가하고 있다. 2010년 7월 13일 미국의 대형 유통사인 시어스와 K마트 매장에 16억 원 상당의 줄자 공급계약을 체결했다. 이뿐 아니라 해외 시장에 지속해서 공급할 것으로 보인다. 2011년 1분기 매출이 아직 발표되지 않았지만, 최근 흐름으로 볼 때 전년과 비슷한 실적은 거둘 것으로 예상했다.

`Research 4` **미디어 뉴스를 검색한다**

> 줄자 제조 업체 코메론은 11일 이사회 결의를 통해 장기차입금을 중도 상환, 완전 무차입경영에 들어가기로 했다. 코메론은 이번 주에 오는 2017년 만기인 사원 아파트에 대한 국민주택기금대출 8,200만 원을 중도 상환키로 했다. 코메론 관계자는 "전기 말 기준 차입금 의존도가 0.41%에 불과해 실질적으로 무차입경영을 해왔지만 불필요한 이자비용을 없애고 안정성을 강화하기 위해 이같이 결정했다"고 설명했다.
>
> 출처: 《한국경제》(2001.6.11)

이 기사의 키워드는 '무차입경영'이다. 오래된 기사이지만 무차입경영에 대한 내용이어서 재무 안정성을 판단하는 데 참고했다. 대부분 기업이 금융권 부채를 가지고 있다. 당연한 얘기지만, 금융권 부채는 이자 등 비용을 발생시키기에 적은 것이 좋다. 코메론은 2001년에 무차입경영을 선언했으며, 이는 기업 이미지 제고와 가치 평가에 긍정적인 영향을 주었다. 현재까지 지속해서 무차입경영을 유지하고 있는지도 중요하다. 이를 확인하려면 재무제표를 보면 된다. 재무제표의 부채 항목에 단기차입금·장기차입금이 있고 손익계산서에 금융비용이 존재한다면, 금융권 부채가 있다는 뜻이다. 코메론의 2010년 사업보고서를 통해 재무제표를 확인한 결과 차입금이 전혀 없었다.

> 코스닥 히든챔피언은 세계 1~3위 수준의 경쟁력을 갖춘 우량 기업을 지원, 육성해 상장기업의 브랜드 가치 제고와 시장 활성화를 도모하기 위해 한국거래소가 선정해 발표했다.
>
> 거래소에 따르면 이들 기업의 자산 규모는 전체 기업 평균의 1.35배이며 평균 수출 금액은 615억 원으로 수출 비중이 60%를 넘는다. 또한 최근 3년 평균 매출액 증가율도 35.1%로 시장평균 대비 20%p 이상 높다. 매출액과 영업이익은 각각 1.19배, 3.9배 차이를 보인다. 재무 안정성 면에서도 부채비율이 50.3%로 전체 평균 91.7% 대비 크게 낮은 수준이며 유보율 역시 전체 기업의 2배를 넘는다.
>
> 출처: 《이뉴스투데이》(2010.10.13)

한국거래소가 선정한 코스닥 히든챔피언 관련 기사로, 코메론은 세계 시장점유율 2위 기업군에 선정됐다. 공인기관이 기업의 수익성, 기술력, 성장성, 재무 안정성을 인정했다는 의미다. 특히 코메론은 앞서 봤듯이 부채비율이 10% 수준에 불과하며 금융권 부채가 전혀 없는 무차입경영을 하고 있다. 그럼에도 주식시장에서 주목받지 못해 오랫동안 저평가 상태를 유지 중이다.

투자 가치 최종 확인 및 저가 매수

Decision 1 회사에 문의한다

Q 2011년 1분기 보고서가 5월 15일이 지나야 공시되는데 미리 상황
   을 알고 싶어서 전화했다. 전년에 비해 2011년 1분기 실적은 어떠
   한가? 더불어 2011년 목표 매출은 어느 수준인가?

A 공시 전에는 답변을 줄 수 없음을 양해 바란다.

예상한 답변이었기에 크게 서운하진 않았다. 그래도 꼭 확인을 해보
고 싶어서 영업팀에 전화를 걸었다. 현재 영업이 잘되고 있는지 물은 결
과, 작년보다 좋다는 의미의 답변을 들었다. 이 정도면 충분했다.

Decision 2 FD PER를 재확인한다

1단계에서 재무제표를 보고 추정한 2011년 제29기 FD PER는 4.6으
로 초저평가 상태였다. 이후 2단계의 정보 수집과 3단계의 회사 접촉
을 통해 성장이 매년 지속될 가능성이 크다는 점을 확인하고, 투자를
결정했다.

Decision 3 저가에 분할 매수한다

2011년 5월 3,610원을 시작으로 매수 추천을 했고, 2014년 9월 5,730
원에 매도했다. 수익률은 배당수익률 5%를 포함하여 64%였다.

코메론은 오랜 기간 저평가 상태로 소외되어 있었다. 그러다가 2014년 이후 시장에서 가치를 인정받아 2015년에는 2011년 매수가(3,610원)에서 354% 오른 12,800까지 기록했다. 2019년 말 현재도 좋은 실적으로 8,000원대의 주가를 형성하고 있다. 역시 주가는 실적이 말해준다.

시대를 읽는 눈이 있다면

넥스트리밍(현 키네마스터㈜, 139670)	
최초 매수일 및 가격	2014년 2월 4일 / 4,915원
최종 매도일 및 가격	2014년 8월 18일 / 7,860원
최종 수익률	60%

2013년 12월 어느 날 불곰주식연구소의 홈페이지를 살펴보다가, 회원 수는 작년보다 늘었는데 접속자 수는 점점 줄고 있다는 사실을 발견했다. '이유가 무엇일까?' 하고 며칠을 생각하다 뉴스를 보고 알게 됐다. 최근 트렌드가 PC에서 모바일로 옮겨가는 것이며, 소셜 네트워크의 인기가 높아진 것이 주원인이었다.

나도 변화를 주기로 하고 페이스북 페이지를 개설해 활동을 시작했다. 놀랍게도, 일주일 만에 1,500명이 넘는 사람이 '좋아요'를 눌러주었다. 웹 사용자가 모바일 환경으로 빠르게 이동하고 있음을 실감했다.

이 트렌드에 맞는 종목이 있어서 추천했다. 넥스트리밍(현 키네마스터)으로, 2002년 9월 9일에 설립하여 2011년 12월 코스닥에 상장된 회사다. 당시 공모가는 6,000원, 경쟁률이 306:1이었다. 높은 관심을 받은 종목이다.

넥스트리밍은 2000년에 인터넷 무료전화 다이얼패드 광풍을 몰고 왔던 새롬기술의 영상처리사업팀이 나와서 만든 벤처회사다. 모바일 디바이스용 동영상 플레이어 및 편집기를 개발·판매하며, 세계 최고 수준의 모바일 미디어 소프트웨어 업체로 성장했다.

주요 제품은 비디오와 음악의 스트리밍 및 다운로드 재생 기능을 제공하는 미디어 플레이어인 넥스플레이어NexPlayer다. 이를 스마트폰이나 태블릿기기에 탑재하고 라이선스 비용을 받는다. 이 제품이 2013년 3분기 기준 전체 매출의 72.86%를 차지한다. 모바일 비디오 서비스 업체(미디어, 통신, 스포츠 등)들에 제공하여 앱app에 모바일 동영상 플레이어를 제공하는 넥스플레이어SDK NexPlayer SDK는 26.71%를 차지했다.

넥스트리밍의 주가를 보면 2013년 4월 전후로 거래량이 늘면서 상승세를 보였다가 7월부터 다시 거래량이 줄면서 하락세를 보였다. 불곰이 이 종목을 조사하던 시점에는 공모가 밑으로까지 하락한 상태였다. 주식

출처: 삼성증권

을 보유 중인데 거래량이 터지면서 주가가 상승할 때는 매도를 하는 것이 맞다. 그리고 저평가 종목에 한해, 거래량이 줄면서 주가가 하락할 때는 조용히 매수하는 것이 맞다.

기초 단계

3중 필터링으로 종목 압축

`Filtering 1`　**재무 안정성 검증: 부채비율이 100% 이하인가?**

최근 3년간의 부채비율을 보면 '100% 이하'를 유지하고 있으며, 무차입 경영을 하고 있다.

부채비율 확인을 위한 데이터　　　　　　　　　　　　　　　　(단위: 억 원, %)

	2013년 제12기 3분기	2012년 제11기	2011년 제10기
자본	208	182	169
부채	47	33	22
부채비율	**22.5**	**18.1**	**13**

`Filtering 2`　**비즈니스 성장성 확인: 영업이익이 지속해서 성장하는가?**

매출 대부분이 스마트기기에 기본적으로 설치되는embed 형태로 삼성과 LG 등에 제공하는 넥스플레이어다. 따라서 넥스트리밍의 성장은 스마트폰 시장의 성장과 직결된다. 최근 3년간의 매출 흐름을 볼 때 당분간 성장을 지속하리라고 예상할 수 있다. 세계 스마트폰 시장 역시 20% 이상 커지고 있음을 여러 자료를 통해 알 수 있다.

<표3> 스마트폰 시장 점유율 (Sell-In 기준) (단위: 백만대)

출하량	2011	1Q12	2Q12	3Q12	4Q12F	2012F	1Q13F	2Q13F	3Q13F	4Q13F	2013F
Nokia	77.3	11.9	10.2	6.3	7.0	35.4	6.7	6.7	6.8	7.1	27.3
RIM	49.6	9.7	8.0	8.9	7.0	33.6	8.3	8.2	7.6	8.1	32.2
Apple	91.3	35.1	26.0	26.9	42.6	130.6	34.8	29.9	39.0	42.3	145.9
HTC	44.9	6.9	9.3	8.5	7.0	31.6	6.4	7.0	6.0	6.9	26.4
삼성	96.7	44.3	48.1	57.6	61.5	211.5	72.0	85.8	92.8	99.4	350.0
Motorola	18.5	4.7	4.6	5.1	4.8	19.3	4.0	4.2	3.9	4.0	16.1
LG	20.2	4.9	5.8	7.0	8.1	25.8	7.2	9.3	11.1	11.8	39.4
기타	73.3	29.5	41.7	48.9	55.3	175.4	50.7	52.8	57.1	58.0	218.6
Total	471.7	147.0	153.7	169.2	193.3	663.2	190.2	204.0	224.2	237.6	855.9
M/S											
Nokia	16.4%	8.1%	6.6%	3.7%	3.6%	5.3%	3.5%	3.3%	3.0%	3.0%	3.2%
RIM	10.5%	6.6%	5.2%	5.3%	3.6%	5.1%	4.4%	4.0%	3.4%	3.4%	3.8%
Apple	19.4%	23.8%	16.9%	15.9%	22.1%	19.7%	18.3%	14.7%	17.4%	17.8%	17.1%
HTC	9.5%	4.7%	6.1%	5.0%	3.6%	4.8%	3.4%	3.5%	2.7%	2.9%	3.1%
삼성	20.5%	30.1%	31.3%	34.0%	31.8%	31.9%	37.9%	42.0%	41.4%	41.9%	40.9%
Motorola	3.9%	3.2%	3.0%	3.0%	2.5%	2.9%	2.1%	2.1%	1.7%	1.7%	1.9%
LG	4.3%	3.3%	3.8%	4.1%	4.2%	3.9%	3.8%	4.6%	4.9%	5.0%	4.6%
기타	15.5%	20.1%	27.1%	28.9%	28.6%	26.4%	26.6%	25.9%	25.5%	24.4%	25.5%

자료: 각사, HMC투자증권

 출처: 2013.11.13 분기보고서 '사업의 내용'

Filtering 3 저평가 상태 확인: FD PER가 10 이하인가?

최근 3년 동안 매출이 해마다 20% 이상 증가하고 있다. 2012년 3분기 매출이 109억 원이고, 2013년 3분기 매출이 129억 원이다. 2012년 4분기에 43억 원의 매출을 올렸으니 2013년 4분기는 대략 51억 원을 기록할 것으로 봤다. 2013년 제12기의 기말 실적은 다음과 같다. 당시 시가총액이 345억 원이었으므로 FD PER는 8.5로 추정했다. 불곰의 FD PER 기준을 충족한다.

FD PER 산출을 위한 데이터 (단위: 억 원)

	2013년 제12기 예상	2013년 제12기 3분기	2012년 제11기	2012년 제11기 3분기	2011년 제10기
매출액	180	129	152	109	120
영업이익	43	31	43	30	31
당기순이익	40	28	38	26	28

회사의 공개된 정보 수집

Research 1 공정공시를 확인한다

회사의 주요 연혁을 살펴보니 다양한 형태의 플레이어를 개발하여 대형 글로벌 회사(네이버, 애플, 구글 등)와 공급계약을 체결했다는 내용이 계속되고 있었다. 높은 경쟁력을 갖고 있음을 확인할 수 있다.

회사의 연혁

일자	내용
2013.09	IBC 2013 (국제방송전시회) 참여
2013.09	퀄컴 업링크 2013 (Uplinq 2013) 행사 참여 및 KineMix 시연
2013.04	Time Warner Cable과 NexPlayer SDK 공급계약
2013.03	NHN과 NexPlayer SDK 공급계약
2013.02	MWC (Mobile World Congress) 에서 KineMaster 첫 시연
2012.09	IBC 2012 (국제방송전시회) 참여
2012.07	네이버TV 앱에 NexPlayer 공급
2012.06	퀄컴 업링크 2012 (Uplinq 2012) 행사에서 발표 및 전시회 참여
2012.06	넥스트리밍 안드로이드용 미디어 플레이어 구글플레이 마켓에 공개
2012.04	돌비 디지털 플러스 적용 NexPlayer 출시
2012.03	영문사명 NexStreaming 으로 변경
2012.02	MWC (Mobile World Congress) 에서 안드로이드 스마트폰 용 Video Editor 첫 시연
2011.12	미국 Turner 안드로이드 다운로더블 플레이어 공급
2011.12	코스닥시장 상장 (공모가: 1주당 6,000 원, 액면가 500원)
2011.07	일본 SoftBank, NTT Plala와 안드로이드용 다운로더블 플레이어 공급 계약

2011.06	퀄컴 업링크 2011 (Uplinq 2011) 행사에서 발표 및 전시회 참여
2011.06	코스닥 상장 예비 심사 통과
2011.05	미국 HBO GO 서비스를 위한 안드로이드용 다운로더블 플레이어 공급
2011.05	오센텍 (Authentec)과 Cisco, Alcatel-Lucent용 다운로더블 플레이어 공급 계약 체결
2011.04	퀄컴과 QDSP Access Program License Agreement 체결
2010.12	마이크로소프트 IIS Smooth Streaming 플레이어 개발
2010.10	삼성전자 바다 (Bada)용 플레이어 제품 상용화
2010.09	애플 HTTP Live Streaming 플레이어 개발 완료
2010.07	안드로이드용 다운로더블 플레이어 개발 완료

출처: 2013.11.13 분기보고서 '회사의 개요'

Research 2 **IR 자료를 수집한다**

출처: 2013년 3분기 IR 자료

3. New Products – KineMix

"업계 최초, 클립 기반의 동영상 편집기"

"안드로이드 OS에 최적화된 프리미엄 Video 편집기"

출처: 2013년 3분기 IR 자료

스마트기기용 미디어 플레이어가 안정된 매출구조를 보여주는 가운데 새로운 제품을 개발함으로써 시장을 확대하고자 한다. 업계 최초로 클립 기반의 동영상 편집기인 키네믹스KineMix를 선보였으며, 안드로이드 OS에 최적화된 프리미엄 비디오 편집기인 키네마스터KineMaster도 내놓아 매출이 증대될 것으로 예상한다.

Research 3 **증권회사의 종목 리포트를 분석한다**

당시 넥스트리밍의 종목 리포트는 없었다.

Research 4 **미디어 뉴스를 검색한다**

넥스트리밍, 美 타임워너케이블에 모바일 동영상 솔루션 공급

미국 케이블 네트워크 시장점유율 2위인 타임워너케이블에 'NexPlayer SDK(넥스플레이어 소프트웨어 개발 키트)'를 공급한다고 18일 밝혔다. 타임워너케이블에 제공하는 이번 솔루션은 미디어 서비스 업체들이 모바일 환경에서 하드웨어 코덱 자원을 최대한 활용하도록 설계돼 HD급 실시간 스트리밍 방송 및 VOD 서비스를 제공할 수 있게 해준다. 보급형에서부터 최신 스마트폰까지 더 많은 소비자가 자신의 기기에서 서비스를 이용할 수 있다는 장점이 있다. 최신 코덱과 프로토콜을 지원한다.

넥스트리밍은 HBO, TURNER, DIRECTV 등 글로벌 거대 방송, 통신, 미디어 부문의 주요 업체들을 고객사로 두고 있다. 올 1분기에는 NHN에 '넥스플레이어SDK'를 제공하는 등 글로벌 모바일 동영상 소프트웨어 시장에서 입지를 넓혀나가고 있다. 세계적으로 동영상 소비 패턴이 전통적인 TV 및 PC 기반에서 모바일 시청으로 이동하고 있다. 비디오 전송 플랫폼 및 모바일 비디오 플레이어의 중요성이 부각되고 있는 이유다.

출처: 《아이뉴스24》 (2013.6.18)

경쟁력 있는 제품 개발로 모바일 동영상 시장에서 지속해서 대형 고객사를 늘려나가고 있다는 내용이다. 이 기사를 통해 넥스트리밍의 매출 안정성 및 성장성을 확인할 수 있다. 전 세계적으로 모바일 시장이 확대되는 추세이기에 솔루션 공급 역시 계속 증가할 것이다.

결정 단계

투자 가치 최종 확인 및 저가 매수

`Decision 1` **회사에 문의한다**

Q 매출은 크게 늘었는데 영업이익이 그만큼 늘지 않은 이유는 무엇인가?

A 새로운 프로그램을 개발하기 위해 연구·개발(R&D)에 투자했고 전문 인력을 충원하는 데 비용지출이 커서 영업이익은 크게 늘지 않았다. 새로운 수익 모델이 만들어지기까지는 시간이 필요하다고 보고 있다.

`Decision 2` **FD PER를 재확인한다**

1단계에서 과거 실적을 기반으로 도출한 FD PER는 8.5였다. 이후 2단계의 정보 수집과 3단계의 회사 접촉을 통해 지속 성장이 가능함을 확인하고 투자를 결정했다.

저가에 분할 매수한다

2014년 2월 4,915원을 시작으로 매수 추천을 했고, 6개월이 지난 2014년 8월에 7,860원에 매도했다. 수익률은 60%다.

📖 불곰의 **투자 Review**

넥스트리밍(현 키네마스터)은 모바일 환경의 변화에 가장 민첩하게 대응한 회사였다. 그리고 불곰은 이를 남보다 앞서 알아채고 매수하여 반년 만에 60%의 투자수익을 거둘 수 있었다. 그 후 예상과 달리 2017년 이후 실적이 악화되면서 2018년 10월에는 2014년 매수했던 가격(4,915원)의 반 토막인 2,305원까지 폭락했다.

그런데 이후엔 반전을 보여줬다. 2019년 유튜브 열풍과 함께 영상 편집 앱에 대한 대중의 관심이 높아지면서 15,800원까지 올라 최저가 대비 700% 이상 상승했다. 내일의 주가는 귀신도 모른다는 말이 맞는 듯하다. 그러니 귀신도 모르는 주가를 예상하려고 애쓰지 말고, 실적과 공개된 정보를 꼼꼼히 확인하여 저평가된 기업을 찾자.

콜센터?
이제는 컨택센터!

브리지텍(064480)	
최초 매수일 및 가격	2010년 8월 17일 / 2,680원
최종 매도일 및 가격	2014년 8월 6일 / 4,755원
수익률	148%
주당 배당금	4년 / 558원
배당수익률	29%(배당세율 15.4% 제외)
최종 수익률	177%

대한민국 주식 문화를 바꾸기 위해 시작한 불곰주식연구소가 문을 연 지도 벌써 10년이 다 되어간다. '자본으로부터의 해방'을 슬로건으로 행복한 가족 만들기 프로젝트가 골자였다. 홈페이지 오픈을 앞두고, 2,000개 가까운 상장기업을 분석하고 또 분석하며 1호 종목을 어떤 것으로 할까 고민했다.

한편으로, 홈페이지 개발도 완성 단계에 이르렀기에 이래저래 신경써야 할 게 많았다. 개발비를 지불하는 일도 그중 하나였다. 개발비를 정산하기 위해 텔레뱅킹을 했다. 습관적으로 다이얼을 누르고 안내 메시지를 기다렸다.

"원하는 서비스 번호를 누르세요. 조회는 1번, 이체는 2번….."

아무 생각 없이 2번을 누르는데, 얼마 전에 살펴본 브리지텍이라는 회사가 문득 떠올랐다. 불곰주식연구소 1호 종목이 결정되는 순간이다. 브리지텍은 컨택센터^{Contact Center} 소프트웨어 개발 공급 업체다.

콜센터를 운영하는 분야로는 금융업(은행, 카드, 보험 등)과 서비스업(병원, 유통 등)을 비롯해 대민지원 고객 서비스를 위한 공공기관과 지자체 등이 있다. 그 밖에 다양한 업종을 영위하는 기업에서도 콜센터를 두고 있다.

"○○○를 원하시면 1번, ×××를 원하시면 2번을 누르세요", "귀하의 생년월일 6자리를 누르세요"와 같은 안내 메시지를 들어봤을 것이다. 단순히 회사안내나 내선교환 기능만 하는 것은 ARS^{Automatic Response Service}

출처: 삼성증권

(자동응답시스템)라고 하고, 고객정보를 입력하면서 상담을 진행하는 것은 IVR$^{Interactive voice response}$(음성자동응답)이라고 한다. IVR은 금융권이나 통신사에서 가장 많이 사용한다.

브리지텍은 주 고객사가 제1금융권으로, 70%가 넘는 점유율을 확보하고 있다. 국내 시중은행 17개 중 11개사가 브리지텍의 서비스를 채택하고 있다. 전체 점유율은 22%로 1위 업체다. 동사는 1995년 3월 ㈜삼우티비에스라는 이름으로 설립됐고, 1999년 지금의 브리지텍으로 사명을 전환했다. 2008년 6월 4일 코스닥에 상장됐으며, 공모 가격은 3,100원이었다. 추천 당일에는 2,680원으로 저평가 상태였다.

기초 단계

3중 필터링으로 종목 압축

Filtering 1 **재무 안정성 검증: 부채비율이 100% 이하인가?**

최근 3년간의 부채비율은 '100% 이하'로 낮은 수치를 유지하고 있다. 제16기 들어서부터 무차입경영을 하고 있다.

부채비율 확인을 위한 데이터   (단위: 억 원, %)

	2010년 제16기 반기	2009년 제15기	2008년 제14기
자본	217	234	172
부채	41	68	43
부채비율	**19**	**29**	**25**

Filtering 2 **비즈니스 성장성 확인: 영업이익이 지속해서 성장하는가?**

국내 컨택센터산업은 최근 5년 동안 다른 산업에 비해 양적으로 20% 가까운 비약적인 성장을 이뤘다. 브리지텍도 매년 10% 이상 성장하고 있다. 공공기관 부분에서 대국민 서비스를 강화하면서 전국 지자체 및 공공기관을 중심으로 컨택센터 구축이 늘어났기 때문이다. 여기에 기존의 아날로그 통신 환경을 IP 기반의 컨택센터로 전환하는 움직임도 본격화되고 있어 브리지텍의 매출 증가는 당분간 지속될 것이다.

요약재무정보

(단위: 천 원)

구분	제16기 반기	제15기	제14기	제13기	제12기
매출액	10,638,605	30,782,938	28,064,577	23,537,968	18,689,782
영업이익	728,480	7,207,199	2,742,972	4,177,257	2,493,855
당기순이익(원)	1,175,934	7,045,167	2,410,557	3,230,853	1,782,201
주당순이익	142	841	299	452	249

출처: 2010.8.16 반기보고서(2010.6) '재무에 관한 사항'

Filtering 3 **저평가 상태 확인: FD PER가 10 이하인가?**

솔루션사업은 특성상 고객사의 업무를 이해해야만 안정적인 시스템을 구현할 수 있기에 솔루션의 도입부터 완료까지 많은 시간이 걸린다. 그래서 상반기보다 하반기의 매출액이 크다. 브리지텍의 매출액이 매년 10% 이상 증가하고 있으므로, 2010년 매출액도 전년 대비 10% 증가한 330억 원으로 예상했다. 다만, 반기(1, 2분기) 실적이 전년과 별 차이가 없는 것으로 보아 영업이익과 당기순이익은 전년과 비슷한 수준이 될 것으로 예측했다.

주가를 보니 2사분기 실적이 감소한 부분을 충분히 반영하고 있는 듯하다. 시가총액이 241억 원이었으므로 FD PER는 3.4로 추정했다. 상당히 저평가되어 있다.

FD PER 산출을 위한 데이터   (단위: 억 원)

	2010년 제16기 예상	2010년 제16기 반기	2009년 제15기	2009년 제15기 반기	2008년 제14기
매출액	**330**	106	307	107	280
영업이익	**70**	7	72	10	27
당기순이익	**70**	11	70	10	24

조사 단계

회사의 공개된 정보 수집

Research 1 **공정공시를 확인한다**

최근 3사업연도 배당에 관한 사항

구 분	제15기	제14기	제13기
주당액면가액(원)	500	500	500
당기순이익(백만 원)	7,045	2,410	3,231
주당순이익(원)	841	299	452

		2,093	837	–
현금배당금총액(백만 원)		2,093	837	–
주식배당금총액(백만 원)		–	–	–
현금배당성향(%)		29.70	34.75	–
현금배당수익률(%)	보통주	6.1	7.3	–
	우선주	–	–	–
주식배당수익률(%)	보통주	–	–	–
	우선주	–	–	–
주당 현금배당금(원)	보통주	250	100	–
	우선주	–	–	–
주당 주식배당(주)	보통주	–	–	–
	우선주	–	–	–

출처: 2010.8.16 반기보고서(2010.6) '배당에 관한 사항 등'

높은 배당 성향을 보이는 회사다. 대체로 당기순이익의 30% 정도를 배당하며, 2009년에는 70억 원 중 20억 원을 배당했다. 배당금이 주당 250원으로 6.1%에 달한다. 현재 주가 2,680원을 기준으로 하면 9% 이상의 높은 배당률이다. 2010년 제16기도 비슷한 당기순이익을 낼 것으로 보이므로, 전년과 비슷한 배당을 할 것으로 예측했다. 이 정도의 배당은 주가 상승을 떠나서 장기간 보유하는 데 버팀목이 될 수 있다.

그리고 3월과 6월에는 자기주식취득과 관련한 공시가 나와 있었다.

자기주식취득 신탁계약등 체결 결정

1. 계약금액(원)			1,000,000,000원		
2. 계약기간	시작일		2010-03-22		
	종료일		2010-09-24		
3. 계약목적			주가안정 및 주주가치 제고		
4. 계약체결기관			신한금융투자 주식회사		
5. 계약체결 예정일자			2010-03-22		
6. 계약전 자기주식 보유 현황	직접소유주식 (주)	보통주	565,200	비율(%)	6.3%
		우선주	–	비율(%)	–
	신탁계약 등에 의한 간접보유 주식(주)	보통주	–	비율(%)	–
		우선주	–	비율(%)	–

출처: 2010.3.22 자기주식취득신탁계약등체결결정

신탁계약을 통한 해당법인 발행주식 취득후 자기주식등 보유상황

[2010년 06월 22일 현재] (단위: 천 원, 주, %)

주식의 종류	법제165조의2의 규정에 의한 보유상황(A)			법제165조의2의 신탁계약등에 의한 보유상황(B)			계(A+B)		
	수량	비율	총가액	수량	비율	계약금액	수량	비율	금액
기명식 보통주	515,200	5.8	907,266	261,567	2.9	1,000,000	776,767	8.7	1,907,266
계	515,200	5.8	907,266	261,567	2.9	1,000,000	776,767	8.7	1,907,266

출처: 2010.6.22 신탁계약에의한취득상황보고서

회사가 자기주식을 취득하는 이유는 주가를 안정시키고 주주 가치를 높이기 위해서다. 브리지텍은 꾸준한 자사주 매입을 통해 주가 하락을 방어하는 모습이다. 현 주가는 저평가 상태라고 볼 수 있다. 자사주 매입으로 주주들의 기업 신뢰도가 높아짐과 함께 주주들은 높은 배당금도 기대할 수 있다.

Research 2 IR 자료를 수집한다

브리지텍은 국내 컨택센터 시장의 22.4%를 차지하고 있고, 금융권으로 한정하면 무려 70%의 점유율을 보이고 있다. 경쟁사들이 다국적 기업의 제품을 변형 없이 취급하는 데 비해 동사는 100% 자체 개발한 솔루션을 보유하고 있다.

> **불곰의 Item Insight**
>
> 브리지텍은 경쟁사들과 달리 자체 개발한 솔루션을 사용하기 때문에 클라이언트에게 IV-VR(음성/영상 자동응답시스템), 텔레뱅킹 도청방지, 통합 시스템관리 솔루션 등과 같은 특화된 솔루션을 제시할 수 있다. 또한 글로벌 벤더들의 제품과도 연동성이 뛰어나 강력한 경쟁력을 보유하고 있다.

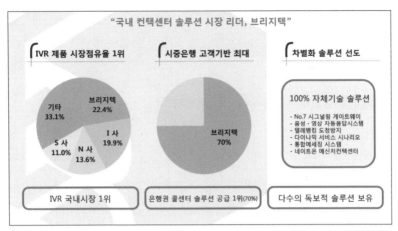

출처: 2010년 4월 회사소개서

"컨택센터 전 부문에 걸쳐 자체기술로 Full line-up한 유일한 회사, 브리지텍"

솔루션	국내 컨택센터 솔루션업체			해외 컨택센터 솔루션업체	
	브리지텍	I사	E사	A사	C사
초고속통신시스템(No.7)	★	X	X	X	X
음성·영상 자동응답시스템(IVVR)	★	X	X	◎	X
텔레뱅킹 도청방지 솔루션(Safe-Tone)	★	X	X	X	X
통합메세징 시스템(UMS)	★	X	X	X	X
Dynamic 시나리오(ForCus)	★	X	X	◎	◎
메신저 컨택센터	★	X	X	X	X
콜센터용 교환기(IP-PBX)	◎	X	X	◎	◎
음성 자동응답시스템(MegaMPS)	◎	◎	◎	◎	◎
자동호분배시스템(ACD)	◎	X	X	◎	◎
녹취시스템 (VELOCE)	◎	◎	X	X	X
팩스시스템 (FCS/FOD)	◎	◎	◎	◎	◎
아웃바운드시스템(PDS)	◎	X	X	◎	X
통합 운영관리시스템(WFM)	◎	X	X	X	X

★ 브리지텍 차별화 솔루션　◎ 자체솔루션 보유　X 외부솔루션 활용

출처: 2010년 4월 회사소개서

브리지텍은 국내외 타사 업체가 지원하지 않는 특화된 솔루션을 자체
개발하여 고객사의 요구사항과 서비스의 형태에 맞춰 솔루션을 구성할
수 있다. 다국적 기업과 비교하더라도 기술력, 가격 경쟁력은 물론 사후
서비스, 커스터마이징에 이르기까지 모든 면에서 단연 우수하다.

이처럼 앞선 경쟁력으로 향후에도 금융권, 공공기관, 통신사, 대기업 등의 고객사와 지속적인 관계를 유지할 것으로 판단했다.

Research 3 | 증권회사의 종목 리포트를 분석한다

컨택센터 솔루션 전문 업체인 동사는 제1금융권 시장점유율 70% 등 국내 컨택센터 솔루션 시장점유율 1위를 차지하고 있다. 다수의 자체 개발 솔루션 확보를 통한 수요처별 커스터마이징 서비스, 외산 제품 대비 높은 가격 경쟁력 등의 강점을 보유하고 있다. 동사는 2005년부터 2009년까지 4년간 연평균 13.8%의 매출액 성장률을 기록했으며, 향후에도 상기와 같은 경쟁력을 바탕으로 안정적인 외형 성장을 지속할 것으로 기대된다. 특히 2009년 영업이익률은 자체 개발 솔루션 매출 비중 확대 등으로 23.4%를 기록하는 등 동종 업종 내 최고 수준의 수익성을 시현하고 있는 점이 긍정적이다.

출처: 신한금융투자 보고서(2010.6.1)

핵심은 고객사의 밸류다. 제1금융권, 제2금융권, 통신사(SKT, KT, LG유플러스), 공공기관(국세청, 통계청, 기상청, 도청, 시청, 구청 등), 기업(현대건설, 아시아나IDT, 서울대병원 등)과 같은 안정적인 포트폴리오를 가지고 있다. 유지보수와 노후장비 교체, 신규 솔루션 도입, 관계 유지 등에 문제가 없기 때문에 성장을 지속해나갈 것이다.

IP컨택센터 ASP 솔루션 국산화

통신 솔루션 벤처기업인 브리지텍(대표 이상호)은 국내 최초로 대용량 가입
자를 대상으로 IP 컨택센터(IPCC) ASP를 지원할 수 있는 '아이프론(IPRON)'
솔루션을 개발, 기간통신업체와 관공서 등에 공급했다고 4일 밝혔다. 아이
프론은 KT가 일반 기업체를 대상으로 제공하고 있는 IP 컨택센터 ASP 서비
스(컨택플러스)에 핵심 솔루션으로 채택돼 최근 400여 석의 시스템을 구축
했고, 1,400여 석을 추가로 구축할 방침이다. 현재까지 IPCC 솔루션은 대
부분이 외산이며, 특히 최근 대형 ISP들을 대상으로 하는 ASP용 IPCC 솔루
션은 국산 제품이 전무했다는 점에서 이번 브리지텍의 국산화는 상당한 의
미가 있는 것으로 평가된다.

출처: 《디지털타임스》(2005.7.5)

통신사업자와 비즈니스 파트너십을 체결하고 컨택센터 솔루션을 구
축한 후 임대하는 사업을 ASP^{Application Service Provider} 사업이라고 한다. 해
외에 의존해왔던 이 솔루션을 브리지텍이 국내 최초로 국산화했다는 기
사다.

기존에는 단순히 고객 응대를 하기 위해 콜센터를 운영했지만, 이제
는 고객관리와 고객만족 서비스를 구현해야 하는 고객중심 시대의 솔루
션이 필요해졌다. 그런데 이를 독자적으로 구축할 수 없는 중소기업들도
많다. 이런 상황에서 브리지텍은 기술력이라는 강점으로 시장을 선점해
나갈 것이다.

투자 가치 최종 확인 및 저가 매수

`Decision 1` **회사에 문의한다**

Q 브리지텍은 프로그램 개발 전문 업체로 생산설비보다는 개발 인력
   이 중요하다. 회사 직원 중 기술 인력은 어느 정도인가?

A 전체 인원의 76%가 기술 인력이고, 더욱이 평균 9년 이상의 경력을
   가진 고급 인력이다. 그 덕에 100% 자체 기술을 보유하게 됐고, 앞으
   로도 새로운 기술을 개발하는 데 가장 큰 원동력이 될 것이다.

Q 높은 배당금은 계속 유지할 계획인가?

A 경영진의 경영철학이 높은 배당 성향을 유지하는 것이기 때문에 이
   익이 난다면 계속 배당을 할 것이다.

실제로 불곰이 투자한 기간에 브리지텍은 시가 대비 5%대의 배당을
계속 해주었다.

`Decision 2` **FD PER를 재확인한다**

1단계에서 브리지텍의 3년간 매출과 영업이익의 성장률을 참고하여 추
정한 2010년 FD PER는 3.4로 초저평가 상태였다. 이후 2단계의 정보
수집과 3단계의 회사 접촉을 통해 동사의 솔루션 수요가 계속 증가하고
있음을 확인했다. 이에 향후 FD PER가 더욱 낮아질 것으로 판단하고, 투

자를 결정했다.

Decision 3 **저가에 분할 매수한다**

2010년 8월 2,680원을 시작으로 매수 추천을 했고, 2014년 8월까지 정확히 4년을 보유하다가 4,755원에 매도했다. 수익률은 배당을 포함하여 177%다.

📖 불곰의 **투자 Review**

브리지텍은 초저평가 상태에서 발굴한 종목이다. 게다가 매년 5%대의 배당을 해주었기 때문에 4년 동안 즐거운 마음으로 보유할 수 있었다. 최종적으로 177%의 수익률을 달성했는데, 이 중 배당수익률만 29%에 달한다.

2017년에 브리지텍 주가는 2010년 매수가(2,680원) 대비 400% 정도가 상승한 10,650원까지 기록했으나, 2017년 하반기부터 대규모 적자가 발생하여 큰 폭으로 하락했다. 사람도 굴곡이 있듯이, 기업이 성장만 지속하기란 무척 어려운 일이다.

불량 잡는 기술 하나
열 기술 안 부럽다

마이크로컨텍솔(098120)	
최초 매수일 및 가격	2013년 8월 28일 / 4,470원
최종 매도일 및 가격	2014년 7월 10일 / 8,960원
수익률	100%
주당 배당금	1년 / 86원
배당수익률	2%(배당세율 15.4% 제외)
최종 수익률	102%

그동안 사용하던 사무실 컴퓨터가 오래되어 성능이 떨어지다 보니 최근에 나온 프로그램들을 설치하면 버벅거리곤 했다. 업그레이드를 하기보다는 이참에 새로 하나 장만해야겠다는 생각이 들었다. 오랜만에 새로 사는 것이니 어떤 프로그램을 깔아도 팽팽 돌아갈 만큼 성능 좋은 컴퓨터를 갖고 싶었다.

컴퓨터 판매점을 찾아 상담을 받았다. 최신 컴퓨터 사양에 대해 설명을 들으면서 IT 관련 제품의 발전 속도가 참 빠르다는 것을 실감했다. 그 중에서도 반도체 관련 부품들의 변화가 가장 두드러졌는데, 플래시 메모리^{Flash Memory}로 만든 SSD^{Solid State Drive}가 기본 저장장치로 사용될 정도로 대중화되고 있다는 얘길 듣고 놀랐다. SSD의 가격이 비쌌기 때문에 그동안은 주로 HDD^{Hard Disk Drive}만을 저장장치로 사용해왔다. 느낌상 1년 전까지도 그랬던 것 같은데, 세상은 그야말로 팽팽 돌아간다.

SSD는 소음이 없고, 전력 소모와 발열도 매우 적다. 그러면서 데이터를 읽거나 쓰는 속도가 엄청나게 빠르다. 그러고 보면 컴퓨터의 가장 중요한 부품들이 모두 반도체(CPU, MEMORY, SSD)로 이루어지는 시대가 된 셈이다. 당연히 관련 기업들도 엄청나게 성장했다.

새 컴퓨터 앞에 앉아서 저평가된 종목에는 어떤 것이 있을까 찾아봤다. 이왕이면 SSD 관련 업체 중에서 찾아보고 싶었다. 여러 업체가 있었지만, 마이크로컨텍솔이라는 회사를 먼저 살펴봤다(정식 명칭은 마이크로컨텍솔루션이다). 아이템이 신선했다.

마이크로컨텍솔은 반도체 검사용 소모품인 IC소켓^{IC Socket}을 생산하는 회사다. 삼성전자, SK하이닉스, 독일 키몬다^{Qimonda} 등에 납품하고 있다. 주요 제품은 번인소켓^{Burn-in-socket}, 즉 번인 테스트용 IC소켓으로 소비자가 사용하는 환경보다 높은 125℃ 정도에서 오랜 시간 테스트하는 제품이다. 정밀제어기술이 필요한 제품이어서 기존에는 대부분 일본에서 수입했으나 마이크로컨텍솔이 국산화에 성공했다.

동사는 1999년 12월 28일에 설립하여 2008년 9월 23일 코스닥에 상장했다. 회사에서 원했던 3,200~3,600원의 공모가는 통과되지 않았고 최종적으로는 2,000원에 결정됐다. 당시는 리먼 브러더스 사태로 주식시장이 침체돼 종합주가지수가 좋지 않았는데, 그 영향을 받은 듯하다. 그런 상황에서도 청약 경쟁률이 4,471:1로 투자자들에게 매우 높은 관심을 받았으니 이것으로 위안하지 않았을까 한다.

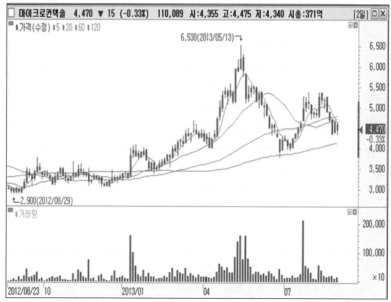

출처: 삼성증권

3중 필터링으로 종목 압축

Filtering 1 재무 안정성 검증: 부채비율이 100% 이하인가?

최근 3년간의 부채비율을 보면 20% 미만으로 낮은 수치를 보인다. 재무 건전성이 매우 우량하며, 불곰의 종목 선정 기준인 '부채비율 100% 이하'를 가뿐히 충족한다.

부채비율 확인을 위한 데이터

(단위: 억 원, %)

	2013년 제14기 반기	2012년 제13기	2011년 제12기
자본	290	272	224
부채	52	41	38
부채비율	**18**	**15**	**17**

Filtering 2   비즈니스 성장성 확인: 영업이익이 지속해서 성장하는가?

마이크로컨텍솔의 매출 증가세는 한 번도 꺾이지 않았다. 더욱이 영업이익률도 10% 이상으로 높은 편이다. 최근 3년간은 큰 폭의 성장으로 영업이익률이 20%에 가깝게 증가했다. 앞으로도 큰 폭의 성장을 지속할지는 알 수 없지만, 증가세는 이어질 것으로 판단된다. 메모리 반도체의 최대 생산 업체인 삼성전자에 SSD 모듈 테스트용 소켓을 독점으로 납품하고 있기 때문이다.

요약포괄손익계산서(별도)

(단위: 천 원)

구분	제14기 반기 (2013.1.1. ~ 2013.6.30.)	제13기 (2012.1.1. ~ 2012.12.31.)	제12기 (2011.1.1. ~ 2011.12.31.)	제11기 (2010.1.1. ~ 2010.12.31.)
매출액	13,520,117	28,127,306	27,052,583	17,529,163
영업이익	2,569,187	5,759,643	5,708,843	2,460,678
계속사업 이익	2,514,136	5,361,334	4,954,537	2,350,510
당기순이익	2,514,136	5,361,334	4,954,537	2,350,510

출처: 2013.8.14 반기보고서 '재무에 관한 사항'

요약재무정보

(단위: 천 원)

구 분	제11기	제10기	제9기	제8기	제7기
매출액	17,529,162	17,438,181	14,279,369	13,455,588	12,178,802
영업이익 (영업손실)	2,329,664	1,771,146	1,599,411	1,903,138	2,803,651
계속사업이익 (계속사업손실)	2,250,879	1,708,432	1,631,660	1,576,064	2,409,306
당기순이익 (당기순손실)	2,250,879	1,708,432	1,631,660	1,576,064	2,409,306
주당순이익 (주당순손실)	514원	390원	445원	467원	7,899원

출처: 2011.3.30 사업보고서(2010.12) '재무에 관한 사항'

Filtering 3 　저평가 상태 확인: FD PER가 10 이하인가?

2013년 반기보고서가 나온 시점이라 남은 반기의 매출을 예상하여 올해 FD PER를 구했다. 지난 몇 년간의 손익계산서를 보니 4% 이상의 매출 증가가 있었다. 2012년 매출과 이익에서 4% 성장을 적용하여 2013년 제14기 실적을 예상해보면 매출 293억 원, 영업이익 59억 원, 당기순이익 55억 원 정도 됐다. 당시 시가총액이 371억 원이었으므로 FD PER는 6.7로 추정했다. 불곰의 FD PER 기준을 충족한다.

FD PER 산출을 위한 데이터

(단위: 억 원)

	2013년 제14기 예상	2013년 제14기 반기	2012년 제13기	2012년 제13기 반기	2011년 제12기
매출액	**293**	135	281	131	270
영업이익	**59**	25	57	26	57
당기순이익	**55**	25	53	25	49

조사 단계

회사의 공개된 정보 수집

Research 1 **공정공시를 확인한다**

마이크로컨텍솔의 제품별 매출 내역을 살펴보면 가혹한 온도로 테스트하는 번인소켓 제품이 78%의 비중을 차지하고 있다. SSD의 가격 인하로 수요가 증가하고 있어 SSD소켓^{SSD-Socket}의 매출 증가가 예상된다.

매출실적

(단위: 백만 원)

사업부문	매출유형	품 목		제14기 반기	제13기	제12기
IC Socket	제품	B/I Socket외	수출	527	794	2,282
			내수	10,063	18,642	15,675
			합계	10,590	19,436	17,957

IC Socket	제품	Module/SSD Socket	수출	419	2,555	2,195
			내수	1,506	4,090	4,359
			합계	1,925	6,645	6,554
		Test Socket 외	수출	68	75	50
			내수	648	1,456	1,484
			합계	716	1,531	1,534
	합계		수출	1,014	3,423	4,527
			내수	12,217	24,187	21,518
			합계	13,231	27,610	26,045
상품	소켓외		수출	5	80	55
			내수	284	437	953
			합계	289	517	1,008
합계			수출	1,019	3,503	4,582
			내수	12,501	24,624	22,471
			합계	13,520	28,127	27,053

출처: 2013.8.14 반기보고서 '사업의 내용'

☑ 불곰의 **투자 Tip**

직전 사업연도 대비 매출액 또는 손익구조가 30% 이상 변동됐을 때는 사업보고서가 나오기 전에 공시하는데 마이크로컨텍솔은 2011년 실적이 전년 대비 매출액 54%, 영업이익 132%, 당기순이익 110% 이상 증가했다. 회사는 실적 변동의 원인이 주요 거래처의 다변화, 고부가가치 신제품의 매출 증가라고 밝혔다.

이 시기가 마이크로컨텍솔의 전환점이라고 판단했다. 제품의 경쟁력이 높아졌고, IT산업의 비약적인 발전으로 PC 시장 이외에 휴대전화, 디지털기기 등으로 수요처가 다변화되고 있으므로 안정적인 성장을 전망했다.

매출액 또는 손익구조 30%(자산총액 2조원이상인 법인은 15%)이상 변동

1. 매출액 또는 손익구조 변동내용 (단위: 원)	당해 사업연도	직전 사업연도	증감금액	증감비율(%)
– 매출액(재화의 판매 및 용역의 제공에 따른 수익액에 한함)	27,052,583,236	17,529,162,517	9,523,420,719	54.33
– 영업이익	5,708,843,352	2,460,677,679	3,248,165,673	132.00
– 법인세비용차감전 계속사업이익	5,858,434,348	2,736,607,371	3,121,826,977	114.08
– 당기순이익	4,954,536,516	2,350,509,909	2,604,026,607	110.79
– 자산총액 2조원이상여부	미해당			
2. 재무현황(단위: 원)	당해 사업연도		직전 사업연도	
– 자산총계	26,367,842,836		21,243,656,740	
– 부채총계	3,892,731,130		3,480,746,902	
– 자본총계	22,475,111,706		17,762,909,838	
– 자본금	4,156,383,000		2,187,570,000	
3. 매출액 또는 손익구조 변동 주요원인	1. 주요 거래처 다변화 2. 고부가가치 신제품 매출증가			

출처: 2012.2.14 매출액또는손익구조30%(대규모법인은15%)이상변동

마이크로컨텍솔은 사업다각화를 위해서 전기회로 개폐 보호 및 접속 장치를 제조하는 ㈜비티케이의 지분 80%를 인수하여 주요종속회사로 편입했다. 비티케이는 과열, 과부하로부터 기기를 보호하기 위해 사용되는 안전장치인 BM-1 Thermal Protector를 생산하는 업체다. 과열, 과부하로 Thermal Protector가 차단된 후 온도가 내려가면cooling down 자동으로 복귀auto reset function되는 제품이다. 이와 같은 신규 사업 추진으로 마이크로컨텍솔의 매출구조가 더 탄탄해질 것으로 판단했다.

타법인 주식 및 출자증권 취득결정(자율공시)

1. 발행회사	회사명(국적)	(주)비티케이	대표이사	천명길
	자본금(원)	317,500,000	회사와의관계	–
	발행주식총수(주)	63,500	주요사업	전기회로 개폐보호 및 접속장치 제조업
2. 취득내역	취득주식수(주)	50,800		
	취득금액(원)	2,500,000,000		
	자기자본(원)	27,232,056,766		
	자기자본대비(%)	9.18		
	대기업해당여부	미해당		
3. 취득후 소유주식 수 및 지분 비율	소유주식수(주)	50,800		
	지분비율(%)	80		
4. 취득방법		현금취득		
5. 취득목적		사업 다각화를 위한 지분인수		
6. 취득예정일자		2013-07-23		

출처: 2013.7.17 타법인주식및출자증권취득결정(자율공시)

Research 2 **IR 자료를 수집한다**

마이크로컨텍솔의 주요 제품은 기기용 접속장치인 IC소켓이다. IC소켓은 메모리 반도체 테스트에 쓰이는 번인소켓과 모듈소켓이 주력이다. 번인소켓은 완성된 메모리 반도체의 불량을 검출해내기 위해 125℃ 정도의 온도에서 4~48시간가량 데이터를 쓰고 지우면서 동작 여부를 점검하는 테스트에 사용된다.

이때 제품의 품질을 좌우하는 것이 정밀제어기술인데, 그동안은 일본이 기술우위를 가지고 있어 대부분 일본에서 조달했다. 하지만 마이크로컨텍솔이 국산화에 성공함으로써 우수한 품질력과 경쟁사 대비 높은 원가 경쟁력을 확보하게 됐다.

출처: 마이크로컨텍솔 홈페이지

마이크로컨텍솔의 영업구조는 전 세계에 넓게 퍼져 있다. 비록 수출금액은 크지 않지만 파트너사들과 동반성장을 지속하고 있다. 2005년 이전만 해도 일본에서 전량 수입했으나 국산화에 성공한 이후로는 역수출까지 하고 있다.

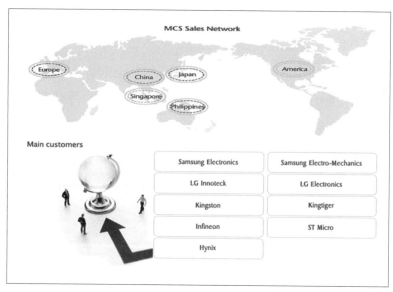

출처: 마이크로컨텍솔 홈페이지

Research 3 증권회사의 종목 리포트를 분석한다

시장조사기관인 가트너에 따르면, 글로벌 모바일 DRAM 시장을 견인하고 있는 스마트폰과 태블릿PC의 출하량은 2011부터 2015년까지 각각 23.6%, 50.5% 증가할 것으로 전망한다. 또한 SSD 수요를 견인하는 울트라북의 출하량도 동 기간 연평균 125% 증가할 것으로 전망한다. 동사 전방산업의 전망은 매우 우호적인 상황이고, 이는 장기적으로 동사 테스트용 소켓 실적의 개선으로 이어질 가능성이 크다.

출처: 한화증권 리포트(2012.3)

리포트에서 언급하고 있듯이 무선통신의 발달과 스마트기기 시장의 확대, 얇아지는 노트북 등 반도체를 사용하는 제품이 늘어나고 있다는 것은 마이크로컨텍솔에 호재다.

미디어 뉴스를 검색한다

아이서플라이에 따르면 최근 빠르게 HDD를 대체하고 있는 SSD의 글로벌 판매량이 지난해 4,090만 대에서 올해 9,190만 대로 전년 대비 124% 급증할 것으로 예상됐다. 또한 2014년 1억 3,180만 대, 2015년 1억 7,710만 대, 2016년 2억 4,000만 대로 증가하는 등 2011년부터 2016년까지 5년간 연평균 69% 고성장할 것으로 예측됐다.

이런 가운데 삼성전자는 지난해 SSD 시장에서 전년 대비 100% 이상 성장한 2조 원대 매출을 올리며, 인텔과 도시바를 따돌리고 시장점유율이 40%에 근접하는 등 독주 체제를 굳혔다. 삼성 SSD의 경쟁력은 애플이 특허소송 이후 D램 등 삼성전자 제품 주문을 줄이면서도 SSD는 계속 삼성 제품을 쓰고 있는 것에서 잘 드러난다. 애플은 현재 맥북에어에 들어가는 256기가바이트(GB), 512GB 등 고사양 SSD는 모두 삼성 것을 쓰고 있다.

삼성전자가 이처럼 SSD 세계 시장 1위를 달리는 등 독보적인 위치를 구축한 것은 삼성전자에 SSD 모듈 테스트용 소켓을 독점납품하는 마이크로컨텍솔 입장에서는 'SSD 효과'로, 올해 매출이 급성장할 것을 예고하고 있다. 폭발적으로 성장할 것으로 예측되는 SSD 시장에서 삼성전자의 독주는 삼성에 SSD 검사용 소켓을 독점납품하는 마이크로컨텍솔에는 엄청난 '기회의 문'이 열리는 셈이다.

출처: 《헤럴드경제》(2013.3.28)

이 기사의 핵심만 요약하면 다음과 같다. 첫째, 메모리 반도체 번인테스트용 소켓이 대부분의 매출을 차지하고 있다. 둘째, SSD 모듈 테스트용 소켓의 매출 증가는 새로운 캐시카우 역할을 할 것이다. 셋째, 2013년 전반기 매출이 역대 최고를 기록했다.

삼성전자는 3D V낸드 플래시 메모리 양산을 시작했다고 밝혔다. 현재 화성 공장에서 양산에 돌입했고 앞으로 중국 시안 반도체공장에서도 양산할 예정이다. 삼성전자는 3D V낸드 플래시 메모리를 이용해 기존 SSD(256GB) 제품 가격으로 훨씬 더 큰 용량의 SSD를 생산한다.

박현 동양증권 연구원은 "쓰기 속도와 수명, 전력 효율이 크게 개선된 것으로 파악한다"라며 "서버용 SSD와 PC용 SSD 시장에 채택될 것으로 기대한다"라고 설명했다. 마이크로컨텍솔은 삼성전자에 SSD 모듈 테스트용 소켓을 공급하고 있다.

출처: 《이데일리》(2013.8.7)

반도체 시장이 확대되면서 마이크로컨텍솔의 수요처가 다변화되어 안정된 매출 포트폴리오가 갖춰질 것으로 판단된다. 특히 삼성전자가 신제품 양산을 시작하는 데 마이크로컨텍솔이 SSD 모듈 테스트용 소켓을 공급한다는 점은 매출 성장이 지속되리라는 전망을 가능케 한다.

투자 가치 최종 확인 및 저가 매수

Decision 1 회사에 문의한다

Q 주식시장이 좋지 않은데, 이 시점에 상장한 이유는 무엇인가?

A 보통은 종합주가지수가 높을 때에 맞춰 IPO(Initial Public Offering,
기업공개)를 해서 보다 많은 자금을 확보한다. 공모가가 올라가기 때
문이다. 리먼 사태로 주식시장이 좋지 않은 시점이긴 하지만, 회사의
기술력을 인정받고 회사 임직원에게 상장사라는 자부심을 심어주고
자 했다. 이런 이유가 자금 조달의 목적보다 더 컸기에 공모가가 낮
음에도 IPO를 진행했다.

Decision 2 FD PER를 재확인한다

1단계에서 마이크로컨텍솔의 3년간 매출과 영업이익의 성장률을 참고
하여 추정한 2013년 제14기의 FD PER는 6.7이었다. 이후 2단계의 정보
수집과 3단계의 회사 접촉을 통해 제품의 수요가 계속 증가하고 있음을
확인했다. 이에 향후 FD PER가 더욱 낮아질 것으로 판단하고, 투자를 결
정했다.

Decision 3 저가에 분할 매수한다

2013년 8월 4,470원을 시작으로 매수 추천을 했고, 2014년부터 급등하
기 시작하자 1년 만에 102%의 수익(배당 포함)을 확보하고 매도했다.

마이크로컨텍솔은 투자자들이 사업 성장성을 높게 평가하여 2013년부터 2015년까지 주가가 지속해서 상승했다. 2015년 6월에는 2013에 불곰이 매수한 가격의 400%가 넘는 19,150원까지 상승했다. 그런데 2016년부터 실적이 적자로 전환되면서 투자자들이 외면해 주가가 폭락했다. 2019년 11월에는 3,400원 정도의 주가를 형성했는데, 2013년 불곰의 매수가(4,470원)와 비교하면 23% 하락한 가격이다.

이 종목을 같은 시점에 매수했다고 할 때 102%, 400%, -23%와 같이 수익률에 차이가 나는 이유는 무엇일까? 흔히 말하길 '매도 타이밍 때문'이라고 하지만, 더 정확한 표현은 '기업의 실적 변화에 대응하는 투자자의 자세에 차이가 있기 때문'이라고 할 수 있다. 이 기업의 실적이 다시 좋아진다면, 주가 또한 얼마든지 반등할 수 있다.

웹서핑은 하면서
이 기업을 모른다고?

가비아(079940)	
최초 매수일 및 가격	2013년 12월 16일 / 4,765원
최종 매도일 및 가격	2014년 5월 27일 / 7,610원
수익률	59.7%
주당 배당금	1년 / 17원
배당수익률	0.35%(배당세율 15.4% 제외)
최종 수익률	60%

우리는 인터넷 시대에 살고 있다. 컴퓨터만 있으면 웬만한 일은 다 할 수 있다. 원하는 정보를 얻고, 전 세계 사람들과 소통하고, 쇼핑도 하고, 물물교환도 하고, 블로그나 카페 활동도 한다. 이렇듯 인터넷 활동을 하기 위해서는 인터넷 주소를 알아야 한다. 이사 간 친구를 만나려면 '집 주소'를 알아야 찾아갈 수 있듯이 말이다.

수많은 기업이 각종 서비스를 위해 홈페이지를 구축한다. 소비자 또는 고객은 그 홈페이지 주소를 찾아 방문하고 이용한다. 구글이나 네이버, 다음 등 포털 사이트에서 검색해 찾아가는 경우가 대부분이기 때문에 군이 주소를 일일이 타이핑하지 않을 뿐이다.

구글(Google.com), 네이버(naver.com), 페이스북(facebook.com), 아마존(amazon.com) 등은 유명한 인터넷 서비스 회사들이다. 웹사이트 주소만 보더라도 누구나 알 수 있다. 이렇듯 쉽게 기억할 수 있는 인터넷 주소 형태를 도메인domain이라고 한다. 예컨대 불곰주식연구소의 도메인은 'bulgom.co.kr'이다.

도메인은 누구든지 등록할 수 있다. 물론 공짜는 아니며, 기간별 등록 비용을 내야 한다. 계속 유지하려면 기간 연장도 해야 한다. 이런 도메인을 등록해주는 업체들이 있다. 오늘 소개할 회사는 도메인 등록 업계 최초로 코스닥에 상장한 가비아다.

가비아는 인터넷 비즈니스를 위한 인프라 사업을 하는 회사로, 도메인 등록 및 관리 서비스와 호스팅 서비스가 주요 사업영역이다. 특히 도메인 사업은 가비아의 캐시카우로 관리하는 도메인 수만 66만 개가 넘으며, 35%의 시장점유율을 가지고 있는 1위 업체다. 그다음 주력사업인 호스팅 서비스 사업은 이용 회사만 4만 8,000개가 넘는다. 호스팅 사업이란 홈페이지 운영을 위한 서버 임대 사업이라고 보면 된다. 그리고 기업 솔루션 사업이 있다. 기업 메일, 전자결재, 그룹SMS, 전자세금계산서 발행 등 통합 그룹웨어 서비스인 하이웍스hiworks로 약 7만 개의 크고 작은 고객사를 확보하고 있다.

가비아는 1999년 9월 22일에 설립해 2005년 10월 코스닥에 상장했다. 공모가액은 5,600원이었고, 공모 경쟁률은 500:1로 관심이 집중된 종목이었다. 2007년에 100% 무상증자가 이뤄져 공모가가 2,800원으로 정정됐다.

불곰주식연구소가 조사를 진행하던 당시는 주식시장이 하락세였다. 가비아 역시 하락 중이었다. 새로운 외국 기관투자자의 진입으로 잠깐 상승이 나타났지만, 당분간 하락세가 이어질 듯했다. 급하게 매수할 필요는 없어 보였다.

출처: 삼성증권

3중 필터링으로 종목 압축

`Filtering 1` **재무 안정성 검증: 부채비율이 100% 이하인가?**

최근 3년간의 부채비율은 '100% 이하'를 유지하고 있다. 2013년 3분기까지의 재무상태표를 보면 자본은 증가하고 부채는 감소했다. 2013년 사업보고서가 나오는 2014년 3월 말에는 부채비율이 더 낮게 발표될 것으로 예상한다.

부채비율 확인을 위한 데이터

(단위: 억 원, %)

	2013년 제15기 3분기	2012년 제14기	2011년 제13기
자본	666	589	486
부채	235	262	162
부채비율	35	44	33

Filtering 2 **비즈니스 성장성 확인: 영업이익이 지속해서 성장하는가?**

다음 표를 보면 알 수 있듯이 가비아의 매출은 꾸준히 성장하고 있다. 한 번도 역성장을 보인 적이 없다. 최근 매출 규모가 커지면서 성장세가 둔화한 느낌은 있지만, 성장은 계속되고 있다.

요약재무정보

(단위: 천 원)

구 분	제12기	제11기	제10기	제9기	제8기
매출액	26,065,926	22,033,524	20,479,549	17,845,205	15,590,215
영업이익	4,104,060	3,653,308	3,900,714	2,756,838	2,264,750
계속사업이익	4,511,896	3,873,935	2,212,379	3,739,449	2,435,652
당기순이익	3,769,789	3,172,344	1,904,420	2,905,168	1,994,345

출처: 2011.3.30 사업보고서(2010.12) '재무에 관한 사항'

Filtering 3 **저평가 상태 확인: FD PER가 10 이하인가?**

2012년 제14기 4분기 매출이 178억 원으로 2013년 제15기 4분기 역시 비슷한 매출을 기록한다고 할 때, 2013년 제15기 총매출은 700억 원으로 예상할 수 있다. 영업이익과 당기순이익은 보수적으로 잡아 직전 연도 수준으로 예상했다.

당시 시가총액이 640억 원이었으므로 FD PER는 6.8 정도가 된다. 불곰의 FD PER 기준을 충족한다.

FD PER 산출을 위한 데이터 (단위: 억 원)

	2013년 제15기 예상	2013년 제15기 3분기	2012년 제14기	2012년 제14기 3분기	2011년 제13기
매출액	**700**	526	690	512	528
영업이익	**76**	50	76	58	82
당기순이익	**94**	76	94	48	70

조사 단계

회사의 공개된 정보 수집

Research 1 **공정공시를 확인한다**

가비아의 주요 사업 매출구조는 도메인 등록 수수료와 호스팅 사업이 50% 이상을 차지하고, 자회사 케이아이엔엑스[KINX]의 인터넷 연동 서비스와 인터넷 데이터센터 서비스가 38% 정도를 차지한다. 안정적인 재무 포트폴리오를 구성하고 있다.

주요 제품 및 매출

(단위: 천 원)

구분	주요 사업	주요 상표 등	매출액	비율
인터넷 인프라 서비스	호스팅/IDC/솔루션	가비아 WHT	27,315,211	39.6%
	도메인		11,332,510	16.4%
	IX 외	KINX	24,637,715	35.7%
	그리드 외		2,074,324	3.0%
	기타	가비아	167,857	0.2%
도매 및 상품 중개	재생용재료 수집 및 판매	갤러리나인	3,530,527	5.1%
	합계	–	69,058,144	100.0%

출처: 2013.3.29 사업보고서(2012.12) '사업의 내용'

코스닥에 상장되어 있는 케이아이엔엑스가 가비아의 주요종속회사다. 가비아 자산 43% 정도의 규모인, 작지 않은 회사다. 이 회사의 매출이 가비아 매출의 38% 이상을 차지하고 있다.

불곰의 Item Insight

케이아이엔엑스는 IX(Internet exchange) 및 IDC(Internet Data Center) 사업을 영위하고 있는 기업이다. IX란 '서로 다른 통신사업자ISP 간의 원활한 트래픽 소통을 위한 인터넷 회선 연동'을 말하며, IDC는 서버가 모여 있는 곳이라고 생각하면 된다. 케이아이엔엑스는 중립적 IX 서비스 사업자다.

지배회사의 주요종속회사 편입

1. 주요 종속회사 내역	가. 회사명	주식회사 케이아이엔엑스
	나. 대표자	이선영
	다. 주요사업	인터넷연동(IX)서비스, 인터넷데이터센터(IDC)서비스
	라. 최근사업연도 요약재무내용(백만 원) 자산총계	36,722
	부채총계	2,253
	자본총계	34,468
	자본금	2,410
2. 주요종속 회사에 대한 지분비율	편입 후 소유주식(주)	1,771,220
	소유비율(%)	36.8
3. 주요종속 회사의 자산 총액비중	편입 후 지배회사의 자산 총액(백만 원)	85,245
	자산총액비중(%)	43.1
4. 주요종속 회사총수	편입 전(사)	–
	편입 후(사)	2
5. 편입사유		– 주요종속회사 편입·탈퇴 신고의무 신설에 따른 기 보유 종속회사에 대한 최초(일괄) 신고

출처: 2013.4.2 지배회사의주요종속회사편입

가비아는 자회사 케이아이엔엑스의 지분을 36.41% 보유하고 있다. 케이아이엔엑스의 시가총액은 약 200억 원이며 연평균 18.2%의 매출 증가를 보이는 가비아의 주요종속회사다.

가비아와 그 자회사인 케이아이엔엑스가 영위하는 사업은 여러 가지 이유로 서버를 직접 관리할 수 없는 기업들이 안정적인 서버 운영을 위해 필요로 하는 서비스를 제공하는 것이다. 지금의 추세를 보면 미디어 파일의 고품질화, 대용량화로 트래픽이 지속해서 증가하리라는 것이 명약관화하므로 매출 증가가 지속될 것으로 판단된다.

계열회사에 관한 사항

회사명	주업종	상장 여부	지분율	비고
(주)케이아이엔엑스	서비스	상장	36.41%	2007.07.10 지분취득
(주)지선소프트	서비스	비상장	66.67%	–
(주)갤러리나인	서비스	비상장	75.00%	–
(주)더블유에이치티	서비스	비상장	100.0%	–
(주)에버뷰	서비스	비상장	94.15%	2013년 2월 법인설립

*(주)에버뷰는 당기 중 신규 설립된 법인으로서 종속기업에 추가되었습니다.

출처: 2013.11.14 분기보고서(2013.9) '회사의 개요'

2013년 12월 3일 가치투자로 유명한 해외 투자회사에서 장내매수 방식을 이용해 지분을 5% 이상 보유하게 됐다고 처음 공시하면서 주가가 상승했다. 이 공시를 접하고, 불곰은 시장이 가비아를 가치주로 본다는 점을 확인했다.

세부변동내역

성명 (명칭)	생년월일 또는 사업자 등록번호 등	변동일*	취득/처 분 방법	주식등의 종류	변동 내역			취득/처 분 단가**
					변동전	증감	변동후	
FID LOW PRICE STK PRIN ALL SEC	1280	2013년 11월 27일	장내매수 (+)	의결권 있는 주식	710,889	39,111	750,000	4,860
FID LOW PRICE STK PRIN ALL SEC	1280	2013년 11월 28일	장내매수 (+)	의결권 있는 주식	750,000	52,679	802,679	4,877
FID LOW PRICE STK PRIN ALL SEC	1280	2013년 11월 29일	장내매수 (+)	의결권 있는 주식	802,679	47,321	850,000	4,952

출처: 2013.12.9 주식등의대량보유상황보고서(약식)

Research 2 **IR 자료를 수집한다**

IR 자료가 없었다.

Research 3 **증권회사의 종목 리포트를 분석한다**

도메인 사업(매출 비중 28%)은 인터넷 주소인 도메인의 등록 및 관리, 부가
서비스를 제공하는 것으로 현재 약 66만 3,000여 개의 홈페이지 도메인을
관리하며 국내 시장점유율은 약 35% 수준이다. 동 사업부문은 매년 약 2만
원의 관리수익을 홈페이지 관리자로부터 받기 때문에 안정적인 수익을 창

출할 수 있는 사업군(캐시카우 역할)으로 볼 수 있다. 점진적으로 도메인 고객 수가 증가함에 따라 동사의 도메인사업부문 매출액도 2006년 63억 원에서 2012년 110억 원 수준으로 연평균 9.7%의 성장을 보이고 있다.

출처: 한화투자증권 리포트(2013.6.19)

도메인 사업은 도메인 등록 및 관리, 부가 서비스에 관한 사업이다. 가비아는 국제 도메인 인증기관인 ICANN^{Internet Corporation For Assigned Names} and Numbers으로부터 인증받은 국제 도메인 사업자다. 또한 정보통신부 산하 국내 도메인 인증기관인 NIDA^{National Internet Development Agency of Korea}로부터도 국내 도메인 사업자 인증을 받은 국제·국내 공인 도메인 등록기관이다. 도메인 사업은 1회 구매로 끝나는 것이 아니라 기간 연장을 해야하는 서비스이므로 연장 매출이 꾸준히 발생한다. 수익구조가 안정적인 이유 중 하나다.

동사는 과거 10년(2003~2012) 동안 단 한 번의 역성장 없이 연평균 19.3%의 매출 증가를 보이고 있다. 이는 동사의 사업구조(도메인, 호스팅)가 인터넷 인프라와 관련된 것이기 때문에 향후에도 1) 비즈니스 사이트 증가 → 도메인 수 증가, 2) 홈페이지 용량 대형화 추세 → 호스팅 고객군의 요구 용량 확대(가격 상승) 효과에 기인하여 안정적인 성장이 유지될 것으로 보인다.

출처: 한화투자증권 리포트(2013.6.19)

현대 사회의 특성상 인터넷 기반의 시장은 발전할 수밖에 없다. 스마트 디바이스가 다양화되고 고화질 대용량 미디어가 증가하고 있는 것만

봐도 알 수 있다. 신규 사업자들의 도메인 등록, 기존 사업자의 도메인 연장, 호스팅 서비스 증가, 기업의 업무 단일화를 위한 솔루션 도입 등의 요인으로 가비아의 매출 증가는 당분간 지속될 것으로 본다.

동사는 2013년 1분기 기준 66억 원의 순현금을 보유하고 있다. 동사는 도메인이나 호스팅에 대한 연간 또는 월간 서비스 대금을 선취로 받는 구조이기 때문에 현금흐름이 좋으며, 전형적인 소프트웨어 사업 특성상 CAPEX 투자가 별로 없다. 즉, 동사는 현금창출 능력 대비 투자가 많이 필요하지 않은 사업구조이기 때문에 향후에도 현금이 지속해서 쌓일 가능성이 크다. 참고로 과거 5년(2012년 제외) 기준 동사의 EBITDA 대비 CAPEX 비중은 46% 수준이다. 2012년에는 본사 이전에 따른 건물 및 시설장치의 일회성 구입으로 유형자산 투자가 증가한 바 있다.

출처: 한화투자증권 리포트(2013.6.19)

여기서 CAPEX$^{Capital\ Expenditure}$의 의미가 중요하다. CAPEX는 '미래 수익을 창출하기 위해 지출하는 비용'을 말하는데, 가비아는 그 비용이 적어 현금 보유성이 좋다는 것이다. 즉 가비아의 사업 아이템이 비용 대비 수익성이 좋다는 의미다.

동사의 자회사가 영위하고 있는 신규 사업인 영상솔루션 에버뷰(Everview, 지분 94.2%)는 온라인 카메라 영상의 전송 및 저장 서비스를 제공하는 사업이다. 동 사업은 IP 카메라(IP camera)만 설치하면 웹과 모바일을 실시간 영상을 통해서 볼 수 있고, 움직임이 감지될 시 모바일 폰과 이메일로 알려주는 서비스다. 향후 대상 고객층은 일반 가정이나 프랜차이즈(패스트푸드, 편의점 등)와 같은 일반인 대상에서 보안회사 등의 B2B 영역까지 고객군을 점진적으로 확대할 계획이다.

출처: 한화투자증권 리포트(2013.6.19)

에버뷰의 신규 사업인 인터넷 기반 영상 서비스가 매출에 공헌할 만큼 성장할지는 알 수 없지만 다양한 신규 사업을 추진하고 있다는 것에 긍정적인 점수를 주었다.

Research 4 | 미디어 뉴스를 검색한다

가비아에는 증거금 2,270억 원이 몰려 최종 청약 경쟁률 503.29:1을 기록했다. VIP 고객은 380.52:1, 일반 고객은 838.81:1이다.

출처: 《매일경제》(2005.10.13)

인터넷 사용자 3,200만 명이 넘어가는 우리나라에서 도메인·호스팅 업체로서는 처음으로 코스닥에 상장하는지라 투자자들의 지대한 관심을 받았다.

도메인호스팅 업체인 가비아는 인터넷 회선 IX 업체인 KINX 인수 시너지를 끌어내는 데 주력할 것이라고 3일 밝혔다. 가비아에 따르면 KINX는 올 상반기 매출 45억 원, 영업익 12억 원을 각각 기록, 전년 동기 대비 59%와 49% 증가했다. 인터넷 회선 트래픽이 늘어나고 있고, 주요 콘텐츠 업체들에서 IX 서비스 도입이 확대되고 있다.

가비아는 KINX의 실적 호조에 더해 "호스팅 사업은 인터넷 회선비가 원가의 상당 부분을 차지하고 있다"며 "KINX가 확보한 회선과 상면공간을 활용할 경우 큰 비용절감 효과가 있을 것"이라고 기대했다. 가비아는 "KINX 인수 당시 자기자본 수준의 금액을 투입한 것에 대해 우려가 컸지만 KINX는 실적이 호조를 보이고 있다"며 "향후 두 회사의 시너지를 이용한 원가 절감과 신규 사업 확보로 매출 및 이익률이 대폭 상승할 수 있을 것"이라고 내다봤다. 가비아는 지난달 초 KINX의 지분 72.66%를 105억 원에 인수했다.

출처: 《이데일리》(2007.8.3)

가비아의 케이아이엔엑스 인수는 신의 한 수였다고 생각될 정도로, 가비아의 매출과 이익에 지속적으로 기여하고 있다. 매수 당시 가비아 매출의 38% 이상을 차지하고 있었고 모회사와의 비즈니스 연계성이 좋아서 시너지 효과가 컸다.

결정 단계

투자 가치 최종 확인 및 저가 매수

`Decision 1` **회사에 문의한다**

Q 회사가 보는 2014년 매출 목표는 2013년과 비교하여 어떠한가?

A 2013년까지 가비아는 한 번도 역성장을 하지 않았다. 앞으로도 매년

10% 이상의 성장은 안정적으로 할 수 있다고 자신한다.

Q 본업 이외에 다른 분야에도 투자를 검토하고 있는가?

A 현재 영위하고 있는 사업은 이 시대에 반드시 필요하고, 성장성은 느리더라도 계속 확장되고 있는 분야이기 때문에 경영진에서 다른 분야로 투자하는 것은 고려하지 않고 있다.

본업에 집중한다는 이 답변으로 가비아를 더욱 신뢰하게 됐다.

Decision 2 FD PER를 재확인한다

1단계에서 가비아의 3년간 매출과 영업이익의 성장률을 참고하여 추정한 2013년 FD PER는 6.8이었다. 이후 2단계의 정보 수집과 3단계의 회사 접촉을 통해 자회사의 성장과 신규 사업의 확장성이 향후 FD PER를 더욱 낮출 수 있을 것으로 판단하고, 투자를 결정했다.

Decision 3 저가에 분할 매수한다

2013년 12월 4,765원을 시작으로 매수 추천을 했고, 6개월도 안 지난 2014년 5월에 7,610원까지 상승하자 매도하여 60%의 수익률(배당 포함)을 확보했다.

가비아는 단 한 번의 역성장 없이 계속 성장해가는 기업이었고, 본업에 충실하면서 안정적인 매출과 이익을 향유했다. 인터넷 도메인 관련 비즈니스가 폭발적인 성장성을 보이는 것은 아니지만 장기적으로 봤을 때 무척 매력적인 비즈니스구조를 가진 회사다. 60%의 만족스러운 투자수익을 확보했는데, 추후 주식시장이 약세가 되어 주가가 다시 하락한다면 재매수하고 싶은 기업이다.

바다에서야말로
내비게이션이
필요하겠지?

삼영이엔씨(065570)	
최초 매수일 및 가격	2011년 1월 27일 / 6,230원
최종 매도일 및 가격	2014년 4월 30일 / 10,000원
수익률	60.5%
주당 배당금	3년 / 533원
배당수익률	8.5%(배당세율 15.4% 제외)
최종 수익률	69%

삼성물산에 재직하던 당시 수산물 무역을 담당했기에 일본, 중국, 러시아, 몽골 등 많은 나라를 다니며 어선도 타보고 무역선도 타봤다. 다 알고 있겠지만, 바다에도 길이 있고 하늘에도 길이 있다. 그런데 바다와 하늘에는 이정표가 없다. 육로는 내비게이션이 없더라도 이정표만 잘 따라가면 목적지에 도착할 수 있지만, 바다와 하늘은 항로를 알려주고 운행할 수 있는 장비가 없으면 다닐 수 없다.

먼 거리를 운항하는 배를 한 번이라도 타본 사람이라면 이런 생각을 한 번쯤은 해봤을 것이다.

'아무것도 보이지 않는 수평선, 간혹 보이는 거라곤 작은 섬들뿐인 바다에서 어떻게 목적지를 찾아가는 걸까?'

또는 항해용 내비게이션이 고장 나면 어쩌나 하는 생각에 불안감도 느꼈을 것이다. 그뿐인가. 만에 하나 사고가 났을 때, 구조 요청과 상황 보고를 할 수 있는 통신장비도 매우 중요하다.

이런 중요한 장비들은 어떤 기업에서 만드는지, 국내에도 관련 기업이 있는지 찾아봤다. 조사 결과, 삼영이엔씨가 국내에서 유일한 해상 전자통신장비 업체임을 알게 됐다. 1978년 10월에 삼영사로 창립하여 1995년 삼영전자공업㈜으로 법인 전환했고, 2001년 삼영이엔씨㈜로 상호를 변경했다. 해상전자통신장비 업체로 33년의 업력을 자랑하며, 지금까지 국내 독점공급을 하고 있다. 해상 장비는 안전을 최우선으로 해야 하기에 신뢰할 수 있는 제품력이 중요하다. 삼영이엔씨의 해외 파트너사 업력은 50년 정도 된다. 신생 업체가 들어올 수 없는 엄청난 진입장벽이 있음을 방증하는 대목이다.

삼영이엔씨의 주요 제품으로는 해상통신장비, 항해장비, 방산장비, 어로장비 등이 있다.

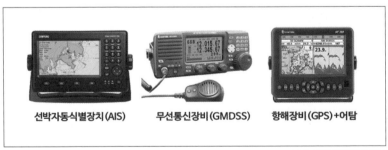

선박자동식별장치(AIS)　　무선통신장비(GMDSS)　　항해장비(GPS)+어탐

출처: 삼영이엔씨 홈페이지

다음은 매수 전 5년간의 주가 현황이다. 2003년 1월 21일 상장했고, 공모가는 3,300원이었다. 2005년부터 매출에 따라 주가가 움직이고 있다. 2010년 실적이 보고되지 않은 상황에서 이유 없는 주가 하락은 저가 매수의 타이밍일 수 있다.

6,045 시:6,150 고:6,240 저:6,140 시총:548억   [1월] □×

10,200(2009/05)

출처: 삼성증권

3중 필터링으로 종목 압축

Filtering 1 **재무 안정성 검증: 부채비율이 100% 이하인가?**

최근 3년간의 부채비율을 보면 불곰의 종목 선정 기준인 '100% 이하'를 유지하고 있다. 자본의 증가와 부채의 감소가 맞물려 비율이 낮아지는 것을 볼 수 있다.

부채비율 확인을 위한 데이터

(단위: 억 원, %)

	2010년 제16기 3분기	2009년 제15기	2008년 제14기
자본	439	399	352
부채	113	144	226
부채비율	25.7	36	64

Filtering 2 | 비즈니스 성장성 확인: 영업이익이 지속해서 성장하는가?

삼영이엔씨를 매수하기 전 10년간(2000~2009년)의 실적을 보면 2004년(제10기)까지는 큰 변화가 없는 매출로 성장성이 있어 보이지 않았다. 그런데 2005년(제11기)부터 방산장비인 단파통신체계를 해군에 납품하고 선박자동식별장치, 각종 송수신기 등의 매출 증가가 이어지면서 실적이 큰 폭으로 향상됐다.

요약재무정보

(단위: 백만 원)

구 분	제15기	제14기	제13기	제12기	제11기
매출액	38,679	33,749	27,784	29,246	32,715
영업이익 (영업손실)	10,204	7,034	3,866	4,552	6,155
당기순이익 (당기순손실)	7,787	7,771	2,336	2,576	4,502
주당순이익 (주당순손실)	923원	888원	265원	293원	515원

출처: 2010.3.31 사업보고서(2009.12), '재무에 관한 사항'

요약재무정보

(단위: 백만 원)

구 분	제10기	제9기	제8기	제7기	제6기
매출액	20,028	18,201	20,530	20,132	19,383
영업이익	2,112	1,890	4,327	4,000	4,478
경상이익	546	1,627	3,808	3,903	4,318
당기순이익	1,542	1,939	3,177	3,238	3,558

출처: 2005.3.31 사업보고서(2004.12) '재무에 관한 사항'

삼영이엔씨는 해상전자통신장비 분야에서 국내 시장점유율 1위 업체로 방산장비 공급에서 독점적 위치에 있으며, 세계 레저보트 전자장비 시장에 진출하며 시장 확대를 꾀하고 있으므로 매출이 더욱 성장할 것이다.

Filtering 3 저평가 상태 확인: FD PER가 10 이하인가?

필터링을 하던 당시는 사업보고서가 나오지 않은 시점이라 2009년 손익계산서를 바탕으로 2010년 3분기까지의 재무상태를 참고하여 다음처럼 예상했다. 실적을 보면 매출이 해마다 증가하고 있다. 2010년에는 1·2분기 매출이 전년 대비 25% 이상 증가했으나, 3분기에는 전년 대비 감소했다. 2009년 3분기 매출이 105억 원이고, 2010년 3분기 매출이 92억 원으로 10% 정도 감소했다. 2010년 4분기 매출 역시 전년 대비 10% 정도 감소할 것으로 보수적으로 판단하고 4분기 매출액은 대략 110억 원, 2010년 총매출액은 410억 원으로 예상했다. 환율의 영향으로 영업이익과 당기순이익은 전년과 크게 차이가 나지 않을 것으로 봤다. 시가총액이 548억 원이었으므로 FD PER는 6.8로 추정했다. 불곰의 FD PER 기준을 충족한다.

FD PER 산출을 위한 데이터

(단위: 억 원)

	2010년 제16기 예상	2010년 제16기 3분기/누적	2009년 제15기	2009년 제15기 3분기/누적	2008년 제14기
매출액	410	92/299	386	105/267	337
영업이익	100	73	102	74	70
당기순이익	80	56	77	50	77

▼ 불곰의 투자 Tip

FD PER를 산출할 때는 최대한 보수적으로 계산해야 한다. 아직 발표되지 않은 분기별 매출과 영업이익, 당기순이익에 대한 예상은 아무런 근거 없이 성장한다는 논리보다는 작년과 올해의 실적을 비교해 보수적으로 접근하면서 너무 긍정적으로 예측하지 않도록 해야 한다.

조사 단계
회사의 공개된 정보 수집

Research 1 **공정공시를 확인한다**

2005년 제11기부터 매출 실적이 폭발적으로 증가한 이유 중 하나는 단파통신체계의 개발로 해군 함정 및 육상 지휘소 등에 통신장비를 공급하면서 신규 매출이 생겼기 때문이다. 방위산업의 특성상 방산물자와 방위산업체 지정에 따른 독점적 지위를 갖기 때문에 영업 및 매출 측면에서 외부적 경쟁 요소는 적은 편이다. 다시 말해, 고정 매출로 안정적 수익이 보장된다는 뜻이다.

 불곰의 **투자 Tip**

신제품의 폭발적인 성장은 기업의 가치를 몇 배 상승시킬 수 있다. 삼영이엔씨도 2004년까지 1,800~2,000원 정도의 밋밋한 주가 흐름을 보이다가 2005년 해군에 단파통신체계를 납품하기 시작하면서 5,000원을 훌쩍 넘어섰다.

매출에 관한 사항

(단위: 천 원)

매출 유형	품 목		2005년도 (제11기)	2004년도 (제10기)	2003년도 (제9기)
제품	단파통신 체계	내수	6,485,626		
		수출	–		
		합계	6,485,626		
합 계		내수	19,048,668	9,055,927	11,224,020
		수출	13,665,897	10,971,887	6,976,686
		합계	32,714,565	20,027,814	18,200,706

출처: 2006.5.15 사업보고서(2005.12) '사업의 내용'

수주상황

(단위: 천 원)

품목	수주일자	납기	수주총액		기납품액		수주잔고	
			수량	금액	수량	금액	수량	금액
단파 통신 체계등	2004.12.31	2005.3.31~ 2008.6.30 2006.9.1		7,102		4,681		2,421
	2005.7.11 2005.9.28	2005.9.28~ 2012.5.31		1,610 4,219				1,610 4,219
합 계			–	7,710,000	–	–	–	7,710,000

출처: 2006.5.15 사업보고서(2005.12) '사업의 내용'

　　호주 GME사와 레저보트용 전자장비 공동 개발 및 독점공급을 위한 계약을 체결함으로써 해외 시장에서도 브랜드 인지도를 높였다. 해외 시장의 판로가 열리면서 신규 매출 효과가 기대됐다. GME는 1959년 설립된 호주의 대표적인 레저보트 전자장비 분야 기업이다. 연 매출은 약 8,000만 호주 달러이며, 호주 전역에 1,500개의 대리점을 보유하고 있다.

가치주 투자로 잘 알려진 한국투자밸류자산운용과 신영자산운용 등이 5년 이상 장기 보유하고 있음을 확인했다. 이런 기관들도 5년 이상을 기다리며 장기 투자를 한다는 사실을 염두에 두고, 개인투자자들도 기업의 가치를 기반으로 장기 보유할 수 있는 마음가짐을 다져야 한다. 짧은 시간에는 적은 돈을 벌 수 있고, 긴 시간에는 많은 돈을 벌 수 있다. 하지만 짧은 시간에 많은 돈을 버는 방법은 없다. 오죽하면 앙드레 코스톨라니도 "80여 년을 증권계에 몸담아왔지만, 장기적으로 성공한 단기 투자자를 본 적이 없다"라고 단언했겠는가.

특정증권등의 소유상황

	보고서 작성 기준일	특정증권등		주권			
				보통주		우선주	
		특정증권 등의 수(주)	비율 (%)	주식수 (주)	비율 (%)	주식수 (주)	비율 (%)
직전 보고서	2010년 09월 16일	999,986	11.36	999,986	11.36	0	0.00
이번 보고서	2010년 11월 18일	1,015,000	11.53	1,015,000	11.53	0	0.00
증 감		15,014	0.17	15,014	0.17	0	0.00

출처: 2010.11.19 임원·주요주주특정증권등소유상황보고서

보유주식등의 수 및 보유비율

	보고서 작성기준일	보고자		주식등		주권	
		본인 성명	특별관계 자 수	주식등의 수(주)	비율 (%)	주식수 (주)	비율 (%)
직전 보고서	2010.08.31	신영자산 운용(㈜)	10	1,198,504	13.62	1,198,504	13.62
이번 보고서	2010.10.29	신영자산 운용(㈜)	10	1,304,268	14.82	1,304,268	14.82
증 감				105,764	1.20	105,764	1.20

* 보고자 보고분에는 일임 579,548주 / 6.586%가 포함됨.

출처: 2010.11.10 주식등의대량보유상황보고서(약식)

`Research 2` IR 자료를 수집한다

IR 자료가 없었다.

`Research 3` 증권회사의 종목 리포트를 분석한다

사상 최대 실적 향해 순항 중

잠정공시에 따르면 상반기 매출 208억 원(+29%, 전년 대비), 영업이익 52억 원(+34%, 전년 대비)을 기록 전년 동기 대비 사상 최대 매출을 경신했다.

상반기 실적을 미루어 볼 때 4월 제시한 2010년 실적 전망치는 무난히 달성할 것으로 보인다. 실적 전망치는 매출 440억 원(+14%, 전년 대비), 영업이익 127억 원(+24%, 전년 대비), 순이익 100억 원(+29%, 전년 대비)으로 사상 최대 수준이다.

하반기 역시 GMDSS, AIS, GPS Plotter 등 주력제품들의 성장세가 이어질 전망이다. 특히 GPS Plotter는 Light Marine(레저보트, 소형 선박) 시장 진출이 본격화되면서 올해 가장 큰 성장이 예상되는 제품이다. AIS(선박자동식별장치) 의무화로 안전과 직결된 각종 해상정보통신 관련 규제가 강화되는 추세로 시장 환경은 긍정적으로 판단된다.

출처: 한국투자증권 리포트(2010.8.11)

이 리포트에서 2010년 최대 실적에 대한 부분은 이견을 달 수 없다. 3분기 실적 발표 전에 나온 리포트이긴 하지만, 회사의 매출 포트폴리오에 대한 충분한 이해를 바탕으로 작성된 것으로 판단했다. 앞으로 성장성이 보이는 레저보트 시장과 방산 매출이 낮았음에도 최대 매출을 보였다는 것은 2011년도 역시 최대 매출을 경신할 것으로 기대하게 한다.

미디어 뉴스를 검색한다

> **삼영이엔씨, 하반기 사상 최대 실적?…뚜껑 여니 '속빈 강정'**
> 올해 2분기 사상 최대 실적을 기록하던 삼영이엔씨가 증권가의 예상과는 달
> 리 하반기 부진한 실적을 기록했다. (…) 회사 측은 3분기 실적 부진이 일시
> 적인 현상이라고 분석했다. 하반기 방산 관련 매출이 늘어나지 않았으며 원
> 화절상의 영향도 받았기 때문이다.
>
> 출처: 《이투데이》(2010.11.22)

3분기 실적만을 가지고 속 빈 강정이니 실적이 부진하니 하는 이런 기사가 의외로 저가 매수의 기회를 가져다줄 수 있다. 실적을 예상하거나 파악할 때는 기업 매출구조의 포트폴리오를 통해 전체 흐름을 파악하는 것이 중요하다. 3분기 실적은 회사 측의 얘기대로 일시적인 현상으로 판단했다. 방산 매출은 예산 현황에 따라 규모와 시기가 변할 수는 있어도 없어질 수는 없다. 수출 비중 또한 높기 때문에 환 리스크가 작용할 수 있다. 사상 최대 실적이 주는 의미는 크고, 성장세는 멈추지 않았다는 얘기다.

이 기사가 나온 뒤 삼영이엔씨의 주가는 10% 정도 하락했고, 이런 일시적인 주가 하락은 매수하려는 입장에서는 호재였다.

투자 가치 최종 확인 및 저가 매수

Decision 1 　회사에 문의한다

Q 회사가 보는 2011년 매출 목표는 2010년과 비교하여 어떠한가?

A 거래처의 납품 대금이 입금되는 시기가 조금씩 달라질 수 있고 환율
에 대한 영향도 작용한다. 전체 매출이 증가하고 있다는 것에 포인트
를 맞춰달라. 2010년 방산 매출이 저조한 부분이 있었지만 2011년에
는 늘어날 것으로 본다. 수주 현황을 보면 충분히 이해할 수 있을 것
이다. 또한 알제리에 납품하기로 한 계약 규모가 29억 원인데 2010
년 8억 원만 납품한 상태라 나머지 21억 원 규모의 납품이 2011년 상
반기에 이뤄질 것이다.

Decision 2 　FD PER를 재확인한다

1단계에서 삼영이엔씨의 3년간 매출과 영업이익의 성장률을 참고하여
추정한 2010년 FD PER는 6.8이었다. 이후 2단계의 정보 수집과 3단계
의 회사 접촉을 통해 향후 FD PER가 더욱 낮아질 것으로 판단하고, 투자
를 결정했다.

Decision 3 　저가에 분할 매수한다

2011년 1월 6,230원을 시작으로 매수 추천을 했다. 삼영이엔씨는 2012
년까지는 시장에서 관심을 전혀 받지 못하다가 2013년부터 조금씩 올랐

다. 이에 2014년 4월 10,000원에 매도하고 배당 포함 69%의 수익률을 확보했다.

삼영이엔씨는 시장에서 관심을 많이 받지 못한 소외주였지만, 실적에 따라 주가도 천천히 반응했다. 3년 넘는 투자를 통해 69%의 수익률을 달성하여 만족했다. 아이러니하게도 삼영이엔씨는 2019년 3분기에 손실이 발생하면서 2011년 매수가(6,230원)보다 낮은 5,000원대의 주가를 형성하고 있다.

주식회사도 법인, 즉 '법으로 만들어진 사람'이기 때문에 항상 변화하고 바뀐다. 투자자들은 이런 점을 염두에 두고 투자 종목에 관심을 기울여야 한다. 장기 투자라는 게 단순히 오래 붙들고 있는 걸 의미하진 않는다는 뜻이다.

진짜 모든 것이
다 나와?

등산을 다니면서 사진을 찍어 홈페이지 게시판에 올리는 취미가 있다. 중고장터에서 나름대로 괜찮은 카메라를 사서 잘 쓰고 있는데, 최근 TV를 보니 VJ들이 꽤 좋아 보이는 카메라를 들고 촬영을 하고 있었다. 영상을 촬영하는 데 카메라를 사용하는 것을 보고 '요즘 카메라는 고퀄리티 영상 촬영도 가능하구나' 하는 생각이 들었다.

그다음 뭘 했느냐고? 컴퓨터 앞에 앉아 검색을 시작했다(슬금슬금 올라오는 장비 욕심 때문만은 절대 아니다). 한참 검색을 하다 보니 본의 아니게(?) 사고 싶은 카메라가 눈에 띄었고, 그 모델명을 포털 사이트에서 검색했다. 최저가부터 최고가까지 보여줬다. 가격비교 사이트인 다나와, 에누리에서도 검색해봤다. 컴퓨터와 IT 제품은 다나와, 가전제품은 에누리가 특화되어 있다.

한참을 그러다가 다나와, 에누리가 상장을 했는지 궁금해졌다. 전자 공시시스템에 들어가 조회해보니 다나와만 상장이 되어 있었다. 다나와가 그간 올린 공시자료를 보면서 무료 정보 제공 및 가격비교 사이트가 어떻게 매출을 올리는지 살펴봤다.

다나와는 2000년 개인사업자로 시작하여 2002년 법인으로 전환했다. 용산전자상가에 있는 컴퓨터 판매 업체들을 다나와닷컴danawa.com에 입점시켜 가격비교 서비스를 시작하면서 성장했다. 주 수익원은 온라인 쇼핑 가격비교 서비스와 연계된 수수료, 온라인 광고수익, 조립PC 판매다.

출처: 다나와 사이트

다나와는 2011년 1월 코스닥에 상장했다. 당시 공모가는 14,000원으로 확정됐고, 경쟁률은 671:1로 투자자들의 높은 관심을 받았다. 1월 24일 상장 첫날 시초가는 25,800원, 최고가는 29,100원, 종가는 21,950원이었다.

이후 주가는 하락세를 보이며 공모가의 50% 밑에서 보합세를 이어갔다.

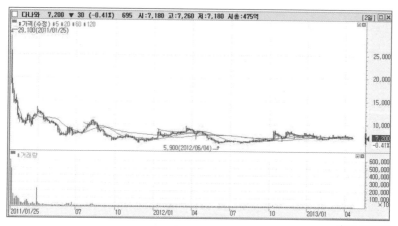

출처: 삼성증권

3중 필터링으로 종목 압축

Filtering 1 재무 안정성 검증: 부채비율이 100% 이하인가?

다나와의 최근 3년간 부채비율을 보면 5~14%대로 낮다. 특히 금융권 부채는 정책 자금으로 받은 10억 원이 전부이고, 이자비용보다 이자수익이 더 많다. 무차입경영으로 보면 된다.

부채비율 확인을 위한 데이터 (단위: 억 원, %)

	2012년 제11기	2011년 제10기	2010년 제9기
자본	465	441	216
부채	57	24	31
부채비율	12	5	14

Filtering 2 · 비즈니스 성장성 확인: 영업이익이 지속해서 성장하는가?

온라인 쇼핑 시장이 성장하면서 다나와의 매출도 증가했다. 높은 영업이
익률을 유지하면서 계속 성장했다. 2011년 상장하면서 영업비용이 증가
해 영업이익이 감소하긴 했지만, 이듬해 본래 성장세를 회복했다.

　사람들이 경기 변동에 민감해질수록 다나와의 가격비교 서비스를 더
자주 이용할 수밖에 없다. 조금이라도 낮은 가격으로 구매하고 싶어 하
는 심리가 작용하기 때문이다. 업종의 진입장벽은 낮지만, 다나와는 높
은 고객 충성도와 1조 3,000만 개의 상품 데이터를 보유함으로써 경쟁력
에서 우위를 점하고 있다. 이런 점들을 볼 때 시장점유율이 낮아질 것으
로는 보이지 않았다.

요약재무정보

(단위: 천 원)

과 목	제9기	제8기	제7기	제6기	제5기
자본총계	21,771,957	15,529,519	10,892,200	7,405,877	4,451,490
매출액	20,694,535	17,075,146	13,712,147	10,450,928	7,301,694
영업이익	7,401,097	6,127,352	4,775,096	3,836,137	2,124,796

당기순이익	6,623,207	5,517,438	4,286,323	3,404,857	1,894,188
기본주당이익	1,294원	1,115 원	868 원	1,135 원	9,471 원

출처: 2011.3.31 사업보고서(2010.12) '재무에 관한 사항'

Filtering 3 저평가 상태 확인: FD PER가 10 이하인가?

2013년도 예상 매출을 통해 투자 기준을 잡아야 하는데 아직 1분기 보고
서가 나오지 않은 상태였다. 지난 3년간의 매출 증가분과 영업이익률, 사
업의 내용을 통해 2013년도 실적을 예측했다. 보수적으로 2012년에 비해
소폭 상승분만 반영했다. 영업이익률은 20% 증가를 적용했고, 금융수익
을 반영한 당기순이익은 60억 원을 예상했다. 시가총액이 475억 원이므
로 FD PER를 7.9로 추정했다. 불곰의 FD PER 기준을 충족한다.

FD PER 산출을 위한 데이터   (단위: 억 원)

	2013년 제12기 예상	2012년 제11기	2011년 제10기	2010년 제9기
매출액	290	254	211	206
영업이익	60	51	36	75
당기순이익	60	53	43	67

조사 단계

회사의 공개된 정보 수집

Research 1 공정공시를 확인한다

2011년 9월 30일 미디어잇을 분사하여 자회사를 설립했다. 미디어 뉴스로서 보다 전문적인 입지를 갖추고, 다양한 정보를 제공받기 위함이다. 스튜디오를 갖추고 동영상도 제작하므로 더 역동적인 정보를 제공받게 된다. 경쟁사에는 없는 이런 서비스들이 중장기적인 경쟁력으로 작용할 것이다.

연결대상 종속회사 개황(연결재무제표를 작성하는 주권상장법인이 사업보고서, 분기 · 반기보고서를 제출하는 경우에 한함)

(단위: 천 원)

상호	설립일	주소	주요사업	직전사업 연도말 자산총액	지배관계 근거	주요종속 회사 여부
(주)미디어잇	2011. 09.30.	서울 양천구 목1동 923-14	인터넷 신문	1,560,139	지분율 100%	해당

주) 주요종속회사 여부의 기준은 "기타 지배회사에 미치는 영향이 크다고 판단하는 종속회사"임.

가. 종속회사의 주요사업

[정관에 기재된 목적사업]

목 적 사 업	비 고
1. 인터넷 신문업	–
2. 광고, 광고 대행업	–
3. 온라인 서비스 사업	–
4. 각종 자료 및 보고서 발간, 출판업	–
5. 세미나 및 컨퍼런스 개최	–
6. 각호에 관련된 전자상거래	–
7. 각호와 관련된 부대사업	–

출처: 2013.5.10 사업보고서(2012.12) '회사의 개요'

매출 현황을 보면 제휴 쇼핑 수수료로 80억 원을 벌었고, 광고사업으로 85억 원을 벌었다. 실제 매출의 2% 정도가 수수료라고 본다면 제휴 쇼핑을 통한 매출이 4,000억 원을 넘었다는 뜻이다.

≦✓ 불곰의 Item Insight

다나와는 컴퓨터나 IT 제품을 구매할 때 소비자들이 가장 먼저 이용하는 사이트다. 그러므로 지마켓, 옥션, 인터파크, 11번가 등 대형 오픈마켓은 다나와와 제휴할 수밖에 없으며, 광고주들이 많이 찾게 되는 선순환 사업구조를 가지고 있다. 더불어 '다나와PC'와 같은 조립 PC 사업 매출도 큰 폭으로 증가하고 있다. 인터넷 쇼핑 시장의 규모가 더욱 커지고 있어 당분간은 매출 증가가 이어질 것이다.

주요제품 등에 관한 사항

(단위: 백만 원)

매출 유형	회사	2012년(제11기)		2011년(제10기)		2010년(제9기)	
		매출액	비율	매출액	비율	매출액	비율
제휴쇼핑	다나와	8,082	30.5%	7,269	33.9%	7,802	37.7%
광고사업	다나와 미디어잇	8,514	32.1%	6,886	32.1%	7,422	35.9%
쇼핑몰 관리	다나와	1,500	5.7%	1,676	7.8%	1,852	8.9%
정보제공 등	다나와	7,329	27.7%	5,336	24.9%	3,619	
컨텐츠 수수료	미디어잇	1,046	4.0%	287	1.3%	–	
단순합계		26,471	100.0%	21,454	100.0%	20,695	100.0%
내부거래		1,046	–	287	–	–	
총합계		25,425	–	21,167	–	20,695	100.0%

출처: 2013.5.10 사업보고서(2012.12) '사업의 내용'

IR 자료를 수집한다

사업보고서에서 살펴본 매출구조에 더해 IR 자료에서는 사업의 안정성 포지션과 성장성 포지션을 그림으로 설명하고 있어 이해하기 쉬웠다. 안정적인 매출을 확보할 수 있는 수익 모델(오픈마켓·종합몰 제휴, 디스플레이 광고, 중소형 쇼핑몰 구축 및 관리 컨설팅, 조립PC 사업)이 고르게 분포된 포트폴리오를 가지고 있다.

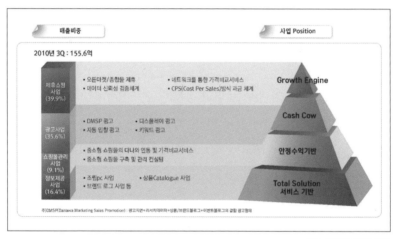

출처: 2011년 1월 IR 자료

 불곰의 투자 Tip

기업이 단일 사업이나 제품이 아니라 다양한 포트폴리오를 확보하고 있고 매출이 골고루 발생한다는 것은, 리스크를 낮추면서 성장성과 경쟁력을 갖추고 있다는 긍정적인 요소다.

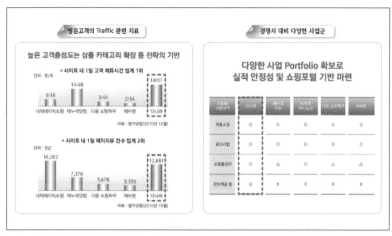

출처: 2011년 1월 IR 자료

가격비교 사이트의 순위는 일일 방문자 수, 머문 시간, 얼마나 많은 페이지를 봤는지 등을 기준으로 한다. 다나와의 2012년 통계를 보면 일평균 방문자 수가 34만 명이다. 방문자가 사이트에 머문 시간은 평균 13분, 27페이지를 봤다. 고객 충성도가 높다.

2012년 다나와 평균 트래픽 현황

	다나와
방문자수(천 명)	340
페이지뷰(천 건)	9,302
체류시간(분초)	13:43

(출처: 랭키닷컴)
주1) 2012년 12개월 평균 자료 기준

출처: 2013.5.10 사업보고서(2012.12) '사업의 내용'

증권회사의 종목 리포트를 분석한다

당시 증권사 종목 리포트는 존재하지 않았다.

미디어 뉴스를 검색한다

다나와, 내달부터 가격비교 가전 품목 확대

가격비교 사이트 다나와(www.danawa.co.kr 대표 성장현 · 손윤환)는 현행 PC 주변기기 중심의 가격비교 서비스를 내달부터 가전 품목으로까지 확대 실시한다고 1일 밝혔다. 다나와는 이에 따라 가격비교 대상 품목에 휴대전화 등 컨버전스 품목과 함께 냉장고 · 세탁기 등 백색가전과 면도기 · 헤어드라이어기 등 소형가전까지 가전 전 제품을 포함시킬 예정이다. 하루 순방문자 수 40만 명에 육박하는 다나와가 가전 영역 진출을 선언함에 따라 가격비교 시장에도 큰 변화가 일 것으로 전망된다.

다나와는 현재 PC 및 주변기기 부품 영역 서비스만으로 오미 · 에누리 · 마이마진 등 종합 가격비교 서비스 업체들을 따돌리고, 랭키닷컴 순위 산정 프로그램에서 가격비교 사이트 부문 1위를 고수하고 있다.

출처: 《디지털타임스》(2004.9.2)

다나와는 용산전자상가 컴퓨터 판매 가격비교 사이트로 시작해 4년 만에 해당 부문 1위를 하고 종합 가격비교 사이트로 서비스를 확대했다. 매출구조의 다각화로 안정적인 포트폴리오를 구성해 특화된 전략으로 경쟁력을 끌어올렸다.

쇼핑 검색 전문 포털 기업 다나와 일반 공모에 1조 3,000억 원 넘는 돈이 몰렸다. 청약 경쟁률은 672:1에 달했다. 한국투자증권에 배정된 23만 184주에 대해 1억 6,455만여 주가 청약했다. SK증권에 배정된 5만 7,546주에 대해서는 2,880만여 주가 청약했다.

출처: 《이데일리》(2011.1.14)

코스닥 상장을 위한 공모주 청약 결과 투자자들의 엄청난 관심을 받았음을 알 수 있다. 공모가 14,000원인 주식 1주를 사기 위해 940만 원의 50%인 470만 원을 증거금으로 예치해야 했다. 많은 투자자는 회사 가치가 높다고 판단해 청약했을 것이다. 하지만 주가는 상장 초기 최고가 29,100원을 기록한 뒤, 불곰의 매수가 시작된 2013년에는 75%(4분의 1 토막) 하락한 7,000원대에 머물고 있었다. 시장이 과열됐을 때는 투자를 자제하여야 한다.

> ### 🔻 불곰의 투자 Tip
>
> 주식 청약과 청약금에 대해 알아보자. 경쟁률이 1:1인 경우 공모한 만큼 배정받지만, 경쟁률이 이보다 높으면 청약 경쟁률에 의해 공모주가 배정된다. 이때는 기본적으로 최고 청약자부터 배정하게 된다. 다나와는 공모가가 14,000원이고, 경쟁률이 672:1이니 최소 청약금은 940만 원(14,000원 × 672)이고, 예치해야 하는 증거금은 그 50%인 470만 원(940 × 0.5)이다. 즉, 다나와는 청약 경쟁률이 워낙 높아 470만 원을 증거금으로 예치해야 1주라도 배정받을 수 있었다.

투자 가치 최종 확인 및 저가 매수

Decision 1 회사에 문의한다

Q 2013년 매출 증가율을 어느 정도로 예상하는가?

A 예전 성장률처럼 2012년 매출 대비 15~20% 성장을 예상한다. 금액
으로 치면 290억~300억 원 정도 될 것이다.

Q 2011년 실적과 비교해보면 영업이익이 좋지 않은데, 그 이유는 무
엇인가?

A 2011년 코스닥 상장을 하면서 홍보, 마케팅을 많이 했는데 그때의 영
향을 받아서 그렇다. 특히 할인쿠폰을 많이 발행해서 영업비용이 증
가했고, 그 때문에 영업이익과 당기순이익이 전년 대비 감소한 것이
다. 매출은 변함없이 증가했다.

Decision 2 FD PER를 재확인한다

1단계에서 다나와의 3년간 매출과 영업이익의 성장률을 참고하여 추정
한 2013년 FD PER는 7.9였다. 이후 2단계의 정보 수집과 3단계의 회
사 접촉을 통해 시대적 흐름에 따른 지속적인 성장이 기대되어 향후 FD
PER가 더욱 낮아질 것으로 판단하고, 투자를 결정했다.

Decision 3 저가에 분할 매수한다

2013년 4월 7,060원(2016년 12월 1주당 1주의 무상증자로 3,530원으로 조정됨)을 시작으로 매수 추천을 했다. 1년 뒤인 2014년 4월 12,350원(2016년 12월 1주당 1주의 무상증자로 6,175원으로 조정됨)에 매도하고, 배당을 포함하여 77.5%의 수익률을 확보했다.

📃 불곰의 투자 Review

다나와는 매도하고 나서 4년 뒤에는 24,300원까지 올라 매수가 대비 500% 정도 상승한 종목이다. 1년 투자로 거둔 77.5%의 수익도 만족할 만한 수준이었지만, 시대의 흐름에 맞는 제품·서비스가 성공하면 상상 이상의 주가 상승이 가능하다는 것을 학습하게 된 투자였다.

먹거리에 대한 관심이 이끈 주가 상승

효성오앤비(097870)	
최초 매수일 및 가격	2013년 7월 24일 / 6,870원
최종 매도일 및 가격	2014년 4월 23일 / 11,050원
최종 수익률	61%

삼성물산 재직 시절 알고 지내던 일본 친구가 있었다. IT회사의 CEO인데 농업에 무척 관심이 많았다. 어느 날 농업을 소재로 한 농장경영 게임을 개발했다고 연락이 왔다. 농산물을 재배하는 게임인데, 게임에서 수확물을 얻으면 진짜 농산물을 집으로 보내주는 방식이라고 했다. 사람은 관심이 크면 무언가를 만들어내는 것 같다. 이 게임을 위해 친구는 일본 전역을 직접 돌아다니며 유기농 생산자를 찾아서 계약했다. '믿고 먹을 수 있는 유기농산물'이 콘셉트였기 때문이다.

이 친구가 관심을 기울이는 것처럼 소비자와 생산자 모두 먹거리에 대한 기준이 점점 높아지고 있다. 무농약·유기농 제품의 수요가 지속해서 늘어났고, 그 종류도 참 다양해졌다. 친환경 농법이 결코 쉬운 것은 아

친구가 보내온 사진. 게임에서 수확을 거두면 진짜 농산물을 보내준다고 한다.

닌데, 다양한 농산물로 계속 확산되고 있다. 그 이유 중 하나가 유기농업에 필요한 자재들이 많아졌기 때문은 않을까 생각했다.

유기농이란 화학비료나 농약을 사용하지 않은 땅에서 퇴비나 유기질 비료만 이용해 재배한 농산물을 말한다. 화학비료를 계속 사용하면 질산화물이 축적돼 토양이 산성화되고, 지력이 약화되어 농산물에 문제가 생기게 된다. 정부에서도 사용 감소를 유도하고 지원도 점점 줄이고 있다. 그런데 농약을 사용하지 않고도 좋은 작황을 거두려면 비료가 매우 중요

출처: 효성오앤비 홈페이지

하다. 직접 만들어 사용하는 농가도 있겠지만, 판매되는 제품을 구매하는 비율이 더 높을 것이다. 친환경 농산물 인증에 대한 요구가 점차 많아지면서 유기질비료 수요는 늘어날 수밖에 없고, 정부의 친환경 정책이 더해진다면 좋은 결과가 있을 것으로 예상됐다.

「농협중앙회 자재부, 비료사업 통계요람」(2011.5)에는 보통비료 생산 업체 1,367개, 유기질비료 생산 업체 491개로 나와 있었다. 유기질비료 생산 업체 중 농협중앙회 공급 점유율 상위 5개 업체는 효성오앤비, KG케미칼, 풍농, 동부한농, 남해화학이었다. 효성오앤비는 14%의 공급 점유율을 가지고 있는 회사로 18년 동안 유기질비료 납품 1위를 기록해왔으며, 유기질비료만을 제조·생산·판매하는 회사였다. 관심 종목으로 삼을 만한 매력이 있었다.

효성오앤비는 1984년 8월 23일에 설립되어 2008년 4월 8일 코스닥에 상장했다. 당시 공모 경쟁률이 269:1로 큰 관심을 받은 종목이었으며, 공모가는 7,500원이었다.

출처: 삼성증권

3중 필터링으로 종목 압축

Filtering 1 재무 안정성 검증: 부채비율이 100% 이하인가?

효성오앤비의 사업연도 주기는 1월부터 12월이 아니라 7월부터 익년 6월까지다. 투자일 기준 3년간의 부채비율을 보면 100% 이하로 상당히 낮은 수치다.

부채비율 확인을 위한 데이터   (단위: 억 원, %)

	2013년 제30기 3분기	2012년 제29기	2011년 제28기
자본	418	397	364
부채	82	204	83
부채비율	**19**	**51**	**22**

Filtering 2 비즈니스 성장성 확인: 영업이익이 지속해서 성장하는가?

국립농산물품질관리원 자료에 따르면 국내 친환경 농산물 인증은 매년 급성장하여 인증면적이 증가하고 있다. 연도별 친환경 농산물 인증 현황을 보면 2005년과 비교할 때 2011년에는 3배 이상 증가했다. 유기비료에 대한 수요의 증가를 단적으로 보여준 것이다. 또한 정부의 친환경 정책을 들 수 있는데 앞으로 친환경 농산물 재배면적을 12% 확대할 방침이고, 농약 사용을 3% 낮출 예정이라고 한다. 정부가 유기질비료에 보조금을 지급하기에 유기질비료의 수요가 증가할 수밖에 없는 구조로, 국내 시장점유율 1위 업체인 효성오앤비는 성장의 조건을 갖춘 셈이다.

연도별 친환경농산물 인증 현황

연도별	구분	계	유기 농산물	무농약 농산물	저농약 농산물
2011	건수(건)	23,654	3,257	13,694	6,703
	농가수 (호)	160,628	13,376	89,765	57,487
	면적(ha)	172,672	19,311	95,253	58,108
	출하량 (톤)	1,852,241	123,314	979,791	749,136
2005	건수(건)	8,717	1,166	3,599	3,952
	농가수 (호)	53,478	5,403	15,278	32,797
	면적(ha)	49,806	6,094	13,803	29,909
	출하량 (톤)	797,747	68,091	242,068	487,588

출처: 2013.5.15 분기보고서(2013.3) '사업의 내용'

<유기질(퇴비)비료 지원>

연도	물량 (천톤)	지원액 (억원)	지원단가
2013	2,900	1,450	정액지원 - 유기질: 1,400원 * 국고(1,400원), 지방비(600원/20kg 　정액의무 부담) - 부산물비료: 등급별 차등지원 최고 　1,200원

[자료 : 농협중앙회 자재부]

출처: 2013.5.15 분기보고서(2013.3) '사업의 내용'

저평가 상태 확인: FD PER가 10 이하인가?

사업연도 결산이 6월 30일로 3분기에 농협에 납품한 대금이 4분기에 입금된다. 즉, 3·4분기 매출이 가장 높다. 수확 이후인 10~12월과 재배 시작기인 2~3월에 비료 소비가 높기 때문이다. 2012년 4분기 실적을 봐도 연중 가장 크다. 2013년 매출 증가를 5%로 반영했을 때 예상 매출액은 320억 원, 영업이익 58억 원, 당기순이익 45억 원이 된다. 시가총액이 398억 원이므로 FD PER는 8.8 정도 됐다. 불곰의 FD PER 기준을 충족한다.

FD PER 산출을 위한 데이터

(단위: 억 원)

	2013년 제30기 예상	2013년 3분기	2012년 제29기	2012년 3분기	2011년 제28기
매출액	320	189	305	194	251
영업이익	58	27	55	32	58
당기순이익	45	30	43	25	58

조사 단계

회사의 공개된 정보 수집

Research 1 **공정공시를 확인한다**

효성오앤비는 오직 유기질비료만 생산하는 회사다. 주 원재료는 피마자박(깻묵)이고, 가장 오래된 제품인 효진유박은 분말 형태 제품으로 사용상 불편한 점이 많아 거의 찾지 않는 추세였다. 사용이 편한 펠릿 형태의

입상 제품인 유박골드가 매출의 67%를 차지한다.

주요 제품 등의 현황

2013년 03월 31일현재 (단위: 천 원, %)

사업부문	매출유형	품목	구체적용도	주요상표등	매출액(비율)
유기질비료	제품	혼합유박(펠렛)	과수용, 원예용, 수도작용 등 주1)	유박골드	11,902,693 (67.81)
		혼합유박(분상)	과수용, 원예용 주2)	효진유박	148,454 (0.85)
		혼합유기질(펠렛)	과수용, 원예용, 수도작용 등 주3)	우황골드	3,547,829 (20.21)
		유기복합(펠렛)	과수작물 전용 벼농사 재배 전용 주4)	프로파머, 러브미 외	1,325,079 (7.55)
		기타	원예용, 화훼용 등	그린골드외	628,781 (3.58)
합계					17,552,836 (100.00)

출처: 2013.5.15 분기보고서 '사업의 내용'

2010년 6월에는 한국투자밸류자산운용의 소유상황이 공시됐다. 가치투자를 주로 하는 한국투자밸류자산운용의 지속적인 대량 매입은 효성오앤비를 가치주로 판단했다는 뜻이다. 이것만으로 매수를 결정할 수는 없지만, 긍정적인 요소로는 볼 수 있다. 한국투자밸류자산운용은 2009년 4월 23일부터 2010년 6월 4일까지 발행주식 총수의 무려 14.17%인 82만 1,900주를 취득했다.

특정증권등의 소유상황

	보고서 작성 기준일	특정증권등		주권			
				보통주		우선주	
		특정 증권등의 수(주)	비율 (%)	주식수 (주)	비율 (%)	주식수 (주)	비율 (%)
직전 보고서	2010년 03월 25일	818,986	14.12	818,986	14.12	0	0.00
이번 보고서	2010년 06월 04일	821,900	14.17	821,900	14.17	0	0.00
증 감		2,914	0.05	2,914	0.05	0	0.00

출처: 2010.6.4 임원·주요주주특정증권등소유상황보고서

국내 비료산업은 1998년 정부의 비료사업 중단에 따라 농협 자체 사업으로 전환됐다. 대부분의 비료 판매는 농협을 통하여 이루어지므로 '농협 계통 공급 실적'을 통해 시장점유율을 알 수 있다. 효성오앤비는 14% 정도의 시장점유율을 가지고 있고, 1994년부터 당시까지 납품 부문 1위를 유지하고 있었다.

표4: 연도별 유기질비료 농협 계통 공급 실적

(단위: 톤, 백만 원, %)

구 분		2011년	2010년	2009년
효성오앤비	수 량	55,713	51,292	36,884
	금 액	22,442	19,941	14,903
	점유율	13.9	14.5	14.0

KG케미칼	수 량	24,725	25,929	16,834
	금 액	9,745	9,918	6,888
	점유율	6.0	7.2	6.5
풍 농	수 량	25,447	7,859	23,920
	금 액	10,592	11,322	10,012
	점유율	6.5	8.2	9.4
동부한농	수 량	35,264	27,535	21,656
	금 액	14,964	11,620	8,911
	점유율	9.2	8.4	8.4
남해화학	수 량	20,289	24,838	20,579
	금 액	7,949	9,505	8,453
	점유율	4.9	6.9	7.9
기 타	수 량	232,666	183,964	141,256
	금 액	96,209	114,848	57,377
	점유율	59.5	54.8	53.8
합 계	수 량	394,104	321,417	261,129
	금 액	161,901	137,999	106,544
	점유율	100.0	100.0	100.0

[자료: 농협중앙회 자재부, 2012. 05]

출처: 2013.5.15 분기보고서 '사업의 내용'

 불곰의 투자 Tip

한국거래소에 상장된 회사는 공시를 통해 주가에 영향을 미칠 만한 내용이 생길 경우 주주나 채권자와 같은 이해관계자에게 알릴 의무가 있다. 주식보유 현황, 배당, 사업보고서, 증자, 주주총회소집, 최대주주 변경 등의 내용을 공시해야 한다.

효성오앤비의 최대주주인 박태헌 대표가 아들인 박문현에게 27.45%의 지분을 증여한다는 공시가 나왔다. 상장기업들이 저평가 상태에 있을 때 상속을 진행하는 경우가 있는데, 이는 상속세 절감 효과를 노리는 것이다. 증여일을 기준으로 이전 2개월간의 종가와 이후 2개월간의 종가 평균으로 증여세를 매기기 때문이다. 상속이나 증여 공시가 있는 종목은 해당 기간에는 주가가 오르지 않는 경우가 많다.

증여가 마무리 되면 자연스럽게 주가가 상승하리라고 예측했다. 중요한 것은 효성오앤비가 현재 저평가 상태라는 것이다.

최대주주 변경

1. 변경내용	변경전	최대주주등	박태헌외 7명
		소유주식수(주)	2,610,418
		소유비율(%)	45.00
	변경후	최대주주등	박문현외 6명
		소유주식수(주)	2,610,418
		소유비율(%)	45.00
2. 변경사유			최대주주 지분증여
- 실권주 인수로 인한 변경 여부			아니오
- 양수도 주식의 보호예수 여부			아니오
3. 지분인수목적			–
- 인수자금 조달방법			–
- 인수후 임원 선·해임 계획			–
4. 변경일자			2013-05-29
5. 변경확인일자			2013-05-29

6. 기타 투자판단에 참고할 사항	– 변경전 최대주주인 박태헌의 지분 1,591,983주를 특수관계인 박문현에게 증여함. – 상기일자는 주식 증여일자임.

[세부변경내역]

성명 (법인명)	관계	변경전		변경후		비고
		주식수 (주)	지분율 (%)	주식수 (주)	지분율 (%)	
박태헌	변경전 최대주주	1,591,983	27.45	–	–	–
박문현	변경후 최대주주	373,372	6.44	1,965,355	33.89	–

출처: 2013.5.29 최대주주변경

Research 2 **IR 자료를 수집한다**

2008년 4월 IPO를 위해 제작한 IR 자료를 참고했다. 어떤 제품이든 단일 사업을 지속한다는 것은 쉬운 일이 아니다. 미래를 내다본 효성오앤비의 유기질비료 정책은 소비자와 생산자를 변화시키고 정부 정책을 바꾸어놓았다. 이런 추세는 시간이 갈수록 강화될 것이기에 친환경 농산물 시장이 성장을 지속할 것으로 볼 수 있었다.

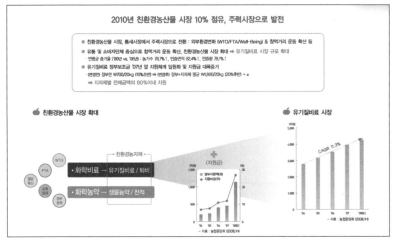

Research 3 ── 증권회사의 종목 리포트를 분석한다

유기질비료 시장의 확대에 따라 시장 진입 기업의 수도 증가하고 있는데, 이에 따라 효성오앤비의 시장점유율도 2004년 27.2%에서 2009년 14.0%까지 하락한 상황이다. 따라서 향후 화학비료 업체들이 유기질비료 시장에 본격 진입할 경우 경쟁이 심화될 우려가 있어 이에 대해 지속적인 관심을 가질 필요가 있는 것으로 보인다.

유기질비료 시장이 확대되고 규모가 커지면 신규 업체가 진입하기 때문에 기존 업체의 점유율은 떨어질 수 있다. 그렇지만 매출 규모는 증가한다. 효성오앤비는 농협을 통한 납품 판매 형태라 안정적인 판매 가격을 유지하기에 시장점유율의 순위 변동이 없는 이상 매출 증가는 계속될 것이다. 또한 신규 제품인 벼농사용 유기복합 비료인 러브미의 판매 확대로 매출원의 다변화가 예상됐다.

미디어 뉴스를 검색한다

효성오앤비가 코스닥 상장 첫날 공모가를 훌쩍 뛰어넘는 강세를 보이고 있다. 시초가는 공모가(7,500원)보다 높은 9,950원에 결정됐다. 대신증권은 이날 친환경 유기질비료 생산 업체인 효성오앤비에 대해 "정부의 친환경 농업 확대 정책과 친환경 농산물에 대한 수요 증가로 인해 성장성이 기대된다"고 밝혔다.

출처: 《머니투데이》(2008.4.8)

공모 경쟁률이 269:1에 달했던 종목으로 투자자들의 관심과 기대를 받았다. 친환경 시장이 확대됨은 물론 정부 정책과도 부합하기에 성장성이 높다는 점에서 투자자들은 주가 상승을 기대했을 것이다. 하지만 불곰이 투자 판단을 하던 당시에는 공모가 이하로 떨어진 상태였다. 물론 더 하락할 수도 있지만, 여전히 성장성 있는 회사이며 저평가 상태다.

오너나 친인척·임원 등 기업의 주요 관계자들이 주가가 정체기로 접어들자 자사주 매입과 증여 등 역발상 투자에 나서고 있다. 주가가 낮은 시기에 자사주를 사들이거나 자식에게 물려줘 경영권 강화나 증여세 절약 등 일석이조의 효과를 기대한 움직임으로 풀이된다.

출처: 《서울경제》(2013.5.30)

회사 대표 및 임원, 특수관계인 등이 개인 돈으로 회사 주식을 사들이는 것은 주가를 안정시키는 것은 물론 회사에 대한 신뢰를 높이는 효과가 있다. 이는 현재 주식 가치가 저평가되어 있다는 방증이기도 하다.

결정 단계

투자 가치 최종 확인 및 저가 매수

`Decision 1` **회사에 문의한다**

Q 매년 매출이 상승하고 있는데, 올해 역시 작년 매출보다 좋을 것으로 전망하는가?

A 2001년 이후 한 번의 적자도 없었던 회사로 계속 성장하고 있다. 2013년 올해도 역대 최고 매출을 기록할 것으로 예상한다.

그 밖에 대주주의 상속 관련 증여와 관련된 질문도 했으나, 예상했던 대로 '대주주의 개인적인 부분이라 답변해줄 수 없다'라는 답변을 받았다.

`Decision 2` **FD PER를 재확인한다**

1단계에서 2013년 3분기까지의 재무제표 실적을 보고 추정한 2013년 FD PER는 8.8이었다. 이후 2단계의 정보 수집과 3단계의 회사 접촉을 통해 유기농에 대한 시장의 관심도와 시장점유율 업계 1위라는 지위를 바탕으로 지속적인 성장이 기대됨을 확인했다. 이에 FD PER가 더욱 낮아질 것으로 판단하고, 투자를 결정했다.

Decision 3 　저가에 분할 매수한다

2013년 7월 6,870원(2018년 4월 1주당 0.5주의 무상증자로 4,580원으로 조정됨)을 시작으로 매수 추천을 했다. 2014년 초반부터 주가가 상승해 제자리를 찾아갔다는 판단으로 2014년 4월 23일 11,050원에 매도했다. 수익률은 61%다.

📰 불곰의 투자 Review

이후 2015년 중순까지 계속 주가 상승이 이어져 매수가 대비 500% 이상 오른 27,137원을 기록했다. 좀더 느긋하게 보유했더라면 500% 이상의 수익을 볼 수도 있었을 것이다. 하지만 불곰은 2014년 4월 61% 수익에 만족하고 매도했다.

불곰 개인의 판단에 비료라는 아이템으로 500%까지 상승하리라고는 꿈에서도 생각하지 못했다. 운이 좋지 않았다고 생각할 수도 있다. 하지만 처음 투자 시에 생각했던 목표수익률에 매도할 수 있었으니 충분히 만족한다.

금속은 무엇으로 깎는 걸까?

넥스턴(089140)		
최초 매수일 및 가격		2012년 12월 21일 / 3,140원
최종 매도일 및 가격		2013년 12월 4일 / 6,010원
수익률		91.4%
주당 배당금		1년 / 84원
배당수익률		2.6%(배당세율 15.4% 제외)
최종 수익률		94%

TV를 보면 나무로 그릇을 만들거나 황토 반죽으로 도자기를 빚는 장면이 종종 나온다. 예를 들어 도예 장인들이 원반 같은 돌림판 기계(이걸 '물레'라고 한다는 걸 알게 됐다)에 흙 반죽을 놓고, 빠른 속도로 돌리면서 조각칼 같은 것을 쓱 갖다 대면 멋진 그릇이 완성된다. 그걸 보면서 '금속은 어떻게 깎을까?' 궁금증이 일었다. 금속은 나무나 흙보다 훨씬 단단한데도 주변을 보면 매끈한 외양의 금속을 흔히 볼 수 있기 때문이다. '뭐, 거기 맞는 기계장치가 있겠지' 하고 넘어갈 수도 있지만, 투자자로서 불곰은 일상에서 호기심을 일으키는 것들을 절대 그냥 넘기지 않는

다. 이런 일에 관련된 회사는 어디인지 찾아봤다.

국산 장비 업체는 두 군데로 한화테크엠과 넥스턴이 시장을 주도하고 있었다. 한화테크엠은 비상장회사다. 넥스턴은 금속 절삭 기계 업체로 2000년 7월 18일 ㈜케이엠티로 설립해 2004년 4월 상호를 변경했다. 주력사업은 주축이동형 CNC^{Computerized Numerical Control}(컴퓨터수치제어) 자동선반 제조 및 판매다. CNC 자동선반이란 컴퓨터를 이용한 자동제어 기술을 기반으로 소재를 자동 공급하여 프로그램에 의해 완제품을 대량으로 생산하는 자동화 설비를 말한다. 넥스턴의 CNC 선반은 소형 부품 및 복합가공에 이용되며, 일반 CNC 선반은 주축이 고정돼 대형 제품의 단순가공에 이용된다.

출처: 넥스턴 홈페이지

넥스턴은 2006년 11월 1일 코스닥에 상장했고, 공모가는 4,100원이었으며, 481:1의 경쟁률을 보였다. 상장 후 지속적인 주가 상승을 이어왔으나, 주식시장의 불황으로 무려 10분의 1이라는 아찔한 낙폭을 보였다. 회사의 펀더멘털에는 아무 문제가 없는데도 그랬다. 그때 이 종목에 관심을 두고 있었더라면 하는 생각을 잠깐 했다. 역시 주식은 운이 99%다.

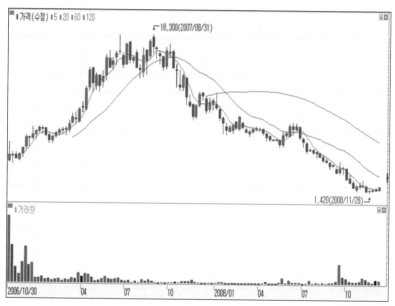

出处: 삼성증권

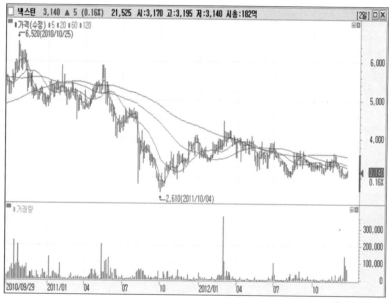

出处: 삼성증권

유럽발 금융위기로 시장 분위기가 좋지 않아서 2011년 10월 2,600원대까지 빠졌다가 반등을 시작해, 불곰이 조사를 하던 무렵에는 상승과 하락을 반복하고 있었다. 2012년 실적 역시 전년 대비 좋지 않을 것이라는 전망에 주가가 하락세를 보이고 있었지만, 현재 주가 정도면 충분한 저평가 구간이라고 판단했다. 또한 기술 장벽이 높은 업계이기에 당분간은 과점 시장을 유지할 것으로 예상되며, 경기가 회복되면 실적이 충분히 개선될 것으로 보였다.

기초 단계

3중 필터링으로 종목 압축

Filtering 1   재무 안정성 검증: 부채비율이 100% 이하인가?

이전 3년간의 부채비율을 살펴보면 30% 이하로 매우 좋은 상태를 보여주고 있으며, 2012년에는 무차입경영을 하고 있었다.

부채비율 확인을 위한 데이터 (단위: 억 원, %)

	2012년 제13기 3분기	2011년 제12기	2010년 제11기
자본	240	237	219
부채	46	70	60
부채비율	19	29	27

Filtering 2   비즈니스 성장성 확인: 영업이익이 지속해서 성장하는가?

먼저 확인한 것은 시장점유율이다. 다른 외부적인 원인이 없는 조건이라면 과점적 경쟁 위치에 있어야 유리하다. 국내 CNC 자동선반 업체는 넥스턴과 한화테크엠이며, 해외 업체로는 일본 4개 업체와 유럽 2개 업체가 전부다. 공급자 위주의 시장을 형성하는 엄청난 진입장벽을 가지고 있다. 넥스턴의 국내 점유율은 37% 내외였다.

2010년부터 세계 경제가 회복하면서 매출 증가를 보여주고 있다. 2012년 유럽발 금융위기로 업계 경기가 좋지 않아 매출이 줄었지만 나쁘지 않은 실적이라고 판단했다. 30년 이상 되는 경쟁사들 사이에서 세계 최초의 신제품을 개발해 시장점유율을 높였기에 2013년도 실적 개선도 충분히 기대할 수 있었다.

2012년 실적 예상

(단위: 억 원)

	2012년 제13기 예상	2011년 제12기	2010년 제11기	2009년 제10기
매출액	**210**	274	251	118
영업이익	**27**	40	30	9
당기순이익	**20**	30	25	10

Filtering 3 저평가 상태 확인: FD PER가 10 이하인가?

2012년 유럽발 금융위기로 매출이 감소한 것을 고려해 4분기 실적도 3분기와 비슷할 것으로 예상했다. 2012년 3분기 매출액이 42억 원, 2011년 3분기 매출액은 57억 원이니 20% 이상의 감소세를 보였다.

이를 토대로 예상해보면 2012년 총매출액은 210억 원, 영업이익은 27억 원, 당기순이익은 20억 원이다. 시가총액이 182억 원이니 2011년 PER는 6(182억÷30억)이고 2012년 FD PER는 9(182억÷20억)로 추정할 수 있다. 단기적인 하락이라고 판단했고, 앞으로의 성장을 고려한다면 괜찮은 수치였다.

FD PER 산출을 위한 데이터

(단위: 억 원)

	2012년 제13기 예상	2012년 3분기	2011년 제12기	2011년 제3분기
매출액	210	163	274	200
영업이익	27	23	40	31
당기순이익	20	19	30	23

조사 단계

회사의 공개된 정보 수집

Research 1 **공정공시를 확인한다**

2012년 제13기까지 자본금 변동사항이 참 깨끗했다. CB, BW가 전혀 없었다. 회사설립 때 발행한 주식발행금, 주식 액면분할에 따른 주식 증가, 2006년 코스닥 상장 시 기업공개로 인한 공모주 외에 다른 변동사항은 없었다.

> 📩 **불곰의 투자 Tip**
>
> 공시를 통해 자본금 변동사항, 특히 전환사채나 신주인수권부사채가 발행되었는지를 확인하는 이유는 1부에서 설명했듯이 희석증권이 있는지를 보기 위해서다. 희석증권이 보통주로 전환되면 시가총액이 증가해 PER가 높아지기 때문이다.

자본금 변동사항

증자(감자)현황

(기준일: 2012년 09월 30일)

(단위: 원, 주)

주식발행 (감소) 일자	발행 (감소) 형태	발행(감소)한 주식의 내용				
		주식의 종류	수량	주당 액면가액	주당발행 (감소) 가액	비고
2000년 07월 18일	–	보통주	400,000	5,000	5,000	설립 자본금
2006년 05월 08일	주식분할	보통주	4,000,000	500	500	액면분할
2006년 11월 01일	유상증자 (일반공모)	보통주	1,800,000	500	4,100	기업공개

출처: 2012.11.14 분기보고서(2012.9) '회사의 개요'

그런 한편, 주가 안정과 주주 가치 제고를 위해 자사주를 꾸준히 매입하고 있었다. 2007년부터 2012년까지 지속해서 자사주를 취득하여 당시 14%를 보유하고 있었다.

 불곰의 투자 Tip

기업의 자사주 매입은 주식을 보유하고 있는 기존 주주들과 미래에 그 기업에 투자할 투자자들에게 기업에 대한 신뢰도를 높여주는 아주 긍정적인 주주 위주의 경영 정책이다. 자사주를 매입한다는 의미는 회사에서도 주가가 저평가 상태라는 것을 인지하고 있다는 의미이므로 저가 매수의 기회가 될 수도 있다. 다만, 기업이 자사주를 매입한다고 해서 주가가 무조건 상승하는 것은 아니기 때문에 자사주 매입가보다 낮은 가격에 매수할 수 있도록 노력하는 것이 좋다.

신탁계약등을 통한 당해법인 발행주식 취득후 자기주식등 보유상황

[2007년 04월 13일 현재]   (단위: 원, 주, %)

주식의 종류	법제189조의2의 규정에 의한 보유상황(A)			법제189조의2의 신탁계약등에 의한 보유상황(B)			계(A+B)		
	수량	비율	총가액	수량	비율	계약금액	수량	비율	금액
기명식 보통주	-	-	-	109,801	1.89	814,023,280	109,801	1.89	814,023,280
계	-	-	-	109,801	1.89	814,023,280	109,801	1.89	814,023,280

출처: 2007.4.13 신탁계약에의한취득상황보고서

신탁계약등을 통한 당해법인 발행주식 취득후 자기주식등 보유상황

[2008년 11월 21일 현재]   (단위: 원, 주, %)

주식의 종류	법제189조의2의 규정에 의한 보유상황(A)			법제189조의2의 신탁계약등에 의한 보유상황(B)			계(A+B)		
	수량	비율	총가액	수량	비율	계약금액	수량	비율	금액
기명식 보통주	109,801	1.89	814,023,280	66,074	1.14	298,575,630	175,875	3.03	1,112,598,910
계	109,801	1.89	814,023,280	66,074	1.14	298,575,630	175,875	3.03	1,112,598,910

출처: 2008.11.21 신탁계약에의한취득상황보고서

신탁계약등을 통한 당해법인 발행주식 취득후 자기주식등 보유상황

[2010년 12월 07일 현재]   (단위: 원, 주, %)

주식의 종류	법제165조의2의 규정에 의한 보유상황(A)			법제165조의2의 신탁계약등에 의한 보유상황(B)			계(A+B)		
	수량	비율	총가액	수량	비율	계약금액	수량	비율	금액
기명식 보통주	228,000	3.93	1,300,017,690	41,388	0.71	216,910,230	269,388	4.64	1,516,927,920
계	228,000	3.93	1,300,017,690	41,388	0.71	216,910,230	269,388	4.64	1,516,927,920

출처: 2010.12.7 신탁계약에의한취득상황보고서

신탁계약등을 통한 당해법인 발행주식 취득후 자기주식등 보유상황

[2011년 11월 14일 현재]   (단위: 원, 주, %)

주식의 종류	법제165조의2의 규정에 의한 보유상황(A)			법제165조의2의 신탁계약등에 의한 보유상황(B)			계(A+B)		
	수량	비율	총가액	수량	비율	계약금액	수량	비율	금액
기명식 보통주	290,000	5.00	1,620,284,890	138,500	2.39	491,223,120	428,500	7.39	2,111,508,010
계	290,000	5.00	1,620,284,890	138,500	2.39	491,223,120	428,500	7.39	2,111,508,010

출처: 2011.11.14 신탁계약에의한취득상황보고서

신탁계약등을 통한 당해법인 발행주식 취득후 자기주식등 보유상황

[2012년 01월 20일 현재]   (단위: 원, 주, %)

주식의 종류	법제165조의2의 규정에 의한 보유상황(A)			법제165조의2의 신탁계약등에 의한 보유상황(B)			계(A+B)		
	수량	비율	총가액	수량	비율	계약금액	수량	비율	금액
기명식 보통주	290,000	5.00	1,620,284,890	237,694	4.10	815,011,025	527,694	9.10	2,435,295,915
계	290,000	5.00	1,620,284,890	237,694	4.10	815,011,025	527,694	9.10	2,435,295,915

출처: 2012.1.20 신탁계약에의한취득상황보고서

신탁계약등을 통한 당해법인 발행주식 취득후 자기주식등 보유상황

[2012년 11월 09일 현재]   (단위: 원, 주, %)

주식의 종류	법제165조의2의 규정에 의한 보유상황(A)			법제165조의2의 신탁계약등에 의한 보유상황(B)			계(A+B)		
	수량	비율	총가액	수량	비율	계약금액	수량	비율	금액
기명식 보통주	535,628	9.23	2,464,518,805	277,872	4.79	994,149,835	813,500	14.02	3,458,668,640
기명식 우선주	-	-	-	-	-	-	0	0	0
계	535,628	9.23	2,464,518,805	277,872	4.79	994,149,835	813,500	14.02	3,458,668,640

출처: 2012.11.9 신탁계약에의한취득상황보고서

투자법인 JF자산운용JF Asset Management Limited은 주가가 상승하던 시기인 2007년에 대량 매수를 했고, 1년 뒤 주가가 폭락하여 반 토막이 됐을 때 매도하여 큰 손해를 봤다. 이를 보면 주식은 상승할 때 사면 안 된다는 걸 알 수 있다. 반드시 저가에 매수해야 한다. 이 투자회사 외에도 이스타투자자문㈜, 코어베스트뉴프론티어파트너스Corevest new frontier Partners, L.P. 등이 보유주식을 매도함으로써 넥스턴의 주가는 더욱 하락했다. 2012년 하반기에는 주가에 영향을 줄 만한 대량 매도는 없을 것으로 봤기 때문에 저가 매수가 가능하리라고 판단했다.

세부변동내역

성명 (명칭)	생년월일 또는 사업자 등록번호 등	변동일	취득/ 처분 방법	주식등의 종류	변동 내역			취득/처분 단가	비고
					변동전	증감	변동후		
JF Asset Management Limited	40907	2007년 07월 24일	장내매수 (+)	보통주	482,000	26,808	508,808	15,963	-
JF Asset Management Limited	40907	2007년 07월 27일	장내매수 (+)	보통주	508,808	6,810	515,618	15,451	-
JF Asset Management Limited	40907	2007년 07월 30일	장내매수 (+)	보통주	515,618	26,504	542,122	14,932	-

세부변동내역

성명 (명칭)	생년월일 또는 사업자 등록번호 등	변동일	취득/ 처분 방법	주식등의 종류	변동 내역			취득/처분 단가	비고
					변동전	증감	변동후		
JF Asset Management Limited	40907	2008년 05월 30일	장내매도 (-)	보통주	340,764	-262,003	78,761	7,120	-

출처: 2007.8.3 주식등의대량보유상황보고서(약식), 2008.6.4 주식등의대량보유상황보고서(약식)

IR 자료를 수집한다

2006년 코스닥 상장을 위해 제작한 오래된 IR 자료이지만 넥스턴에서 생산하는 제품이 무엇인지는 충분히 알 수 있었다. 주력제품인 주축이 동형 CNC 자동선반은 컴퓨터를 이용한 자동제어기술을 기반으로 소재를 자동 공급하여 프로그램에 의해 완제품을 대량으로 생산하는 FA^Factory Automation^(생산 시스템 전체의 효율적인 관리와 제어)의 핵심장비다.

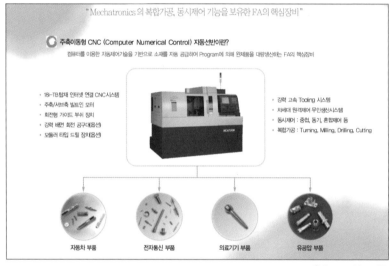

출처: 2006년 IR 자료

　　IR 자료를 통해 국내외 시장점유율과 경쟁 회사의 상황도 한눈에 볼 수 있었다. 또한 2012년까지도 이 시장에 새로 진입한 업체가 없다는 점에서 기술 진입장벽이 높아 과점적 시장이 형성되어 있음을 확인할 수 있었기에 경쟁력이 있다고 판단했다.

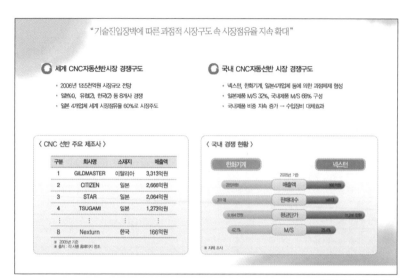

"기술진입장벽에 따른 과점적 시장구도 속 시장점유율 지속 확대"

세계 CNC자동선반시장 경쟁구도

- 2006년 1조5천억원 시장규모 전망
- 일본(4), 유럽(2), 한국(2) 등 8개사 경쟁
- 일본 4개업체 세계 시장점유율 60%로 시장주도

국내 CNC자동선반 시장 경쟁구도

- 넥스턴, 한화기계, 일본4개업체 등에 의한 과점체제 형성
- 일본제품 M/S 32%, 국내제품 M/S 68% 구성
- 국내제품 비중 지속 증가 → 수입장비 대체효과

〈 CNC 선반 주요 제조사 〉

구분	회사명	소재지	매출액
1	GILDMASTER	이탈리아	3,313억원
2	CITIZEN	일본	2,666억원
3	STAR	일본	2,064억원
4	TSUGAMI	일본	1,273억원
⋮	⋮	⋮	⋮
8	Nexturn	한국	166억원

※ 2005년 기준
※ 출처: 각 사별 홈페이지 참조

〈 국내 경쟁 현황 〉

한화기계		넥스턴
	2005년 기준	
285억원	매출액	166억원
311대	판매대수	58대
9,164만원	평균단가	11,216만원
42%	M/S	25%

※ 자체 조사

출처: 2006년 IR 자료

`Research 3` **증권회사의 종목 리포트를 분석한다**

최근 동사는 설계 기술을 바탕으로 56mm 가공구경 제품도 개발을 완료했다. 이는 대량생산을 해야 하는 정밀가공 부품의 크기가 점차 커지는 것을 의미하기 때문에 개발 완료한 제품의 레퍼런스만 확보된다면 동사의 수익성에 긍정적인 영향을 줄 것으로 판단된다. 동사의 제품 포트폴리오는 현재 12mm 형에서부터 56mm 형까지 다양한 가공구경 제품을 가지고 있으며 제품당 매출원가는 크게 차이가 없기 때문에 제품 가격이 비싼 30mm 형 이상의 제품 수주를 많이 받을 경우 수익성이 좋아지는 특성이 있다. 따라서 향후 중장기적 성장은 신규 제품라인의 매출 비중 증가 여부가 관건이 될 것으로 판단된다.

출처: SK증권 리포트(2010.6.30)

CNC 자동선반 시장을 과점한 상태에서 새로운 기술을 개발해낸다면 제품 구성의 폭을 늘려 구매자의 편의성을 높일 수 있다. 또한 가격을 높게 받을 수 있어 부가가치가 높은 제품의 매출 증가를 기대할 수 있다.

Research 4 | 미디어 뉴스를 검색한다

넥스턴, CNC 자동선반 개발 정부지원금 3억 8,000만 원 지원 결정

CNC 자동선반 전문 업체인 넥스턴이 신제품 개발 업체로 선정돼 정부지원금 3억 8,000만 원을 지원받게 됐다고 밝혔다. 이번 CNC 자동선반은 정부지원금 3억 8,000만 원을 포함해 총개발비 7억 6,000만 원을 투자해 넥스턴이 독자적으로 개발한다. 계약 기간은 1년 6개월이다.

넥스턴 관계자는 개발 완료 시 "향후 넥스턴의 제품 기술력 및 경쟁력이 더 강화돼 매출 확대 및 성장의 기반이 되는 효과가 클 것으로 예상한다"라고 말했다.

출처:《이투데이》(2010.5.31)

정부로부터 신제품 개발 업체로 선정돼 지원금을 받게 됐다는 내용의 기사다. 이는 제품 경쟁력이 있음을 보여주는 것으로, 시장점유율이 더욱 높아지리라고 기대해볼 수 있다.

투자 가치 최종 확인 및 저가 매수

Decision 1 **회사에 문의한다**

Q 2012년 매출이 감소했는데, 어떤 이유가 있었던 것인가?

A 유럽발 금융위기로 내수 및 해외 매출이 주춤한 상태다. 국내외 경기
가 회복되면 선행 산업군에서 가장 먼저 투자가 이뤄지는 부문이므
로 매출에 큰 영향이 없을 것으로 낙관한다.

Q 국내 경쟁 업체인 한화테크엠 외에 일본 업체들과의 경쟁 상황은
어떤가?

A IR 자료에서도 나와 있듯이 일본 제품의 시장점유율이 점점 줄어들
고 있고, 국내 제품의 비중이 지속해서 증가하는 추세이기 때문에 크
게 위협받지 않는다.

Decision 2 **FD PER를 재확인한다**

1단계에서 2012년 3분기까지의 재무제표 실적을 보고 추정한 2012년
제13기의 FD PER는 9.1이었다. 이후 2단계의 정보 수집과 3단계의 회
사 접촉을 통해 과점 시장을 형성하면서 시장점유율이 계속 확장되는 단
계임을 확인했다. 이에 FD PER가 더욱 낮아질 것이라고 판단하고, 투자
를 결정했다.

저가에 분할 매수한다

2012년 12월 3,140원(2016년 8월 1주당 0.28주 유상증자 + 0.45주 무상증자로 2,097원으로 조정됨)을 시작으로 매수 추천을 했다. 이후 꾸준한 주가 상승이 이어졌고 1년 뒤인 2013년 12월 6,010원(2016년 8월 1주당 0.28주 유상증자 + 0.45주 무상증자로 4,014원으로 조정됨)으로 급등하면서 매도해 94% 수익률(배당 포함)을 확보했다.

📋 불곰의 투자 Review

넥스턴은 높은 기술력과 시장 선점으로 높은 성장세를 이어갈 것으로 예측했는데 그에 맞는 실적을 계속 보여주었다. 2017년에는 불곰의 2012년 최초 매입가(조정 후 2,097원)보다 15배나 오른 30,500원을 기록하기도 했다. 회사에 대한 확고한 신뢰를 바탕으로 5년 동안 보유했다면 15배에 달하는 주가 상승의 열매를 손에 쥐었을 것이다.

그런데 반대로, 5년간 보유했으나 결국 손실로 마무리하게 되기도 한다. 이는 개인의 운과 관련된 영역이라고 생각한다. 늘 생각하는 바이지만, 좋은 운을 받기 위해 투자자들은 착하게 살아야 한다.

도박하지 말고, 도박 종목으로 돈 벌자

🔵 코텍(052330)	
최초 매수일 및 가격	2010년 9월 20일 / 7,630원
최종 매도일 및 가격	2013년 7월 18일 / 15,850원
수익률	107%
주당 배당금	3년 / 635원
배당수익률	9%(배당세율 15.4% 제외)
최종 수익률	116%

2003년 카지노를 배경으로 높은 시청률을 기록했던 SBS 드라마 「올인」을 케이블방송을 통해 다시 봤다. 카지노의 모습은 이국적이었고 상당히 낯설었다. 대중적인 장소가 아니기에 더욱 그랬다.

국내에 있는 카지노는 외국인들만 출입할 수 있는 곳이 대부분이고, 내국인 출입이 가능한 곳은 강원랜드가 유일하다. 그래서 안 가본 사람이 더 많을 거라고 생각한다. 물론 도박이라고 생각해서 가지 않은 사람도 상당할 것이다. 종종 해외 출장을 가는 사람들은 호기심을 느껴서 카지노에 한두 번은 가봤으리라고 본다. 가보면 여러 가지 게임이 있는데,

그중에 혼자 쉽게 할 수 있는 슬롯머신이라는 것이 있다. 코인을 넣고 레버를 당기거나 버튼을 누르기만 하면 된다. 화면에 보이는 당첨규칙에 맞으면 상금이 나온다. 직접 가본 적이 없다 해도 해외 드라마나 영화에서 한 번쯤은 봤을 것이다.

처음 이 슬롯머신을 보고 든 생각은 '하나 가지고 싶다'였다. 오락실에서 비슷한 슬롯게임을 해본 적이 있는데 그것과는 비교가 안 될 정도로 재미있었다.

출처: Pixabay

국내 상장회사 중에 카지노와 관련된 곳이 있는지 검색해보니 파라다이스, 강원랜드, 토비스, 코텍 등 꽤 있었다. 파라다이스와 강원랜드는 카지노 운영 관련 종목이고, 토비스와 코텍은 슬롯머신에 들어가는 LCD 모니터를 생산하는 업체다. 국내에서 슬롯머신 모니터를 만든다는 것이 신선했는데, '역시 LCD패널 세계 최강국인 만큼 경쟁력이 있어서 가능하겠구나' 하는 생각이 들었다. 시장점유율을 살펴보니 코텍이 압도적으로 높아서 관심을 가지고 살펴봤다.

코텍은 1987년 3월에 세주전자로 설립됐다. 2001년 2월 네바다주에 미국 지사를 설립했고, 같은 해 7월 코스닥에 상장했다. 주력제품은 산업용 디스플레이다. 주요 제품으로 카지노용 모니터, 의료용 모니터, 교육용 전자칠판, DID^{Digital Information Display}(디지털 정보 디스플레이) 모니터 등이 있다.

산업용 디스플레이의 최대 수요처 중 하나가 카지노용 모니터 시장이다. 카지노에서 사용하는 게임기가 비디오 슬롯머신^{Video Slot Machine}으로 급속히 전환되고 있는 데다 메인 디스플레이 외에 3~4개의 모니터가 추가로 채택되고 있어 수요가 높아지고 있다. 특히 세계 최대의 슬롯머신 공급 업체인 미국의 IGT사에 대부분 수출하고 있다는 점도 중요하다. 코텍이 IGT사 내 점유율 71%를 차지하고 있다는 사실은 신규 진입이 어려운 시장에서 안정적인 성장을 보증하는 셈이라 할 수 있다. 전체 매출의 90%가 수출에서 발생한다. 더불어 대형 광고 모니터 DID 제품과 전자칠판, 의료용 모니터 역시 신규 시장에 진출하고 있다. 이런 전반적인 상황을 볼 때 성장을 기대할 수 있다고 판단돼 추천 종목으로 선정했다.

차트를 보면 2008년 엄청난 저가 매수 타이밍도 있었다. 하지만 그 기회를 놓쳤다고 아쉬워할 필요는 없다. 지금부터 세 단계에 걸쳐 검증을 할 텐데, 거기에 통과하면 여유롭게 수익을 기대할 수 있으니 말이다.

출처: 삼성증권

불곰의 투자 Tip

DID(디지털 정보 디스플레이)는 공공정보 게시용 디스플레이 제품을 총칭한다. 최근 유동
인구가 많은 공공장소에 대형 디스플레이 패널을 설치하여 기업 홍보나 상품 광고 영상을 불
특정 다수에게 제공하는 사례가 늘고 있다. 공항, 지하철, 병원, 은행, 백화점, 슈퍼마켓, 서점
등 다양한 장소에서 볼 수 있는데 코텍은 2006년 DID 개발을 시작으로 이 시장에서의 점유
율을 꾸준히 높여왔다.

기초 단계

3중 필터링으로 종목 압축

Filtering 1   **재무 안정성 검증: 부채비율이 100% 이하인가?**

2008년에도 29%의 부채비율로 좋은 수치였다. 이후 자본은 증가하고
부채는 감소하는 추세를 보이며 2010년 19%의 부채비율을 유지하고 있
어 불곰의 종목 선정 기준 '부채비율 100% 이하'를 통과한다.

부채비율 확인을 위한 데이터   (단위: 억 원, %)

	2010년 제24기 반기	2009년 제23기	2008년 제22기
자본	1,126	1,094	858
부채	217	221	252
부채비율	19	20	29

Filtering 2   **비즈니스 성장성 확인: 영업이익이 지속해서 성장하는가?**

2007년 제21기 매출 848억 원에서 2008년 제22기 1,386억 원, 2009년

제23기 1,464억 원, 2010년 예상 매출액 1,745억 원으로 지속적인 성장을 보이고 있다.

손익계산서

(단위: 원)

과 목	제24기 반기	제23기 반기	제23기 연간	제22기 연간
매출액	77,681,706,859	66,593,183,033	146,412,789,407	138,615,609,348
영업이익 (손실)	7,919,411,185	8,234,034,377	14,263,913,913	20,155,050,705
당기순이익 (손실)	8,156,870,770	4,706,470,904	12,850,617,519	4,135,317,776

출처: 2010.8.16 반기보고서(2010.6) '재무제표 등'

새로운 시장 개척과 신규 고객 확보로 매출이 증가하고 있다. 특히 DID 매출액은 2007년 18억 원, 2008년 61억 원, 2009년 280억 원으로 큰 폭으로 증가했고 2010년 상반기에만 210억 원을 달성했다. 2010년 기말 매출은 500억 원 정도로 예측한다. 카지노 게임기 또한 기존 기계식 머신에서 비디오 슬롯머신으로 교체 중인 시장이 매우 크므로 매출 증가가 지속될 것이다. 진입장벽이 매우 높은 이 시장에서 세계 'Big 2' 업체라는 것도 지속 성장에 한몫할 것이다.

Filtering 3 **저평가 상태 확인: FD PER가 10 이하인가?**

전년 반기보다 2010년 반기 실적이 크게 상승했다. 동사는 2010년도 반기 매출 증가를 반영하여 기말 매출은 20%, 영업이익은 30%, 당기순이익은 60% 정도 증가할 것으로 예상했다. 다만 좀더 보수적으로 잡기 위해 목표로 한 수치의 90% 정도를 예상했다. 시가총액이 971억 원이므로 FD PER는 5 정도로 추정할 수 있다. 불곰의 FD PER 기준을 충족한다.

FD PER 산출을 위한 데이터 (단위: 억 원)

	2010년 제24기 예상	2010년 반기	2009년 제23기	2009년 반기
매출액	**1,570**	776	1,464	665
영업이익	**167**	79	142	82
당기순이익	**185**	81	128	47

조사 단계

회사의 공개된 정보 수집

Research 1 **공정공시를 확인한다**

2009년 10월 국민연금공단이 코텍 주식 5.03%를 매수하고 2010년 6월 1.13%를 더 매수하여 총 6.16%를 보유하고 있었다. 기업 가치를 인정받고 있는 종목이라 할 수 있다. 국민연금공단의 투자는 돌다리를 한 번 더 두드리고 건너길 원하는 일반 투자자에게 선두주자 역할을 충분히 한다고 판단했다.

보유주식등의 수 및 보유비율

	보고서 작성 기준일	보고자		주식등		주권	
		본인 성명	특별 관계자 수	주식등의 수(주)	비율 (%)	주식수 (주)	비율 (%)
직전 보고서	2009년 10월 29일	국민연금 공단	1	640,451	5.03	640,451	5.03
이번 보고서	2010년 06월 29일	국민연금 공단	1	784,213	6.16	784,213	6.16
증 감				143,762	1.13	143,762	1.13

출처: 2010.7.9 주식등의대량보유상황보고서(약식)

유리자산운용은 2007년부터 약 6%의 주식을 보유하면서 자본이익을 실현하고 있었다. 2009년 5월 8일 1%를 매도하면서 보유비율을 5% 미만으로 줄였다. 이후 지속해서 매도했다고 가정할 때 이제 대량 매도로 인한 주가 변동의 위험성은 낮아졌다고 판단했다.

보유주식등의 수 및 보유비율

	보고서 작성 기준일	보고자		주식등		주권	
		본인 성명	특별 관계자 수	주식등의 수(주)	비율 (%)	주식수 (주)	비율 (%)
직전 보고서	2009. 02.27	유리자산 운용	–	733,000	5.80	733,000	5.80
이번 보고서	2009. 02.08	유리자산 운용	–	606,500	4.80	606,500	4.80
증 감				-126,500	-1.00	-126,500	-1.00

출처: 2009.5.8 주식등의대량보유상황보고서(약식)

하나UBS자산운용 역시 2008년부터 2010년까지 약 10%의 주식을 매수하고 매도하면서 자본이익을 실현하고 있었다. 2010년 6월 24일 보유비율이 5% 미만으로 줄면서 신고 의무가 없어졌다. 이 기관이 지속해서 매도하고 있는지 확인하긴 어려웠지만, 이 또한 장래 갑작스러운 대량 매도로 주가 변동이 발생할 위험은 낮아졌다는 단서가 된다.

보유주식등의 수 및 보유비율

	보고서 작성 기준일	보고자		주식등		주권	
		본인 성명	특별 관계자 수	주식등의 수(주)	비율 (%)	주식수 (주)	비율 (%)
직전 보고서	2009년 5월 27일	하나유비에스 자산운용(주)	0	1,016,092	7.98	1,016,092	7.98
이번 보고서	2010년 06월 24일	하나유비에스 자산운용(주)	0	573,479	4.50	573,479	4.50
증 감				-442,613	-3.48	-442,613	-3.48

출처: 2010.6.29 주식등의대량보유상황보고서(약식)

 불곰의 투자 Tip

기관이 대량 매도를 할 때는 여러 가지 원인이 있다. 향후 실적이 불확실하기 때문일 수도 있고 실적과 관련 없이 단순 종목 교체일 수도 있다. 또는 운용하는 펀드매니저를 교체할 때 매도가 실행되기도 한다. 이런 여러 원인 중 실적과 상관없는 매도라면 저가 매수의 좋은 기회가 될 수 있다.

배당수익률이 좋은 종목은 투자자들의 선호도가 높아 주가 상승의 시너지 효과가 있다. 코텍의 과거 3년간 배당수익률을 보면 2% 이상으로 2007년 제21기 160원, 2008년 제22기 160원, 2009년 제23기 200원을 배당했다. 2010년 제24기에도 200원 이상 배당할 것으로 예상했다.

최근 3사업연도 배당에 관한 사항

구 분		제23기	제22기	제21기
주당액면가액(원)		500	500	500
당기순이익(백만 원)		12,851	4,135	7,702
주당순이익(원)		1,038	336	663
현금배당금총액(백만 원)		2,546	1,917	1,969
주식배당금총액(백만 원)		–	–	–
현금배당성향(%)		19.8	46.4	25.6
현금배당수익률(%)	보통주	2.4	3.1	2.3
	우선주	–	–	–
주식배당수익률(%)	보통주	–	–	–
	우선주	–	–	–
주당 현금배당금 (원)	보통주	200	160	160
	우선주	–	–	–
주당 주식배당(주)	보통주	–	–	–
	우선주	–	–	–

출처: 2010.8.16 반기보고서(2010.6) '회사의 개요'

불곰의 투자 Tip

배당은 투자자들에게 주가가 하락하더라도 버틸 수 있는 큰 버팀목이 된다. 기업의 가치를 시장에서 알아줄 때까지 배당을 받으면서 기다리면 되기 때문이다. 배당률이 은행이자율에 접근한다면 더욱 매력적인 투자가 될 것이다.

Research 2 **IR 자료를 수집한다**

코텍은 별도의 IR 자료를 제공하고 있지 않았다. 그래서 기업을 분석할 때는 증권사 종목 리포트와 미디어 뉴스를 주로 참조했다.

Research 3 **증권회사의 종목 리포트를 분석한다**

- 2분기 매출액과 영업이익은 카지노 모니터 수요 회복과 DID 부문 고성장으로 전기 대비 크게 늘어난 448억 원(+48% , 전기 대비), 51억 원(+136%, 전기 대비)을 기록할 전망. 영업 환경 개선으로 하반기 실적도 호조세를 이어갈 것으로 예상
- 순이익의 경우 유형자산처분이익(주안공장, 31억 원)이 추가되며, 분기 사상 최대인 70억 원(+258%, 전기 대비)을 나타낼 전망
- 2010년 매출액은 전년 대비 15% 늘어난 1,691억 원, 영업이익과 순이익은 각각 183억 원(+28%, 전년 대비), 203억 원(+80%, 전년 대비)으로 추정함. 2010년 매출액과 순이익은 사상 최대를 기록할 전망
- DID 부문 고성장이 실적 개선의 주요인이며, 카지노 모니터도 1) 업황 회복 2) 글로벌 슬롯머신 선두권 업체로의 신규 공급 시작 3) 3D 제품인

MLD 수요 증가로 2010년부터 견조한 성장세를 이어갈 것으로 예상

출처: 한화증권 리포트(2010.6.25)

이 리포트는 코텍의 1분기 매출과 2010년 전체 매출 실적이 역대 최고치를 달성할 것으로 보고 있다. 실제로 코텍은 2사분기에 매출 474억 원, 영업이익 57억 원, 당기순이익 61억 원의 성과를 냈다. 업체에서 목표로 하고 있던 예상 기말 실적은 비슷했다. 미국 카지노 게임기의 디스플레이 교체 수요가 증가하고 있고, DID 모니터를 이용한 대형 광고 시장의 약진을 근거로 하고 있다. 핵심은 사업의 지속적인 성장이 예상된다는 것이다.

Research 4 미디어 뉴스를 검색한다

세계 시장에서 다른 나라 제품을 압도할 수 있는 '세계 일류상품'에 초코파이, 김(조미김), 홍채인식 시스템, 컬러 모니터, VCR, 세탁기, 진공청소기 등 100개 품목이 추가로 선정됐다.

'현재 일류상품' 중 세계 시장점유율이 1위인 것은 LNG 운반선, 컬러 모니터, 무선가입자망 단말기, 김, 초코파이 등 21개에 달했다. 카지노용 모니터는 자동색상보정기술(Auto Color Bias Technology)로 화면의 선명도를 높이고 눈의 피로를 줄여주는 것으로 ㈜코텍이 점유율 34%로 세계 1위를 차지하고 있다.

출처: 《한국경제》(2002.2.23)

코텍의 카지노용 모니터가 세계 일류상품에 선정된 것이 2002년이다. 당시에도 세계 1위였고, 2010년인 지금도 세계 시장 1위다. 10년 가까이 세계 시장에서 점유율 1위를 유지한다는 것은 제품 경쟁력이 뛰어나다는 뜻인 한편, 진입장벽이 높다는 의미이기도 하다.

통화옵션 파생상품인 키코(KIKO) 손실 기업들 가운데 수출 시장 개척 등으로 영업이익을 늘려 경영을 정상화해가는 우량 중소 업체들이 속속 나오고 있어 주목된다. 카지노 모니터를 만드는 코텍은 지난 3월까지 총 4건의 키코 계약이 완료된 것을 계기로 실적이 호전되고 있어 일각에선 올해 사상 최대 실적을 올릴 것이란 예상도 나오고 있다.

출처:《한국경제》(2009.6.22)

수출이 대부분을 차지하는 코텍은 환율 변동 리스크를 헤지하기 위해 판매된 환율파생상품인 KIKO^{knock-in knock-out}에 가입하여 큰 손해를 봤다. 그런데도 적자를 기록하지 않았는데, 2008년에 높은 영업이익을 달성한 것이 큰 역할을 했다.

2009년 상반기에 KIKO 계약이 종료되면서 더는 손실이 발생하지 않아 2009년 당기순이익이 증가한 사실을 확인했다.

투자 가치 최종 확인 및 저가 매수

Decision 1 회사에 문의한다

Q 코텍의 무차입경영에 대해 설명해달라.

A 현재 무차입경영을 하고 있다. 당사의 2010년 반기보고서 재무제표를 보면 2009년 2분기부터 이자비용이 0원으로 작성된 것을 알 수 있을 것이다. 즉, 금융권 부채가 없다는 의미다.

Q PC 모니터 생산 업체와의 차이점은 무엇이고, 진입장벽으로는 어떤 것이 있는가?

A 카지노에 사용되는 모니터는 게임 조작을 의심할 여지가 없는 품질이어야 하므로, 흔들리지 않는 화면과 정확한 색을 구현해야 한다. 또한 모니터는 강화유리를 사용하여 게임을 하는 고객이 모니터를 치거나 거칠게 다루는 등 강한 외부 충격으로부터 보호해야 한다. 더욱이 수명이 다할 때까지 끄지 않고 계속 사용해야 하기에 장기 수명을 보장해야 한다. 당사 제품은 2년을 보장하고 있다. 이뿐만 아니라 제품으로서의 완성도와 상관없이 완제품이 아닌 부분품으로 취급되기에 모니터와 결합하는 기타 부분품에 대한 정밀한 이해가 필요하다. 고객의 요구를 수용하기 위해 정교한 수작업 및 독특한 노하우도 필요하다. 이렇듯 까다로운 조건을 가지고 있는 데다 카지노 제품 승인기관의 규격 기준을 통과해야 하므로 일반 PC 모니터 생산 업체

가 진입하기가 어렵다. 당사를 포함한 7~8개 업체가 전 세계 시장에 80% 이상을 공급하고 있다는 것은 이와 같은 특성을 잘 말해준다.

Decision 2 FD PER를 재확인한다

1단계에서 재무제표를 보고 추정한 2010년 FD PER는 5 정도로 초저평가 상태였다. 이후 2단계의 정보 수집과 3단계의 회사 접촉을 통해 매출과 이익의 상승세가 지속될 가능성이 크다는 점을 확인하고, 투자를 결정했다.

Decision 3 저가에 분할 매수한다

2010년 9월 7,630원을 시작으로 매수 추천을 했고, 회사가 꾸준한 성장을 함에 따라 주가도 조금씩 우상향했다. 2013년 6월 중순부터 급등하기 시작하여 7월에는 매수가의 2배가 넘었다. 이 구간에서 15,850원에 매도하여 배당 포함 116%의 수익을 달성했다.

📖 불곰의 투자 Review

코텍은 실적은 좋았지만 성장이 더딜 것이라는 시장의 판단 때문에 초저평가 상태를 상당 기간 유지했다. 그러다가 시장이 기업의 가치를 알아주는 단계에 이르자 급등했다. 급등까지 2년 10개월을 기다릴 수 있었던 건 그 기간에 9%의 배당을 받았기 때문이다. 2018년 배당은 400원으로 2010년 매수가(7,630원) 대비 4.45%(배당세 차감 후)에 달했다.

기계산업의 레고블록에 꽂히다

신진에스엠(138070)

최초 매수일 및 가격	2012년 9월 14일 / 8,450원
최종 매도일 및 가격	2013년 7월 5일 / 15,100원
수익률	78.7%
주당 배당금	1년 / 161원
배당수익률	2%(배당세율 15.4% 제외)
최종 수익률	80.7%

산업의 패러다임이 정보통신IT 위주로 급속히 재편되고 있다. 이런 가운데서도 전통적인 제조업을 영위하는 회사는 여전히 필요하고, 실제로도 많다. 1차 산업을 IT 등 첨단 산업과 대비하여 '굴뚝산업'이라고도 한다.

많은 제조 업체가 있겠지만, 2011년 11월 코스닥에 상장한 신진에스엠의 IR 자료를 보고 이 회사에 관심을 갖게 됐다. 신진에스엠은 정밀가공설비를 이용해 기계산업의 기초부품이 되는 '표준 플레이트'를 생산하여 관련 회사에 공급하는 것을 주요 사업으로 한다. 마치 레고블록 같은 금속판을 만들어 공급한다고 보면 된다. 참 재밌는 사업을 한다는 생각

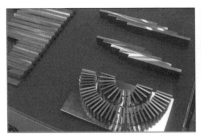

출처: 신진에스엠 홈페이지

이 들었다.

표준 플레이트는 각종 기계설비 제작 업체와 금형산업의 핵심 기초부품으로 상용화된 치수를 규격으로 만들어놓은 평판 소재의 금속이다. 기계산업 전반에 걸쳐 사용되는 기본적인 요소로, 신진에스엠이 대량생산하여 판매하고 있다. 기존에는 고객사의 요청에 따라 플레이트를 맞춤형으로 생산했는데 이렇게 바뀐 것이다. 마치 양복점에서 정장을 맞춰 입다가 이제는 의류매장에서 기성복을 사 입는 것과 같다고 볼 수 있다. 국내 최초로 표준 플레이트를 대량생산할 수 있는 기반을 구축한 회사가 바로 신진에스엠이며, 국내 표준 플레이트 시장점유율 1위를 차지하고 있다.

신진에스엠은 1991년 신진엔지니어링으로 설립되어 2001년 법인으로 전환했고, 2011년 11월 코스닥에 상장했다. 공모 가격은 15,000원이었고, 청약 경쟁률이 443:1로 투자자들의 관심이 높았던 종목이다.

다음 차트를 보면 상장 후 주가가 꾸준히 올라 30,000원 이상까지 상승했다가 지속해서 하락세를 보였음을 알 수 있다. 주당 가격이 낮게 표기돼 있는 것은 2012년 7월 16일에 100% 무상증자를 한 결과다. 권리락으로 인해 주가가 2분의 1로 낮아졌기 때문이다. 현시점이 저가에 매수할 수 있는 절호의 타이밍이라고 판단했다.

3중 필터링으로 종목 압축

Filtering 1 **재무 안정성 검증: 부채비율이 100% 이하인가?**

제10기인 2010년 부채 146억 원, 자본 255억 원으로 부채비율은 57%
였다. 코스닥에 상장되기 전에도 나쁘지 않은 재무상태였다. 2011년 코
스닥 상장 후 부채 109억 원, 자본 507억 원으로 부채비율이 크게 낮아
져 약 21.6%가 됐다. 2012년 반기까지 부채 152억 원, 자본 518억 원으
로 부채비율이 29.3%다. 불곰의 부채비율 기준에 부합한다.

298 **불곰의 가치투자 따라 하기**

부채비율 확인을 위한 데이터 (단위: 억 원, %)

	2012년 제12기 반기말	2011년 제11기	2010년 제10기
자본	518	507	255
부채	152	109	146
부채비율	29	21	57

Filtering 2 **비즈니스 성장성 확인: 영업이익이 지속해서 성장하는가?**

영업이익률은 무려 20% 이상으로 높은 수치다. 신진에스엠의 주력제품인 표준 플레이트는 전방산업인 성형부품산업의 기초부품이라 전기, 전자, 반도체, 디스플레이, 자동차, 화학, 플랜트설비 외 각종 공장자동화설비에서도 꾸준히 소비된다. 나아가 표준화된 플레이트가 있으니 개발 설계부터 이 제품을 기준으로 하게 돼 고객사의 이탈이 적다.

높은 기술적 진입장벽을 갖고 있어 기계산업이 발전할수록 신진에스엠도 함께 발전하는 구조다. 또한 표준 플레이트를 활용해 공급자와 사용자 간 원스톱One-stop 공정을 추구한 완가공 제품을 선보여 매출이 증가하고 있다.

Filtering 3 **저평가 상태 확인: FD PER가 10 이하인가?**

2012년 제12기 반기 실적이 전년 동기 대비 전체적으로 감소했지만 2012년 기말 매출액을 대략 500억 원으로 잡았다. 이는 2012년 완공한 동탄공장 가동과 150억 원 규모의 투자로 매출이 증가할 것으로 판단해서다.

영업이익률이 평균 20% 정도였던 것을 고려하면 영업이익은 100억 원, 당기순이익은 80억 원 정도 될 것으로 판단했다. 시가총액이 758억 원이므로 FD PER는 9.5 정도 나온다. 불곰의 FD PER 기준을 충족한다.

FD PER 산출을 위한 데이터

(단위: 억 원)

	2012년 제12기 예상	2012년 제12기 반기	2011년 제11기 반기	2011년 제11기	2010년 제10기
매출액	**500**	199	231	426	378
영업이익	**100**	44	58	95	89
당기순이익	**80**	39	46	74	66

조사 단계

회사의 공개된 정보 수집

Research 1 **공정공시를 확인한다**

2011년 국내 철강재 유통가공산업 전체 매출 규모는 대략 1조 5,000억 원이다. 이 중 신진에스엠은 440억 원 규모로 약 3%의 시정점유율을 가지고 있다.

> ➥✅ **불곰의 Item Insight**
>
> 기존에는 일본과 독일 부품 업체들로부터 제품을 조달하는 경우가 많았지만, 현재는 가격과 품질이 우수한 국산 제품을 많이 사용하는 추세다. 신진에스엠은 차별화된 표준 플레이트 생산과 지속적인 기술 개발, 2차 완가공 제품의 신규 사업 활성화로 꾸준한 매출 증대를 보일 것으로 예상했다.

국내 시장점유율 전망

(단위: 억 원)

구분		2011년	2012년	2013년	2014년	2015년	비고
국내 시장 전망	철강판재	10,058	10,611	11,195	11,810	12,460	–
	알루미늄 판재	4,883	5,196	5,528	5,882	6,258	–
	합계	14,941	15,807	16,723	17,692	18,718	–
매출전망		440.1	549.6	618.0	656.5	693.8	
예상 점유율(%)^{주)}		3.0	3.5	3.7	3.7	3.7	

(주) 국내시장전망 합계치 대비 당사의 예상매출 비율임

출처: 2012.8.13 반기보고서(2012.6) '사업의 내용'

2012년 6월 28일 무상증자를 결정했다. 보통주 1주당 신규 1주를 주는 100% 무상증자였다. 기본적으로 무상증자는 호재의 성격을 띤다.

무상증자를 했을 당시 주가는 11,000원대를 유지하다가 3개월 뒤 30% 정도가 하락한 8,450원이 됐는데, 이 시점에 매수 추천을 했다. 무상증자라는 호재가 있는데도 주가가 계속 하락했기에 저가 매수의 기회라고 판단했다.

무상증자 결정

1. 신주의 종류와 수	보통주(주)	4,472,183
	우선주(주)	–
2. 1주당 액면가액(원)		500
3. 증자전 발행주식총수	보통주(주)	4,500,000
	우선주(주)	
4. 신주배정기준일		2012년 07월 16일
5. 1주당 신주배정주식수	보통주(주)	1
	우선주(주)	–
6. 신주의 배당기산일		2012년 01월 01일
7. 신주권교부예정일		2012년 08월 06일
8. 신주의 상장 예정일		2012년 08월 07일

출처: 2012.6.28 주요사항보고서(무상증자결정)

Research 2 IR 자료를 수집한다

플레이트란 평판을 의미한다. 신진에스엠에서 만드는 금속 플레이트는 규격화된 블록block이다. 레고블록 같다고 생각하면 된다. 가장 많이 통용되는 플레이트 규격을 대량생산하여 단가 경쟁력이 좋고, 주문 접수와 동시에 공급함으로써 기계산업군의 제작 시간을 단축해준다. 국내 최초로 표준 플레이트 산업에 진입해 많은 제조 업체로부터 품질력을 인정받아 두터운 신뢰를 얻고 있다. 약 4,200가지의 규격별 표준 플레이트를 생산하고 있으며, 4만 3,000개 이상의 공급처를 확보하고 있다.

출처: 2011년 IR 자료

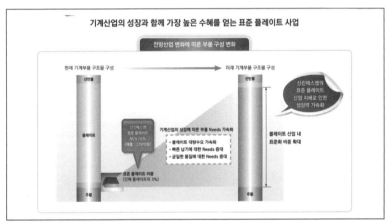

출처: 2011년 IR 자료

🔰 불곰의 Item Insight

표준 플레이트 산업은 기계산업 전반에 광범위하게 영향을 끼친다. 특히 전·후방산업에 미치는 파급효과가 크고, 기술의 발전과 생산성 향상을 이끌어 기계산업 전체의 효율성을 향상시킬 수 있는 특징을 가지고 있다. 이에 기계산업의 발전이 곧 신진에스엠의 성장이라고 판단했다.

신진에스엠은 표준 플레이트 제품을 생산하기 위한 모든 가공설비를 직접 개발하여 사용하고 있다. 원 금속판을 규격화된 수치로 절단하는 동시에 후가공 작업이 이뤄지도록 효율적인 생산공정을 완성했다. 제품 경쟁력에서 우위를 유지하고 있다. 또한 해당 정밀 가공설비를 판매하는 사업도 하고 있다.

출처: 2011년 IR 자료

국내 최초로 차별화된 규격생산시스템을 개발하여 고품질 대량생산을 가능케 했고, 효율적인 유통 시스템을 갖춰 납기도 단축했다. 기존에는 소규모 임가공 업체들로부터 플레이트 주문이 들어오면 그때부터 5~7공정으로 나누어 작업을 진행했다. 다품종 소량 주문 방식이라 미리 작업을 해놓을 수가 없었기 때문이다. 이런 이유로 생산 효율성이 떨어졌다. 그런데 신진에스엠이 이를 표준화했고, 이후 많은 임가공 업체가 신진에스엠의 표준화된 플레이트를 사용하게 됐다. 앞으로도 안정적인 성장이 예상된다.

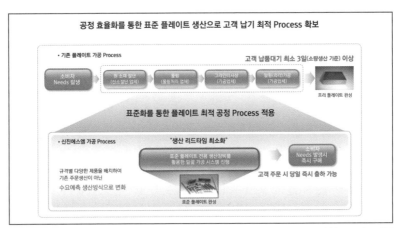

공정 효율화를 통한 표준 플레이트 생산으로 고객 납기 최적 Process 확보

출처: 2011년 IR 자료

Research 3 증권회사의 종목 리포트를 분석한다

- 동사는 표준형 플레이트를 생산하는 업체임
- 플레이트는 스틸, 스테인리스 등을 가공한 기계산업 소재로 공장설비, 산업기계, 공작기계에 적용됨
- 국내 플레이트 시장은 약 1.4조 원으로 추산되고, 동사는 3%의 시장점유율을 보유하고 있으며 핵심 경쟁력은 자체 제작한 고속절단기임
- 기존 플레이트 가공에서는 산소용접 후 물성의 균질화를 위한 풀림공정, 슬러그 제거를 위한 그라인딩 작업을 하게 되는데 고속절단기는 원형톱날을 이용하여 물성을 바꾸지 않고 절단하므로 공정을 줄일 수 있음
- 고속절단기는 납기를 기존 3일에서 익일로 줄이고 원재료가를 10% 이상 절감함으로써 생산성을 70% 이상 향상시킴
- 현재 CAPA는 8,000평인 전북1공장이 300억 원, 3,000평인 경기도 화

성2공장이 150억 원 규모이며 올해 대규모 투자로 동탄에 3공장을 설립하고 기존 공장의 CAPA를 증설함

- 증설이 완료되면 1공장은 500억 원, 2공장은 200억 원 규모로 CAPA가 증가할 예정임

출처: 한양증권 리포트(2012.2.8)

전체 플레이트 시장에서 표준 플레이트가 차지하는 비중은 아직 미미하다. 다품종 소량생산을 하는 중소규모 임가공 업체가 여전히 많기 때문이다. 다만 표준화 제품의 필요가 지속적으로 높아지고 있어 시장점유율은 우상향할 것이다.

신진에스엠은 표준 플레이트의 생산 효율성을 높이고 대량생산을 위해 직접 개발·제작한 정밀가공 공작기계도 판매하고 있다. 2012년에는 시설 투자로 동탄에 신규 공장이 들어섰다. 이에 따라 생산 규모가 증가할 터이므로 매출 증대를 기대할 수 있다.

Research 4 **미디어 뉴스를 검색한다**

"표준 플레이트 시장은 철강, 알루미늄만 따지더라도 국내 시장 규모가 1조 4,000억 원에 이를 만큼 큽니다. 상장을 통해 유치한 공모 자금을 바탕으로 설비 및 2차 가공산업 진출 등에 과감히 투자해 신진에스엠이 세계 플레이트 시장의 모델이 될 수 있도록 발전하겠습니다." 김홍기 신진에스엠 대표는 1일 경기도 화성 지사에서 취재진과 만나 이같이 말했다.

출처: 《서울경제》(2011.11.2)

실제로 확인해보니 코스닥 상장 시 공모된 자금이 동탄공장과 신규 사업에 투자됐다. 미래 성장동력을 위한 투자는 바람직하며, 플레이트 시장의 점유율을 높이기 위해 지속해서 노력하고 있음을 알 수 있다.

> 원재료 유실을 최소화함으로써 기존 기업 대비 높은 가격 경쟁력을 갖고 있다. 정밀고속절단기를 사용해 기존 6.6mm의 손실을 2mm로 줄였으며 가공 시간 역시 10배 이상 단축했다. 최근에는 정밀고속절단설비, 양 측면 가공설비 등의 개발에 성공했으며 총 19건의 특허를 보유하고 있다. 또한 국내외 기계산업 전반에 걸쳐 4만여 곳의 공급처를 확보하고 있으며, 이는 국내 업계 최대 수준이다.
>
> 아울러 신진에스엠은 현재 일본 자회사와 싱가포르 대리점을 기반으로 아시아 시장의 유통 범위를 확장하고 있으며 글로벌 유통 인프라 구축 기업인 미즈미 그룹과의 제휴를 통해 북미와 유럽 시장 진출 계획도 가속화하고 있다.
>
> 출처: 《서울파이낸스》(2011.11.9)

표준 플레이트와 관련된 설비 제작 기술과 유통망 확보는 높은 진입 장벽이자 경쟁력이라고 할 수 있다. 국내 표준 플레이트 산업에서 선두 기업이라는 이미지가 자리 잡았고 표준 플레이트 시장점유율 76%를 차지하고 있다. 또한 매출 증대를 위해 해외 시장 진출도 추진하고 있다. 고품질에 가격 경쟁력이 있는 다양한 표준 플레이트와 제조 효율성이 높은 완가공 제품들은 해외에서도 좋은 반응을 보일 것이다.

결정 단계

투자 가치 최종 확인 및 저가 매수

Decision 1 **회사에 문의한다**

Q   해외의 표준 플레이트 시장 상황은 어떤가?

A   일본과 독일의 표준 플레이트 시장이 활성화되어 있는데, 특정 제품만 표준화되어 있다. 당사는 다양한 산업 분야의 규격 제품과 낮은 가격, 높은 품질로 해외 시장 진출을 준비하고 있다. 현재 일본 지사와 싱가포르 대리점을 통해 영업망을 구축하고 있다.

Q   2012년 전반기 매출 실적이 좋지 못한데, 나머지 반기에 회복할 수 있으리라고 예상하는가?

A   올해 준공된 동탄공장의 가동이 본격화되면 생산 규모가 늘어날 것이다. 그리고 해외 판매가 증가하고 있어 좋은 실적을 예상하고 있다.

Decision 2 **FD PER를 재확인한다**

1단계에서 2012년 반기까지의 재무제표 실적을 보고 추정한 2012년 FD PER는 9.5였다. 이후 2단계의 정보 수집과 3단계의 회사 접촉을 통해 해외를 포함하여 시장이 계속 확장되는 과정임을 확인했다. 이에 FD PER가 더욱 낮아질 것이라는 판단으로 투자를 결정했다.

Decision 3 **저가에 분할 매수한다**

2012년 9월 8,450원을 시작으로 매수 추천을 했다. 꾸준한 주가 상승이 이어졌고 10개월 뒤인 2013년 7월 15,100원으로 급등하자 매도했다. 배당 포함 80.7%의 수익률을 거뒀다.

📋 불곰의 투자 Review

이 종목은 2015년 6월에는 2012년 매수가(8,450원)의 400%(32,450원) 가까이 상승했다. 하지만 2016년부터 실적이 급락하여 2019년 말 현재는 2012년 매수가보다 30% 정도 하락한 5,000원대에 주가가 형성되고 있다. 주식회사 역시 항상 성장만 하는 것이 아니라 희로애락과 생로병사가 함께한다는 사실을 인지하는 것도 투자에서 매우 중요하다.

포털 사이트 검색 순위의 비밀을 캐봤다

이엠넷(123570)

최초 매수일 및 가격	2012년 10월 23일 / 7,390원
최종 매도일 및 가격	2013년 5월 15일 / 15,100원
수익률	104%
주당 배당금	1년 / 76원
배당수익률	1%(배당세율 15.4% 제외)
최종 수익률	105%

불곰주식연구소는 포털 사이트인 네이버에 키워드광고를 하고 있다. 이제 키워드광고는 홍보를 위한 기본적인 마케팅 방법이 됐다. 연구소 설립 초기인 2010년에는 광고대행사를 거쳐 네이버뿐만 아니라 다음, 네이트 등에도 키워드 검색광고를 했다. 생각보다 광고대행비가 많이 들어 2011년 1월부터는 직접 하기로 했다. 네이버에 광고주로 가입하고, 검색 키워드를 등록했다. 원하는 키워드와 노출 순위를 적절하게 관리하여 광고비를 줄이기 위해서였다.

키워드광고 프로세스를 잠깐 설명하자면, 우선 검색 상위 노출 시 키워드 클릭당 비용이 커진다. 경쟁 입찰 시스템으로 운영돼서다. 광고대행사는 수시로 모니터링을 해서 고객사들의 키워드가 항시 상위에 노출되게 해준다. 물론 홍보 효과는 높지만, 그러다 보면 광고비가 많이 들 수밖에 없다. 게다가 클릭이 모두 매출로 연결되는 것도 아니다.

어쨌든 직접 운영하다 보니 네이버에서 광고비의 5%를 리베이트 쿠폰으로 주었다. 리베이트 쿠폰은 정기적으로 지급됐는데, 이것이 광고대행사의 수익 중 하나일 것이다. 키워드 관리를 열심히 해주는 이유가 여기에 있다. 즉 광고주들의 광고비에서 일정 비율을 가져가는 것이다. 그런데 광고비 집행률이 높은 기업이나 대기업들의 광고비는 규모가 클 테니 조그마한 광고대행사가 맡기엔 힘들 것이다. 이 분야에 기업형 광고대행사가 있다면 실적이 어떤지 확인해보고 싶었다.

상장사를 검색해보니 이엠넷이란 회사가 있었다. 이엠넷은 2000년 4월 20일에 설립, 2011년 11월 25일 코스닥에 상장했다. 이때 공모가가

출처: 삼성증권

6,400원이었는데 공모 경쟁률이 863:1로 매우 높았다. 상장일 시초 가격이 11,400원이었고 최고 11,500원까지 올랐던 기대 높은 종목이다.

주요 사업은 인터넷 포털(네이버, 오버추어. 다음, 구글, 야후, 네이트, 파란 등)의 광고상품을 판매하고 광고 운영을 대행해주는 것이다. 따라서 인터넷 광고대행을 통한 광고대행 수수료가 주 수익원이다.

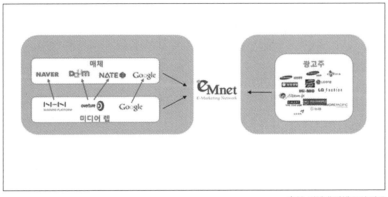

검색광고는 과금^{billing} 방식에 따라 CPM$^{Cost\ Per\ Millennium}$과 CPC$^{Cost\ Per\ Click}$로 분류된다. 이 중 CPM은 CPT$^{cost\ per\ time}$라고도 한다. CPM은 광고가 1,000번^{millennium} 노출됐을 때 과금하는 방식이며, CPC는 사용자들이 광고를 클릭했을 때만 과금하는 방식이다. 이엠넷의 매출 비중을 보면 CPC 광고가 93.8%를 차지하고 있다. 검색광고 대행 매출은 광고주들이 집행하는 광고비의 일정 비율을 매체사로부터 대행 수수료로 지급받음으로써 발생한다. 매체별 수수료율은 대행 계약에 따라 결정되며 보통 광고집행 금액의 10~30% 정도라고 한다.

이엠넷은 국내 시장점유율 1위이며, 일본과 중국에 지사를 설립하고 해외 시장을 공략하고 있었다. 스마트폰 가입자의 증가로 소셜 미디어 시장이 커지고, 그에 따라 광고 시장도 커짐에 따라 사업영역이 확대되어 매출 증가로 이어질 것으로 예상했다. 시장점유율이 높다는 것은 매수 포인트로 보기에 충분한 이유가 됐다.

출처: 이엠넷 CPM 광고 　　　　　　　　　　　　　　　　 출처: 이엠넷 CPC 광고

기초 단계

3중 필터링으로 종목 압축

Filtering 1 **재무 안정성 검증: 부채비율이 100% 이하인가?**

2010년 제11기 부채비율은 125%로 불곰의 종목 선정 기준 100%를 넘었지만, 2011년부터는 72% 선을 유지하며 기준을 충족했다. 주요 부채는 대행미지급금으로 금융권 차입금은 없었고, 자본금이 늘어나면서 부채비율이 낮아졌다.

부채비율 확인을 위한 데이터 (단위: 억 원, %)

	2012년 제13기 반기말	2011년 제12기	2010년 제11기
자본	293	274	138
부채	212	198	173
부채비율	72	72	125

Filtering 2 **비즈니스 성장성 확인: 영업이익이 지속해서 성장하는가?**

스마트폰 등 신규 디바이스가 등장하면서 광고 시장에 큰 변화가 일어났다. 인쇄 및 TV 매체에서 인터넷 매체로 플랫폼이 확대됐고, 3G·4G 무선 네트워크 기술이 진화함에 따라 모바일 광고 플랫폼으로까지 영역이 확산되고 있다. 국내 전체 광고 시장 내 인터넷 광고 비중이 2011년 20%를 넘었으며, 2012년에도 20% 성장을 기대하고 있었다.

이엠넷의 연도별 광고 취급액 그래프를 보면 해외 지사 중 하나인 일본 광고 시장에서의 취급액이 확대되고 있었다. 성숙기에 접어든 국내 광고 시장보다 규모가 큰 해외 시장으로 빠르게 진출한 전략이 효과를 나타내고 있다.

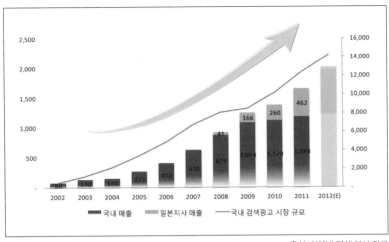

Filtering 3 **저평가 상태 확인: FD PER가 10 이하인가?**

시가총액 406억 원을 제12기의 당기순이익 43억 원으로 나누면 PER는 9.4 정도가 된다. 제13기 전반기 실적은 제12기 반기 실적보다 20% 정도 성장했다. 제13기 전체 실적에서도 동일한 성장률을 보인다면 제13기 예상당기순이익은 50억 원을 넘길 것으로 보인다. 보수적으로 예측해 FD PER를 계산하면 8 정도로, 불곰의 FD PER 기준을 충족한다.

FD PER 산출을 위한 데이터 (단위: 억 원)

	2012년 제13기 예상	2012년 제13기 반기	2011년 제12기 반기	2011년 제12기	2010년 제11기
영업수익	330	155	127	273	226
영업이익	72	30	25	60	56
당기순이익	50	23	20	43	41

조사 단계

회사의 공개된 정보 수집

Research 1 **공정공시를 확인한다**

이엠넷의 광고 수수료 비율은 광고 형태에 따라 조금씩 다르지만, 광고 집행 금액의 10~30% 정도다. 구글의 국내 최초 공식 리셀러 파트너이며, 국내 검색광고에서 큰 비중을 차지하고 있는 오버추어의 공식 대행사 6년 차로 매출 1위를 하고 있다.

주요 제품 등의 가격변동추이

품목	2012년도 상반기	2011년도 (제12기)	2010년도 (제11기)	2009년도 (제10기)
오버추어	16%	15%	15%	15%
구글	22%	20%	20%	20%
네이버	10%, 15%, 35%	10%, 15%	10%, 15%	10%, 15%
다음	30%, 20%, 45%	30%, 20%	25%, 28%, 40%	28%

주 1) 가중변동현황
- 2009년 오버추어 11월 15.5% 4·7월 16% 12월 신규계정 20% 적용
- 2010년 오버추어 15%
- 2009년 다음 1월 야후 이관매출(17%), 2·3·4월 야후 이관매출(23%)
- 2010년 다음 1·2·3월 28%, 4·5·6·7·8·9월 40%, 10·11·12월 25%
- 2011년 다음 CPC 30% 적용, CPT 20%
- 2009년 구글 10월 18% 적용
- 2010년 구글 20%
- 2011년 7월 구글 기본수수료 15~18%, 추가수수료 2~4%
- 2012년 오버추어 16%, 구글 1분기 18% 2분기 22%, 네이버로컬 35%, 다음로컬 45%

출처: 2012.8.29 반기보고서(2012.6) '사업의 내용'

네이버, 다음, 구글 등에 검색광고 및 배너광고 대행을 통해 안정적인 수수료 수익을 얻고 있다. 더구나 국내 66%, 해외 34%라는 매출구성도 매력적이다. 국내 스마트폰 가입자 증가로 모바일 광고 플랫폼에 변화가 생기고 있고, 광고 공급 업체와 지속적인 협업으로 다양한 플랫폼을 개발한다면 매출 확대를 기대할 수 있다고 봤다.

[2012년 상반기 광고상품의 현황]

(단위: 천 원)

매체/상품		주요 상표	매출액	비율	제품 설명
국내	오버추어	스폰서 링크	1,709,707	11.51%	다음, 야후, 네이트 노출 CPC 방식
	구글	스폰서 링크	741,995	4.99%	구글에만 노출 CPC 방식
	네이버	클릭초이스, 타임초이스, 모바일, 브랜드검색, 로컬	6,234,881	41.96%	네이버에만 노출 CPC 방식 / CPM 방식
	다음	클릭스, 프리미엄링크, 브랜드검색, 모바일, 로컬	629,428	4.24%	다음, 네이트 및 야후에 노출 CPC 방식 / CPM 방식
	기타	네이트 / 리얼클릭 등	588,040	3.96%	
해외	야후	야후 리스팅 광고, 인터레스트매치	1,809,002	12.17%	야후 재팬 노출 CPC 방식
	구글	애드워즈	3,061,884	20.61%	구글 재팬 노출 CPC방식
	기타	크로스리스팅, 제이 리스팅, 마이크로 애드, 아이 모바일 등	83,649	0.56%	야후, 구글 이외의 해당 매체 파트너 사이트에 노출 CPC 방식 / CPM 방식
		소계	14,858,586	100%	

출처: 2012.8.29 반기보고서 '사업의 내용'

이엠넷의 인터넷 검색광고 취급액이 종합광고대행사 취급액 기준 10위에 해당할 정도로 규모가 큰 광고 영역이다. 광고 매체가 다양해지고 국내외 광고 시장이 커짐에 따라 앞으로 성장 가능성이 클 것으로 기대됐다.

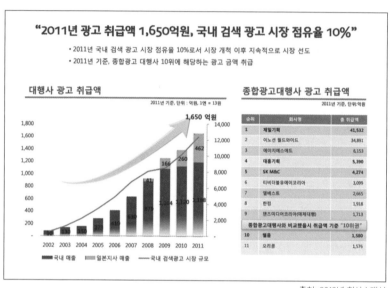

출처: 2012년 회사소개서

이엠넷의 클라이언트, 즉 광고주들을 보면 대기업뿐만 아니라 온라인 중심의 중소규모 기업도 상당히 많다. 검색광고는 대행사와 클라이언트 간의 신뢰가 중요하며, 한 번 구축된 파트너십은 쉽게 바뀌지 않는 경향이 있다. 매출의 안정성이 확보됐다고 볼 수 있다.

3만여 광고주는 이미 이엠넷과 함께 하고 있습니다.

리더만이 약속하는 성공 비즈니스의 비전

출처: 2012년 회사소개서

Research 3 증권회사의 종목 리포트를 분석한다

이엠넷은 온라인 광고대행업체로 매출의 대부분은 검색광고 대행 부문에서 발생하고 있다. 이엠넷은 수백 개의 온라인 광고대행사가 난립하는 국내 시장에서 시장점유율 1위(NHN 관계회사인 NSM 제외)를 유지하고 있다. 광고 취급액 기준으로 2011년 1,650억 원을 기록해 NSM 외에는 국내에 비견할 만한 동종 업체가 없는 상황이다. 스마트폰 시장 확대로 모바일 검색광고 시장의 성장이 가속화될 전망이다. 모바일 검색광고 시장의 성장성은 이엠넷의 광고 취급액에서 차지하는 모바일 광고 비중의 변화에서도 확인할 수 있다. 2011년 8월 네이버와 다음 광고 취급액의 3%, 13%를 차지하던 모바일 광고 비중(월간 기준)은 2012년 2월 각각 8%, 30%로 급증한 것으로 추정된다.

출처: KDB대우증권 리포트(2012.5.22)

2012년 국내 스마트폰 사용자가 3,000만 명 정도로 보급률이 높아졌고 지속해서 증가하고 있다. 또한 신규 디바이스가 늘어나고 3G·4G 무선 네트워크가 발전함으로써 광고 플랫폼도 변화를 맞았다. 이렇듯 기존 매체와 신규 매체가 공존하면서 광고가 다양성을 갖게 돼 전체 광고 시장이 확대됐다. 최근에는 모바일 광고 비중이 증가하고 있는바, 모바일 광고 플랫폼 개발을 통한 새로운 성장동력을 기대한다.

Research 4 | 미디어 뉴스를 검색한다

> KB투자증권은 17일부터 18일까지 진행된 이엠넷의 공모주 일반 청약 결과 청약 경쟁률 862.5:1을 기록했다고 18일 밝혔다. 총 청약주식 2억 5,888만 7,000주 중 30만 주가 배정됐고, 청약 건수는 9,049건으로 8,289억 1,800만 원이 몰렸다.
>
> 출처: 《이투데이》(2011.11.18)

공모주 청약 경쟁률만 보더라도 이엠넷에 대한 투자자들의 관심이 얼마나 높은지를 알 수 있다. 상장 후 주가가 큰 폭으로 하락했고, 이후 상승과 하락을 반복하고 있다. 최근 다시 하락세를 보여 투자 적기라고 판단했다.

주식 담당자와의 Q&A

Q: 주가가 다시 하락세를 보이는 이유는?

A: 1·4분기에 양호한 실적을 기록한 데 이어 일본 지사의 높은 성장세가

영향을 끼쳐 주가가 지난주까지는 8,000원대를 유지했다. 하지만 최근 증시 침체가 심화되면서 우리 회사 주가도 영향을 받고 있다. 회사 내부적으로 특별히 주가가 떨어질 만한 요인은 없다.

Q: 일본 시장 진출에 따른 수혜가 점쳐지고 있는데.

A: 일본 시장은 지난 2011년 기준으로 3조 2,000억 원 규모로 추산된다. 국내 시장보다 3배 정도 크다. 이엠넷은 2007년 일본에 진출해 현재 10위권에 들어간다. 일본 검색광고 시장은 이제 초기 단계에 들어서 매년 높은 성장률을 기록해 향후 매출이 더욱 늘어날 것으로 전망하고 있다.

출처: 《서울경제》(2012.7.25)

일본 광고 시장에 일찍 진출하여 지속적으로 성장하고 있다. 검색광고 시장은 국제적으로 표준화되어 있는 부분이 많다. 이엠넷은 국내 시장점유율 1위 업체인 만큼 그동안의 검색광고 노하우로 개발한 광고관리 솔루션을 일본 시장에서도 무리 없이 적용할 수 있었다. 이와 같은 국내와 해외 시장의 동반성장이 회사 가치를 더욱 높일 것이다.

결정 단계

투자 가치 최종 확인 및 저가 매수

Decision 1 **회사에 문의한다**

Q   올해 전망은 어떠한가?

A   2012년 반기 매출이 전년 동기 대비 20% 이상 성장했다. 하반기 성장세도 비슷하리라 기대하고 있다. 국내와 해외 매출이 모두 증가세를 이어가고 있기 때문에 꾸준한 성장이 이루어질 전망이다.

Q   국내 시장 성장률이 두드러지지 않는데, 향후 성장동력은 있는가?

A   과거에는 30% 이상의 높은 성장률을 보였으나 현재는 성장률이 떨어져 포화상태에 있다. 그래도 여전히 연평균 두 자릿수의 성장률을 기록하고 있다. 국내 검색광고 시장이 수도권에 집중돼 있기에 지방 검색광고 시장으로 영역을 확대하고자 추진 중이다. 또한 모바일 검색광고 시장의 플랫폼도 개발하고 있다.

Decision 2   FD PER를 재확인한다

1단계에서 2012년 반기까지의 재무제표 실적을 보고 추정한 2012년 FD PER는 8이었다. 이후 2단계의 정보 수집과 3단계의 회사 접촉을 통해 시장이 계속 확장되고 있음을 확인했다. 이에 FD PER가 더욱 낮아질 것이라는 판단으로 투자를 결정했다.

Decision 3   저가에 분할 매수한다

2012년 10월 7,390원(2016년/2018년 200% 무상증자로 1,848원으로 조정됨)을 시작으로 매수 추천을 했다. 꾸준한 주가 상승이 이어졌고, 1년 뒤인 2013년 5월 15,100원(2016년/2018년 200% 무상증자로 3,775원으로 조정됨)으로 급등하면서 기대했던 100% 수익을 초과 달성하여 매도했다.

이엠넷은 시대의 변화에 꼭 필요하고 성장성이 좋은 광고 플랫폼 대행 비즈니스를 하는 회사였기에 이 종목에 투자하여 짧은 시간에 목표수익률을 달성할 수 있었다. 그런데 매도하고 나서 1년 뒤에는 해외 시장 확장 등에 따른 비용 증가로 실적이 나빠지면서 주가가 5,200원(조정 후 1,302원)까지 하락했다.

불곰은 이 종목에서 얻은 수익은 투자 운이 좋은 덕이었다고 생각한다. 앞서도 말했지만, 주식투자를 하는 사람은 착하게 살아야 한다. 그래야 투자 운이 온다.

차 밑바닥에
가치주가
숨어 있었다니

어느 날 아침, 직원한테 연락이 왔는데 교통사고가 나서 출근을 못 한다
는 거였다. 문병을 가서 자초지종을 들어보니 뒤에서 오던 차에 문제가
있어서 직원의 차를 들이받았다고 한다. 교통사고, 혼자만 조심한다고
피할 수 있는 문제가 아니다.

그러고 보니 내가 타고 다니는 차도 정비를 받은 지 오래된 듯해서 다
음 날 차량정비소를 방문했다. 리프트로 차가 올라가는 모습을 보면서
평소엔 거의 볼 일이 없던 차량 하부를 보게 됐다. 참 복잡하기도 했다.
그중 배기가스가 배출되는 장치 중에 재밌게 생긴 부품을 발견했다. 정비사에게 물어보니 '벨로우즈bellows'라고 했다.

휴대전화로 잠깐 검색해봤다. 벨로우즈는 엔진에서 발생하는 진동과 소음을 흡수하는 중요한 부품이다. 또한 주행 중 발생하는 차체 진동을 흡수하여 승차감을 좋게 하고 배기계통의 부품을 보호한다. 벨로우즈의 내부구조는 고열과 고압에 견딜 수 있는 충분한 강성을 유지해야 한다. 반복되는 충격, 진동, 꺾임, 늘어남, 줄어듦 등을 견뎌내야 하기 때문이다.

이처럼 아주 가혹한 조건에서 묵묵히 일하는, 우리가 지금까지 몰랐던 자동차 핵심 부품이다. 배기라인에 벨로우즈가 없다면 배기머플러가 쉽게 파손되고 배기진동이 탑승자에게 그대로 전달돼 매우 불편할 것이다. 그래서 고급 차량에는 여러 개의 벨로우즈가 장착돼 승차감을 높인다고 한다.

좋은 아이템을 발견한 것 같아 사무실로 돌아와 생산 업체를 찾아봤다. 업체 중에 상장된 회사가 있는지 무척 궁금했다. 금성벨로우즈와 에스제이엠이 검색됐는데, 코스피에 상장된 회사는 ㈜에스제이엠이 유일했다. 에스제이엠은 해외 시장점유율 2위로 약 25%를 차지하고 있는 이 분야 대표적인 업체다(세계 1위는 독일의 위첸만Witzenmann으로 30%를 차지하고 있다). 에스제이엠의 국내 시장점유율은 70%로 1위다.

에스제이엠은 1975년 3월 설립되어 1997년 코스피에 상장했으며, 2010년 5월 인적분할 방식으로 기업분할을 했다. 자동차 부품인 플렉서블 커플링Flexible Coupling과 산업용 익스팬션 조인트Expansion Joint의 제조·판매는 신설법인 ㈜에스제이엠에서 맡기로 하고, 기존 회사는 에스제이엠 홀딩스란 이름으로 변경하면서 지주회사로 전환했다. 즉, 불곰이 관심을

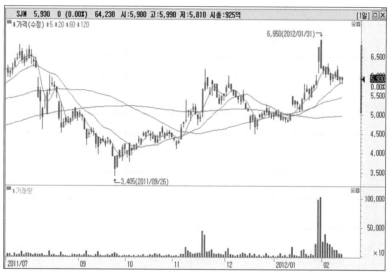

출처: 삼성증권

두고 있는 벨로우즈 부품은 에스제이엠에서 제조·판매한다는 얘기다.

2개의 상장사를 함께 분석했다. 먼저 차트를 봤다. 상승곡선을 보여주고 있다면 투자 적기가 아니기 때문이다. 에스제이엠은 주가가 급등한 상태였다.

FD PER가 10 이하이고 부채비율이 100% 이하라 하더라도 단기간에 주가가 급등하는 종목은 불곰의 매수 고려 대상이 아니다. 급등주만 아니었다면 투자를 고려했을 것이다. 물론 지금보다 더 상승할 수도 있다. 결과는 아무도 알 수 없다. 마찬가지로, 좋은 주식을 매수했을 때도 운이 따라주지 않는다면 성공할 수 없다. 이런 이유로 에스제이엠은 잠시 내려놓고 존속법인인 지주회사 에스제이엠홀딩스의 최근 주가 흐름을 살펴봤다.

2010년 10월 27일 최고점을 찍고 계속 하락하는 모습을 보면서 에스제이엠이 아니라 에스제이엠홀딩스가 투자하기 좋은 타이밍이라고 생

출처: 삼성증권

각했다. '홀딩스^{holdings}'는 '지주회사'라는 뜻으로 일반적으로 모^母회사, 지배회사라고 한다. 에스제이엠홀딩스의 자회사인 에스제이엠을 포함해서 어떤 종속회사들이 있고, 어떤 실적들을 내고 있는지, 지분은 어느 정도 보유하고 있는지 등을 살펴봤다.

기초 단계

3중 필터링으로 종목 압축

Filtering 1 재무 안정성 검증: 부채비율이 100% 이하인가?

2010년 제36기에는 부채 19억 원, 자본 1,003억 원으로 부채비율이 1.9%였다. 2011년 제37기에는 부채 6,000만 원, 자본 1,071억 원으로 부채비율이 0.05%였다. 이 정도면 부채가 없다고 봐야 한다. 실제로 무차입경영을 하고 있다.

부채비율 확인을 위한 데이터 (단위: 억 원, %)

	2011년 제37기 3분기	2010년 제36기
자본	1,071	1,003
부채	0.6	19
부채비율	0.05	1.9

Filtering 2 비즈니스 성장성 확인: 영업이익이 지속해서 성장하는가?

에스제이엠홀딩스가 성장을 지속하기 위해선 자회사들의 실적이 매우 중요하다. 특히 지분율 40%를 가지고 있는 에스제이엠의 매출 규모가 가장 큰데, 에스제이엠은 2011년 예상 매출액을 1,000억 원으로 잡고 있었다. 2010년 5월 인적분할을 했기에 최근 3년간의 성장률을 분석하긴 어려웠지만, 에스제이엠 외에 또 다른 자회사의 실적 또한 향상되고 있다는 건 확인할 수 있었다. 이런 자회사들의 성장이 에스제이엠홀딩스의 성장으로 이어질 것으로 판단했다.

요약재무정보

(단위: 원)

	제37기 3분기(누적)	제36기 3분기
수익	7,205,862,000	37,673,927,379
영업이익	6,642,378,467	7,677,878,989
당기순이익	8,464,111,046	8,105,681,181
기본주당이익	624	657
희석주당이익	624	657

출처: 2011.11.14 분기보고서(2011.9) '재무제표 등'

Filtering 3   저평가 상태 확인: FD PER가 10 이하인가?

에스제이엠홀딩스는 2010년 5월 지주회사로 인적분할됐으며 자회사로부터 배당금을 받는다. 이 배당금은 '수익'으로 표기한다. FD PER를 구하려면 시가총액 468억 원을 2011년 당기순이익으로 나눠야 하는데, 사업보고서가 공시되기 전이라 2011년 3분기까지의 당기순이익 85억 원으로 계산했다. FD PER는 5.5 정도다.

자회사가 네 곳이나 되는데 당기순이익이 너무 적다고 생각할 수도 있지만, 개별재무제표만 적용한 것이다. 자회사의 실적이 반영되는 국제

IFRS인 연결재무제표 확인은 2011년 사업보고서가 나오는 2012년 3월에나 가능하다. 이 때문에 자회사의 지분수익이 반영되지 않았다. 그럼에도 FD PER가 5.5다. 굉장히 저평가돼 있다.

에스제이엠홀딩스의 자산총계를 보면 유동자산이 300억 원이고 보유지분주식이 700억 원으로 대략 1,000억 원 규모다. 시가총액 468억 원은 말이 안 될 정도로 저평가된 상태다.

회사의 공개된 정보 수집

Research 1 **공정공시를 확인한다**

2010년 5월 에스제이엠과 에스제이엠홀딩스로 인적분할했다. 투자사업부문을 제외한 제조사업부문은 에스제이엠에서 영위하게 됐으므로 자동차용 벨로우즈는 에스제이엠에서 제조·판매하게 된다.

분할의 방법

구분	회사명	사업부문
분할존속회사	주식회사 에스제이엠 홀딩스(가칭) (SJM HOLDINGS CO.,LTD(가칭))	투자사업부문
분할신설회사	주식회사 에스제이엠(가칭) (SJM CO.,LTD.(가칭))	투자사업부문을 제외한 제조사업부문 일체

출처: 2010.2.16 주요사항보고서(분할(분할합병)결정)

에스제이엠홀딩스의 자회사 지분율과 사업 내용은 다음과 같다. ㈜에스제이엠은 시총 925억 원으로 에스제이엠홀딩스가 약 375억 원의 지분을 가지고 있고, ㈜서화정보통신은 시총 252억 원으로 에스제이엠홀딩스가 약 63억 원의 지분을 소유하고 있다. 비상장회사인 한국칼소닉㈜은 장부가액 253억 원으로 에스제이엠홀딩스가 100%를 소유하고 있고, 또 다른 비상장회사 ㈜티엔엔은 장부가액 56억 원으로 에스제이엠홀딩스가 90%를 소유하고 있다. 정리하면, 에스제이엠홀딩스는 총 747억 원 정도의 지분을 소유하고 있다.

〈자회사 현황〉

회사명	지분율	영위업종
㈜에스제이엠	40.60%	자동차부품 및 금속관 이음쇠의 제조 및 판매
㈜서화정보통신	24.91%	–계기제작, 통신자재제작 – 전자, 계기제작판매 및 전기통신공사업 – 컴퓨터 및 주변기기 판매업
한국칼소닉㈜	100%	자동차부품의 제조 및 판매업
㈜티엔엔	90%	Stainless Steel의 수입과 판매

– 2011.09.30 기준

출처: 2011.11.14 분기보고서(2011.9) '사업의 내용'

'최대주주 및 특수관계인의 주식소유 현황'을 보면 에스제이엠홀딩스는 조금 특이하다. 전체 주식 수 1,493만 4,008주 중 64%인 955만 주를 최대주주 가족과 특수관계인이 가지고 있다. 회사가 자사주 9.25%인 138만 주를 보유하고 있고, 저평가 가치주에 투자하는 세계적인 투자회사 피델리티에서 9.43%인 140만 주의 주식을 보유하고 있다. 총 1,500만 주에서 유통되는 주식 수가 260만 주 정도인 셈이다.

당시 주가가 하락하고 있었기에 거래가 활발하지 않아 실제 거래되고 있는 주식 수는 유통 주식의 50%인 130만 주 정도이리라고 판단했다.

최대주주 및 특수관계인의 주식소유 현황

(기준일: 2011년 09월 30일)　　　　　　　　　　　　　　　　(단위: 주, %)

| 성 명 | 관 계 | 주식의 종류 | 소유주식수(지분율) | | | |
| | | | 기 초 | | 기 말 | |
			주식수	지분율	주식수	지분율
김휘중	본인	보통주	7,623,895	51.05	7,623,895	51.05
김용호	부	보통주	1,324,005	8.87	1,324,005	8.87
차정자	모	보통주	101,983	0.68	101,983	0.68
김원중	제	보통주	127,099	0.85	127,099	0.85
최영우	감사	보통주	5,171	0.03	5,171	0.03
김수학	계열사 감사	보통주	14,608	0.10	14,608	0.10
에스제이엠 문화재단	계열사 재단	보통주	362,032	2.42	362,032	2.42
계		보통주	9,558,793	64.01	9,558,793	64.01
		우선주	0	0.00	0	0.00
		기타	9,558,793	64.01	9,558,793	64.01

최대주주명: 김휘중　　　특수관계인의 수:　6명
*자기주식 1,382,017주 제외

출처: 2011.11.14 분기보고서(2011.9) '주주에 관한 사항'

주식 소유현황

(기준일: 2011년 09월 30일)
(단위: 주)

구분	주주명	소유주식수	지분율
5% 이상 주주	김휘중	7,623,895	51.05%
	김용호	1,324,005	8.87%
	*FIDELITY LOW PRICED STOCK FUND	1,408,974	9.43%
우리사주조합		–	–

* FIDELITY LOW PRICED STOCK FUND의 주식수는 동사보유주식 1,248,974주와
  FIDELITY NORTH STAR FUND 보유주식 160,000주의 합산입니다.
  2010년 12월 31일 기준일로 기준일이후 변동사항이 있을 수 있습니다.

출처: 2011.11.14 분기보고서(2011.9) '주주에 관한 사항'

🗨 불곰의 투자 Tip

주식소유 현황을 통해 유동성이 굉장히 낮은 상태라는 것을 알 수 있다. 증권사들은 유동성이 낮은 종목은 거래를 추천하지 않으며, 보통 유동성이 높은 종목 위주로 투자 권유를 하는 경향이 있다. 이는 주식거래 수수료 매출과 직결되기 때문이라고 불곰은 생각한다. 여기서 우리가 잊지 말아야 할 것이 주식투자의 목적은 거래를 많이 하는 것이 아니라 매매 수익, 즉 자본이득을 얻는 것이라는 점이다.

투자에서 유동성은 해당 종목이 시장에서 제대로 평가받는 때가 오면 전혀 문제가 되지 않는다. 유동성보다 더 중요한 것은 얼마나 저가에 매수할 수 있느냐다. 이런 주식은 증권 회사에서 좀처럼 추천을 하지 않기 때문에 소외주가 되어 이처럼 엄청난 저평가 상태에 있기 쉽다. 즉 저가에 매수할 기회다.

회사의 매출과 이익이 높으니 배당률이 궁금했다. 2009년 배당은 150원, 2010년은 100원이었다. 2011년도 배당금을 150원으로 예상할 때 주가가 3,140원이었으니 현금배당수익률이 5% 정도 된다. 투자 매력도가 높은 편이다.

최근 3사업연도 배당에 관한 사항

구 분		제37 (당)분기	제36 (전)기	제35 (전전)기
현금배당수익률 (%)	보통주	–	2.1	2.5
	우선주	–	–	–
주당 현금배당금 (원)	보통주	–	100	150
	우선주	–	–	–

출처: 2011.11.14 분기보고서 '배당에 관한 사항 등'

Research 2 **IR 자료를 수집한다**

에스제이엠홀딩스는 별도의 IR 자료가 없었기 때문에 전자공시시스템에 올린 사업보고서를 중심으로 기업 내용을 확인했다.

Research 3 **증권회사의 종목 리포트를 분석한다**

지주회사로 인적분할된 지 얼마 되지 않았기 때문에 당시 에스제이엠홀딩스에 대한 증권사 리포트는 없었다. 그래서 자회사인 ㈜에스제이엠에 대한 리포트를 참고했다.

2012년 LNG 선박용 벨로우즈 매출액이 100억 원 이상 될 것으로 전망하고 있다. SJM 해외 자회사의 성장이 지속해서 증가하고 있다. 2011년 매출액은 전년 대비 26%, 당기순이익은 52% 증가할 것으로 전망된다. 여러 사업 분야에서 실적 개선 및 매출 증가 전망으로 현재 저평가 상태다.

출처: 이트레이드증권 보고서(2011.11.21)

에스제이엠의 주력제품인 자동차용 벨로우즈의 해외 생산법인이 고성장을 하고 있다는 내용에 주목했다. 마진율이 20%에 달하는 LNG 선박용 벨로우즈의 실적 개선은 에스제이엠홀딩스의 지분수익을 높여줄 것으로 기대됐다. 자회사들의 실적 개선으로 에스제이엠홀딩스의 수익이 증가할 것이고, FD PER는 더욱 낮아질 것이다.

`Research 4` **미디어 뉴스를 검색한다**

SJM이 지난 97년 남아프리카공화국 자회사 설립 관계로 수출입은행에서 차입했던 외화차입금 잔액을 지난달 말 상환함으로써 장단기 차입금이 제로인 완전 무차입경영 기업의 대열에 진입했다고 5일 밝혔다. SJM은 세계화에 성공한 대표적인 자동차 부품 업체로 그동안 부채비율을 50% 미만으로 유지하여 건실한 재무구조를 가진 기업으로 알려졌다.

출처: 《머니투데이》(2001.9.5)

에스제이엠의 인적분할 전 부채에 대한 기사다. 에스제이엠홀딩스가 빌린 돈이 전혀 없는 무차입경영을 하고 있음을 알 수 있다. 최근 보고서를 보더라도 장단기 차입금이 없었다. 이자비용은 없고 이자수익만 있어 당기순이익의 증가에 기여하고 있다.

> 한미FTA로 자동차용 벨로우즈 국내 1위, 세계 2위 업체인 SJM의 수혜가 예
> 상된다. SJM은 자동차용 벨로우즈 생산 업체로서 한국에 본사를 두고 있
> 으며 남아프리카공화국, 중국, 말레이시아에 현지 공장을 운영하고 있다.
> 미국과 독일에도 현지법인을 둬 글로벌 네트워크를 갖추고 있다. 국내 시
> 장점유율 70%로 국내 1위이며, 세계 시장점유율 약 25%로, 독일 위첸만
> (약 30%) 다음으로 세계 2위 업체다. 주요 공급처로는 국내에서는 현대, 기
> 아, 해외는 포드, 닛산-CK, GM, FIAT 등이다. 이 밖에 산업용 벨로우즈(매
> 출 비중 26%)도 생산하고 있으며, PLANT, LNG, STD, GIS(Gas Insulated
> Switchear) 등에 쓰인다. 내년엔 LNG 수주(2011E 35억 원 → 2012E 65억
> 원)가 늘어날 것으로 전망된다.
>
> 출처: NSP통신(2011.12.9)

에스제이엠 주요 생산 제품의 시장점유율이 매우 높아서 국내 1위, 세계 2위라는 위치는 쉽게 변동하지 않을 것이다. 최근 자유무역협정으로 관세 등 무역장벽이 낮아진 점도 매출 증대에 기여할 것으로 판단했다.

또한 2012년 매출 실적 개선에 대한 기사들이 미디어 뉴스에 많이 보인다는 점도 매수를 하기에 긍정적인 부분으로 생각했다. 투자자들이 이런 뉴스를 많이 접하면 접할수록 종목에 대한 신뢰가 커지기 때문이다.

투자 가치 최종 확인 및 저가 매수

Decision 1 회사에 문의한다

Q 전자공시 보고서 '사업의 내용'과 리포트의 내용만으로도 충분하다고 판단했지만, 시장점유율의 정확도에 대해 다시 한번 확인하고 싶다. 또 2012년도 예상 매출이 2011년도와 비슷할 것으로 보는지도 궁금하다.

A 인적분할된 지 오래되지 않아 공식적인 자료 및 IR 자료 등이 잘 정리되지 못했고, 2011년 사업보고서를 공시하기 전이라 재무제표의 내용 또한 확실한 것이 없다. 당사에도 사업보고서 내용보다 자세한 정보는 없다. 최근 기사에 나온 리포트나 뉴스의 내용을 참고해달라. 아마 크게 다르지 않을 것이다.

이후 자회사인 에스제이엠의 영업부에 전화를 걸어 2012년 매출 목표 등을 확인한 결과, 2011년보다 상향 설정했다는 답변을 들었다.

Decision 2 FD PER를 재확인한다

1단계에서 2011년 3분기까지의 재무제표 실적을 보고 추정한 2011년 FD PER는 5.5였다. 이후 2단계의 정보 수집과 3단계의 회사 접촉을 통해 4분기를 포함할 경우 FD PER가 더욱 낮아질 것으로 판단하여 투자를 결정했다.

저가에 분할 매수한다

2012년 2월 14일 3,140원을 시작으로 매수 추천을 했다. 2012년 3월 30일 2011년 사업보고서를 발표했는데 당기순이익이 235억 원으로 서프라이즈 실적이 나왔고, 이때 PER는 2와 3 사이에 있을 정도로 엄청난 저평가 상태를 유지했다.

그 후 얼마 되지 않아 투자자들이 실적에 조금씩 반응하면서 주가는 1년간 지속해서 상승했다. 2013년 5월 8일 6,250원에 매도해 배당 포함 101.7%의 수익을 거뒀다.

불곰의 투자 Review

에스제이엠홀딩스는 주식시장에서 완전히 소외돼 있었고 거래도 한산한 종목이었다. 그런데 엄청난 실적이 달성되면서 1년 정도의 기간에 100% 넘는 수익을 얻을 수 있었다. 이처럼 유통 주식 수가 적더라도 시장에서 관심을 받기 시작하면 거래에 전혀 문제가 없게 된다.

2018년부터는 실적이 부진하여 2012년 매수가(3,140원)와 비슷한 3,000원대 초반의 주가를 형성하고 있다. 역시 주식투자에서는 실적이 가장 중요한 포인트다.

복제약이라는 온실을 벗어나

이연제약(102460)	
최초 매수일 및 가격	2011년 4월 4일 / 10,800원
최종 매도일 및 가격	2013년 4월 4일 / 21,800원
수익률	102%
주당 배당금	2년 / 338원
배당수익률	3%(배당세율 15.4% 제외)
최종 수익률	105%

당뇨나 혈압 수치가 높아 식단을 조절하고 운동도 열심히 하는 지인들이 몇 있다. 어떤 지인은 수치를 낮추는 약을 복용하기도 한다. 특히 당뇨와 흡연은 나쁜 쪽으로 찰떡궁합이라는 얘길 듣고, 애연가였던 나도 2013년부터 담배를 끊었다. 남들처럼 약을 복용하면서 건강을 관리하고 싶은 마음은 없기 때문이다. 의약품 오남용 보도는 심심치 않게 들려온다. 아플 때 약은 참 고마운 존재지만, 무조건 약으로 해결하려는 태도는 바람직하지 않다.

최근 기사를 보면 특허가 만료한 의약품인 제네릭(복제약) 생산이 늘고 있어 오리지널 신약과의 경쟁이 치열하다고 한다. 오리지널 신약에 비해 약값이 싼 제네릭의 수요가 증가하고 있기 때문이다. 신약의 특허 보호 기간은 약 20년이다. 이 기간에는 개발사만 신약을 만들 수 있고, 따라서 높은 가격에 판매할 수 있다. 국내 제약회사는 대체로 복제약을 생산·판매하거나 외국 제약회사로부터 제품의 라이선스를 받아 신제품을 판매한다. 국내에서의 신약 개발은 극히 일부 대형 제약회사만 하고 있는데 대표적인 곳으로는 동아제약, 녹십자, 유한양행, 한미약품, 중외제약 등을 꼽을 수 있다.

2010년 전 세계 제약 시장의 성장률은 4~6% 정도로 예상된다. 그에 비해 국내 제약 시장은 2009년에 13%의 성장률을 기록했고, 2010년 역시 10% 정도의 성장률을 유지할 것으로 전망된다. 특히 전문 의약품 시장은 더 높은 성장률을 보였다.

많은 국내 제약사 중에서 눈에 띄게 높은 영업이익률을 보이는 회사가 있다. 전문 의약품과 원료 의약품의 제조 및 판매를 주요 영업으로 하는 이연제약이다. 영업이익률이 무려 20%에 최근 5년간의 매출 증가율이 30%에 육박했다.

이연제약은 1955년 의약품 원료 국산화라는 신념으로 설립된 이연합성연구소로 출발했다. 1964년 이연합성약품공업주식회사로 법인화하면서 전문 의약품과 원료 의약품의 제조 및 판매를 주요 영업으로 했다. 1991년 회사명을 이연제약으로 변경하고, 2010년 6월 코스피에 상장했다. 당시 코스피의 동종 업종에서 영업이익률 1위였다.

주요 매출이 제네릭 의약품과 오리지널 상품인 CT 조영제, 소염제 및 항생제의 원료 의약품으로 구성되어 있어 매출구조가 안정적이다. CT

조영제는 미국 타이코^{TYCO}사와 독점공급계약을 체결했으며 국내 시장 2위를 차지하고 있다. 원료 의약품 중 하나인 황산아르베카신^{ABK}은 이연제약이 세계에서 두 번째로 개발한 것으로 고부가가치 제품이다.

최근에는 바이로메드와 전략적 제휴를 맺고 한국과 미국에서 심혈관질환 유전자 치료제인 VM202RY의 임상 2상 승인을 획득했다. 또한 유방암 등 악성종양 항암 DNA 치료백신인 VM206RY도 미국과 한국, 중국에서 임상 1상을 진행 중이다.

이처럼 이연제약은 글로벌 신약 개발 기업으로 도약할 준비를 하고 있다. 바이오 의약품 신규 사업으로 성장동력을 마련했으며, CMO(의약품 생산 대행 전문 기업) 사업도 계획하고 있다.

기초 단계

3중 필터링으로 종목 압축

Filtering 1 재무 안정성 검증: 부채비율이 100% 이하인가?

최근 3년간 부채비율이 지속해서 감소하고 있으며, 2010년 부채비율이 28.8%로 불곰의 종목 선정 기준을 통과한다. 부채 금액은 큰 차이가 없지만, 자본금의 급성장이 눈에 띈다. 부채 수준은 비슷한데 부채비율이 낮아졌다는 것은 그만큼 이익을 많이 낸다는 뜻이다.

부채비율 확인을 위한 데이터 (단위: 억 원, %)

	2010년 제47기	2009년 제46기	2008년 제45기
자본	883	597	426
부채	254	221	226
부채비율	**28.8**	**37**	**53**

Filtering 2 비즈니스 성장성 확인: 영업이익이 지속해서 성장하는가?

제약회사 중에서 상위권에 속하는 성장성으로 20~30%의 매출 증가율을 기록하고 있다. 영업이익률 또한 평균 20%를 유지하고 있으며, 매우 안정적인 매출구조를 가지고 있다.

이연제약 매출액, 이익 현황

(단위: 백만 원)

구분	2010년	2009년	2008년
매출액	120,827	95,187	72,933
매출액 증가율	26.94 %	30.51%	30.86%
영업이익	27,002	20,674	13,215
영업이익률	22.35%	21.72%	18.12%
당기순이익	19,982	16,288	7,839
순이익률	16.54%	17.11%	10.75%

출처: 2011.3.30 사업보고서(2010.12) '사업의 내용'

Filtering 3 저평가 상태 확인: FD PER가 10 이하인가?

2011년 제48기 1분기 보고서가 나오지 않아 최근 3년간의 매출 증가율을 통해 2011년의 매출액, 영업이익, 당기순이익을 예상했다. 보수적으로 잡아 20%의 매출 증가를 내다봤다. 2010년 당기순이익을 기준으로 PER를 계산해보면 시가총액이 1,393억 원이니 6.97(1,393억÷199억)이 나온다. 2011년 실적을 매출액 1,440억 원, 영업이익 325억 원, 당기순이익 240억 원으로 예상한다면 FD PER는 5.8(1,393억÷240억)이 된다. 상당히 저평가된 상태다.

FD PER 산출을 위한 데이터

(단위: 억 원)

	2011년 제48기 예상	2010년 제47기	2009년 제46기	2008년 제45기
매출액	**1,440**	1,208	951	729
영업이익	**325**	270	206	132
당기순이익	**240**	199	162	78

조사 단계

회사의 공개된 정보 수집

Research 1 **공정공시를 확인한다**

2007년 발행된 우선주가 보통주로 전환된 사실에 주목했다. 전환상환우선주에 관한 사항으로 발행일로부터 6년 내에 보통주로 전환될 주식인데, 2011년 현재 모두 전환됐다.

2007년 감사보고서에 따르면 우선주 보유자는 기관투자자들이다. 주당 6,800원에 받았을 터이므로, 현재 주가가 10,800원이니 약 60%의 시세차익을 얻을 수 있다. 만약 기관이 시세차익을 거두기 위해 매도한다면, 주가가 당분간 크게 오르지 않을 수 있으므로 지금과 같은 고가에 매수할 필요는 없다. 저가 매수 타이밍을 노리기로 했다.

보통주외의 주식

(단위: 주, 원)

구 분		상환전환 우선주
발행일자		2007년 9월 11일
발행주식수		1,188,000
발행총액		8,100,000,000
주식의 내용	이익배당에 관한 사항	1. 보통주와 동일하게 적용. 2. 최저배당률은 정관에 정함.(주1) 3. 주식배당의 경우 보통주에 배당되는 것과 같은 종류의 주식으로 배당.

출처: 2010.5.27 투자설명서 '회사의 개요'

　주주 사항을 살펴보면 최대주주 및 관계인 지분율이 70%가 넘는다. 이를 보면 보통은 유동성이 낮아서, 즉 거래량이 많지 않아서 주가 상승이 어렵다고 생각한다. 그런데 기업의 가치가 높아지면 자연스럽게 주가가 그 가치에 접근한다. 따라서 이 종목은 현재 유동성이 낮지만 저가에 매수하고 기다린다면 전혀 문제가 되지 않는다고 판단했다.

최대주주 및 특수관계인의 주식소유 현황

(기준일: 2010년 12월 31일) (단위: 주, %)

| 성명 | 관계 | 주식의 종류 | 소유주식수(지분율) | | | | 비고 |
| | | | 기초 | | 기말 | | |
			주식수	지분율	주식수	지분율	
유성락	본인	보통주	5,615,870	45.88	5,615,870	43.54	–
이애숙	친인척	보통주	4,482,130	36.62	3,842,130	29.78	–
하순봉	임원	보통주	12,000	0.10	12,000	0.09	–
장충웅	임원	보통주	12,000	0.10	12,000	0.09	–
유용환	친인척	보통주	0	0	27,730	0.22	–
계		보통주	10,122,000	82.70	9,509,730	73.72	–
		우선주	0	0	0	0	–
		기타	0	0	0	0	–

출처: 2011.3.30 사업보고서(2010.12) '주주에 관한 사항'

2010년 10월의 '소송 등의 제기·신청'이라는 공시는 국민건강보험 공단과 소송 중이라는 내용으로, 신문 기사를 찾아 확인했다('Research 4'의《머니투데이》기사 참조).

 불곰의 투자 Tip

소송이라는 돌발 사건은 악재로 볼 수 있으므로 꼼꼼히 확인하는 것이 좋다. 다만, 이 경우에 는 공개된 악재이기 때문에 이미 주가에 반영됐다고 판단했다. 더욱이 재판 결과가 나오려면 시간이 제법 소요될 것이기에 큰 문제가 되지 않으리라고 봤다.

소송 등의 제기 · 신청(금전청구)	
1. 사건의 명칭	손해배상 청구의 소
2. 원고(신청인)	국민건강보험공단
3. 청구내용	1. 원고에게, 피고 이연제약주식회사는 5,706,957,276원 및 이에 대하여 각 별지 제2목록 기재일부터 이 사건 소장 부본 송달일까지는 연 5%의, 각 그 다음 날부터 다 갚는 날까지는 연 20%의 각 비율에 의한 금원을, 각 지급하라. 2. 소송비용은 피고들이 부담한다. 3. 제1항은 가집행할 수 있다. 라는 판결을 구합니다.

4. 청구금액	청구금액(원)	5,706,957,276원
	자기자본(원)	70,208,531,573원
	자기자본대비 (%)	8.13%
	대규모법인여부	미해당
5. 관할법원		서울중앙지방법원

Research 2 **IR 자료를 수집한다**

회사를 설립한 건 오래됐지만, 상장한 지가 얼마 되지 않아 IR 자료가 없었다. 그래서 공시되어 있던 투자설명서의 '사업의 내용'을 참고했다.

매출구성을 보면 제네릭(특허가 만료된 오리지널 의약품의 복제약)과 오리지널 의약품(CT 조영제), 원료 의약품(스트렙토키나제, 스트렙토도르나제)으로 다양한 포트폴리오를 가지고 있다.

매출 구성 추이

(단위: 백만 원, %)

구분	2009년		2008년		2007년	
	금액	구성비	금액	구성비	금액	구성비
오리지널	29,427	29.10	24,871	29.36	17,703	26.61
제네릭	59,453	58.80	48,440	57.19	40,931	61.53
원료	12,236	12.10	11,395	13.45	7,888	11.86
계	101,116	100.00	84,706	100.00	66,522	100.00

주) 매출액은 매출할인, 반품추정부채가 차감되지 않은 총매출액입니다.

출처: 2010.05.27 투자설명서 '사업의 내용'

미래 성장동력의 부족함을 인지한 이연제약은 유전자 치료제를 개발하는 바이로메드와 공동 연구·개발 형태로 전략적 제휴를 맺고 바이오의약품 상용화를 추진하고자 한다. 이 연구·개발이 안정적으로 진행되어 상용화된다면 회사 가치는 더욱 높아질 것이다.

신규사업의 내용

당사는 (주)바이로메드와 유전자치료제 VM202RY와 항암 DNA 백신 VM206RY에 대한 상용화 계약을 체결하였으며, 계약 내용은 다음과 같습니다.

구 분	계약 내용
VM202RY	국내 완제의약품 독점 생산 및 판매권
VM206RY	일본을 제외한 아시아 전역으로 한국, 중국, 인도, 중동 및 동남아시아 전역 완제의약품 생산 및 판매권

주) 당사는 VM202RY, VM206RY에 대해서 전 세계 원료 독점공급권을 가지고 있습니다.

[VM202RY, VM206RY 상용화시기의 시장규모]

(단위: 달러)

구분	대상질환	기준		상용화 시기	시장 규모
		연도	규모		
VM202RY	허혈성 심장질환	2015년	33억	2016년 04월	37.6억
	허혈성 지체질환	2012년	15억	2014년 08월	19.5억
	당뇨병성 신경병증	2012년	57억	2016년 02월	96.3억
VM206RY	유방암 백신	2007년	106억	2016년 05월	344.7억

출처: 2010.05.27 투자설명서 '사업의 내용'

바이로메드와 공동 연구·개발 중인 유전자 치료제 VM202RY는 허혈성 심장질환·지체질환, 당뇨병성 신경병증을 대상으로 임상 1상을 완료하고 임상 2상 승인을 받았다. 미국과 중국에서 진행된 임상 1상에 참여한 환자들의 치료가 효과를 거두면서 심혈관질환의 근본적인 원인을 치료할 수 있는 잠재력을 가진 것으로 평가되고 있다.

또 다른 치료제 VM206RY는 악성종양 항암 DNA 치료백신이다. 유방암이 주요 적용 범위로, 면역반응을 유도하여 암을 치료하거나 재발률을 낮춘다. 2008년 1월 24일 바이로메드와 상용화 계약을 체결했다. 임상시험 승인이 완료된 상태로, 1상부터 3상까지 안전하게 완료된다면 또 하나의 신약 개발에 성공하는 것이다. 2016년 5월경 신약 허가를 목표로 하고 있다.

VM202RY 치료제는 혈관신생 원리를 이용한 DNA 치료제로 혈액공급이 원활하지 않은 부위에 새로운 혈관의 생성을 촉진하는 유전자를 투여하는 치료 기술이다. VM202RY 치료제를 막힌 혈관 주위에 투여하면 그곳에 우회 혈관이 생겨서 혈류량이 개선되고 세포에 혈액이 공급되어 궤양을 치료하고 굳어진 조직의 재생을 촉진해준다.

VM202RY 치료 원리

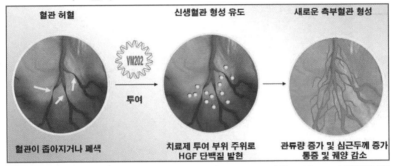

출처: 2011.3.30 사업보고서(2010.12) '사업의 내용'

허혈성 지체질환은 흡연, 고혈압, 당뇨, 각종 진균真菌에 의한 감염 등으로 하지(손·발끝) 부분까지 혈액을 공급해주는 주요 혈관이 막혀서 발병한다. 산소와 영양분이 부족해진 해당 부위의 조직이 굳어지고 손과 발이 썩어들어가며 극심한 통증을 호소하게 되는 질환이다. 대부분 그 부위를 절단하게 된다. VM202RY 치료제가 미국, 중국에서 임상시험 1상이 큰 성과로 완료됐다는 사실은 이런 질병을 가진 환자들에게 엄청난 희소식이다. 국내에서는 해외에서의 성과를 인정받아 1상 없이 임상 2상 승인을 받았다.

미국에서 시행한 임상시험 1상 치료 효과는 다음과 같다.

족부궤양 임상시험 1상 치료 효과

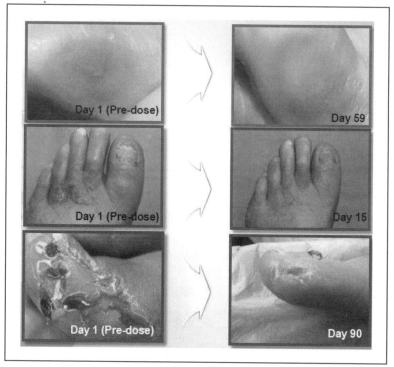

출처: 2011.3.30 사업보고서(2010.12) '사업의 내용'

여러 신약이 활발하게 개발돼 임상에 돌입했는데 이런 포트폴리오에서 하나라도 성공한다면 이연제약은 신고가를 형성할 수 있다고 판단할 수 있다. 다만 그것이 언제 실현될 것이냐 하는 의문점이 남는다. 그렇지만 모든 신약 개발이 실패하더라도 현재의 실적이 초우량 상태이기 때문에 즐거운 마음으로 기다릴 수 있다. 투자자는 시간으로부터 승자가 되어야 한다.

원료 의약품 생산 기술력으로 고수익을 실현하고 있다. 최근 제네릭 의약품 매출에 편중되어 있는 국내 중소형 제약사들이 정부의 약가(약의 공식 가격) 인하 정책 등 규제 리스크에 노출되어 고전하고 있지만 이연제약은 원료 의약품, 제네릭, 오리지널 의약품 등으로 매출구성이 다변화되어 외부 요인의 영향이 상대적으로 적다. 아미노글리코사이드 계열 항생제 원료인 ABK(황산아르베카신)는 발효 · 합성 · 정제 등 40개 공정을 거치는 고부가 가치 제품으로 전량 일본 수출 중이다.

또한 슈퍼항생제의 원료인 테이코플라닌의 유럽 수출을 위한 EDMF 실사를 완료하는 등 고부가 원료 의약품의 수출 확대에 따른 성장이 기대된다.

출처: HMC투자증권 리포트(2010.6.14)

한쪽으로 편중된 매출구조를 갖고 있다면 정부의 정책 변화에 대응하기 어려워 영업이익의 지속 성장에 영향이 미칠 수 있다. 이연제약은 고부가가치인 원료 의약품의 수출과 국내 시장점유율 2위의 CT 조영제 판매 등으로 안정적인 재무 밸런스를 유지하고 있다. 또한 안정적인 매출 구성은 미래 성장을 위한 신규 사업을 무리 없이 진행하는 데 원동력이 되고 있다.

Research 4 미디어 뉴스를 검색한다

바이로메드(대표이사 김선영)는 이연제약(대표이사 유성락)과 공동 개발 중인 심혈관질환 치료제(VM202RY)의 한국 임상 1상에서 마지막 환자에 대한 치료제 투여가 완료됐다고 27일 밝혔다. 이번 임상시험이 완료되면 심근경색, 협심증과 같은 심장질환을 근본적으로 치료할 수 있는 DNA 치료제의 가능성을 공식적으로 환자에게서 확인했다는 의미를 가진다고 바이로메드 측은 전했다.

바이로메드 관계자는 "이미 추적관찰이 종료된 초기 투여 환자들에서는 VM202RY의 투여 부위에서 심장근육 내 관류량의 개선과 심근 두께의 뚜렷한 증가를 확인할 수 있었다"며 "현재까지 치료를 받은 환자들은 일상생활에서 불편함 없이 건강한 심장의 상태를 유지하고 있다"고 성공 가능성에 무게를 뒀다.

출처: 《뉴스핌》(2009.8.27)

이연제약은 미래 성장동력을 마련하고자 바이오 의약품 사업에 진입했다. 유전자 치료제 개발 회사인 바이로메드와 공동 연구·개발 형태로 신약 개발을 진행하고 있다. 전 세계 독점적 원료공급권 및 VM202RY 완제품의 국내 독점 판매권을 가지고 있는 이연제약은 신약 개발에 성공할 경우 글로벌 제약회사로 올라설 가능성이 있다.

국민건강보험공단이 최근 27개 제약사를 대상으로 이미 지급한 약제비를 환수하라는 내용의 소송을 제기했다. 관계자는 "제약사가 직접 원료를 생산하거나 관계회사가 만들 때만 제약사에 약제비를 지급한다"라며 "처음부터 타사 원료를 가져왔거나 타사에서 원료를 매입하는 등 규칙 위반 사례가 확인됐다"라고 설명했다.

김현욱 흥국증권 연구원은 "기등재목록 정비, 저가구매 인센티브제(시장형 실거래가 상환제도), 리베이트 쌍벌죄 등 제약산업에 대한 3대 규제 정책 외에 건보공단의 '요양급여 기준에 관한 규칙'에 규정된 원료합성 특례위반에 대한 소송이 부각되고 있다"고 말했다. 김 연구원은 "제네릭(복제약)이라고 하더라도 제조사가 원료까지 직접 합성해 생산하는 경우 급여목록표 등재 순서와 관계없이 동일 제제 중 최고가 품목과 동일한 상한 금액을 인정하는 제도"라며 "이는 국내 제약산업의 원료합성 기술 개발을 촉진하기 위한 유인책"이라고 설명했다. 그는 "원료합성 중단과 해지 측면에서 명확한 용어와 문구의 부재가 있음에도 이를 기준으로 건보공단이 소송을 제기, 제약사들의 반발을 사고 있다"고 지적했다.

출처: 《머니투데이》(2010.10.5)

건강보험공단이 제기한 소송은 이연제약뿐만 아니라 총 27개 제약사를 대상으로 한 것이었다. 기업에 큰 타격을 줄 만한 악재로 볼 수 있는 사항은 아니며, 정부의 약제비 절감 정책에 따른 규제의 일환으로 보면 될 것으로 판단했다. 적절한 선에서 합의가 이뤄질 것으로 예상됐다.

이연제약이 인도 제약회사에 항생제 원료 의약품 140억 원 수출계약을 체결했다. 슈퍼항생제 원료인 '황산아르베카신'과 '테이코플라닌'이며, 이번 인도 수출로 일본향에서 벗어나는 계기가 됐다.

출처: 《헬스코리아》(2011.1.26)

전량 일본에만 공급해왔는데 판로가 글로벌 제약 시장으로 확대됐다고 해석할 수 있다. 거래처의 확보는 매출 증대로 이어진다. 고부가가치 제품으로 대체가 불가한 의약품인 만큼 거래처 확대에 따른 매출과 영업 이익의 지속 성장이 기대된다.

결정 단계

투자 가치 최종 확인 및 저가 매수

Decision 1 **회사에 문의한다**

앞서 분석한 내용에 문제가 없는지 다시 한번 확인하는 의미로 주식 담당자에게 전화하여 차근차근 검토했다.

Q 바이로메드와의 관계에 문제는 없는가?

A 최근 기사에서도 보도됐듯이, 바이로메드와 공동 개발 중인 악성종양 항암 DNA 치료백신(VM206RY)이 식품의약품안전처의 임상시험 1상을 승인받았다. 또한 충청 광역권의 첨단신약 및 소재 실용화 지원 사업에 지원하여 주관 기업으로 선정됐다. 공동 개발 중인 치료백신의 우수성을 인정받은 것으로 기대감이 높으며, 바이로메드와 함께 특허 출원 및 연구 활동에 매진하고 있다.

Q 2011년 예상 매출액이 최근 3년간의 증가율만큼 상승할 것으로 전망하는가?

A 공시를 보면 2011년 1월 인도의 2개 제약사에 황산아르베카신과 테

이코플라닌 수출계약을 체결했다는 내용을 확인할 수 있을 것이다. 당사는 원료 의약품 수출이 늘어날 것으로 내다보고 있다. 제네릭과 오리지널 의약품의 내수 판매가 꾸준히 이뤄지고 있으며, 기본 시장 점유율에 문제가 발생하지 않는다면 전년만큼의 성장률은 충분히 예상할 수 있다.

Q 우선주의 보통주 전환으로 주식시장에 매도물량이 어느 정도 풀렸을까?

A 118만 8,000주의 우선주는 현재 모두 보통주로 전환됐다. 대부분 기관투자자가 보유하고 있었고, 이전 감사보고서와 사업보고서의 주주에 관한 사항을 보면 확인할 수 있다.

이 답변을 통해 대부분 매도했을 가능성에 무게를 두게 됐다. 기관투자자들은 주당 6,800원 정도에 보유하고 있었는데 현재 주가가 10,800원이니 60% 이상의 수익을 보고 매도했으리라고 예상했다.

Decision 2 FD PER를 재확인한다

1단계에서 재무제표를 보고 추정한 2011년 FD PER는 5.8이었다. 이후 2단계의 정보 수집과 3단계의 회사 접촉을 통해 1단계에서 추정한 FD PER가 실제로도 충분히 가능하고, 실적 성장세가 지속될 가능성이 크다는 점을 확인했다. 이에 투자를 결정했다.

Decision 3 저가에 분할 매수한다

2011년 4월 10,800원(2017년 30% 무상증자로 8,307원으로 조정됨)을 시작으로 매수 추천을 했다. 2012년 2월에 수익률 50%대 근처까지 상승했으나 아직 제 가치에 이르지 않았다고 판단하여 매도하지 않았다.

그 후 1년 뒤인 2013년 4월 21,800원(2017년 30% 무상증자로 16,769원으로 조정됨)으로 급등하자 FD PER가 10을 넘었다고 판단하여 매도했다.

📖 불곰의 투자 Review

이연제약은 기초 단계에서 확인했듯이 FD PER가 5 정도로 워낙 저평가되어 있었기 때문에 매수 시작부터 목표 수익률을 100%(FD PER 10 이상)로 생각했다. 2012년 2월 50%의 주가 상승이 있었지만 이후 급락하여 매수가 아래로 내려갔다. 그런데 결국은 제 가치를 찾아 100% 이상의 수익을 안겨줬다.

주식투자에서는 종목에 대한 확신과 인내심이 반드시 필요하다. 그렇다고 무작정 기다리라는 말은 아니다. 매출과 영업이익의 동반성장이 지속되어야 한다. 매출과 영업이익이 하락했다면 목표에 훨씬 못 미치는 수익일지라도 매도하는 것이 맞다.

통신사들이 돈 벌 수 있는 솔루션을 만들다

엔텔스(069410)	
최초 매수일 및 가격	2012년 7월 24일 / 4,840원
최종 매도일 및 가격	2013년 5월 3일 / 12,550원
수익률	159.3%
주당 배당금	1년 / 127원
배당수익률	2.6%(배당세율 15.4% 제외)
최종 수익률	161.9%

※ 추천 당일 종가 9,680원이었으나 2012년 12월 4일 1주당 1주의 무상증자가 진행돼 4,840원으로 조정함

국내 스마트폰 가입자 수가 보급이 시작된 지 3년 남짓 만에 2,700만 명을 넘어 빠르게 증가하고 있다는 뉴스를 접했다. 이는 우리나라 인구의 50% 이상이 스마트폰을 사용하고 있다는 것으로, 경제활동인구는 거의 다 사용한다는 얘기다.

스치듯 든 생각이 '이동통신 3사는 엄청난 매출을 올리겠구나'였다. 실제 재무제표를 살펴보니 어마어마한 영업이익을 내고 있음을 알 수 있었다. 그렇다면 협력회사들의 이익도 늘 것이다. 과연 어떤 협력사들이 있는지, 그중에서 우량하고 저평가된 회사가 있는지 찾아봤다.

수많은 협력사가 있었는데, 그중 엔텔스라는 회사에 가장 관심이 갔다. SK텔레콤, KT, LG유플러스, 그 밖에 최근 영업을 개시한 별정통신사업자MVNO, Mobile Virtual Network Operator도 이 회사의 통합운영지원솔루션을 사용하고 있다. 과금 데이터의 수집, 음성·데이터 서비스의 과금 등 엔텔스의 솔루션군은 관련 분야에서 70% 이상의 점유율로 시장점유율 1위를 유지하고 있다.

별정통신사업이란 통신 시장의 경쟁을 활성화하기 위해 정부가 만든 제도다. 신규 사업자를 진입시켜 시장을 자극할 필요가 있다고 판단한 것이다. 신규 사업자는 기존 이통 3사의 회선을 임대하여 여러 가지 요금체제 및 상품을 독자적으로 판매할 수 있다. 가장 쉬운 예가 '알뜰폰'이다. 결론을 말하자면, 이동통신 관련 모든 사업자가 엔텔스의 통합운영지원 솔루션을 사용하고 있다고 보면 된다.

엔텔스는 2000년 7월 SKT 정보기술원 팀원 5명이 분사하여 설립했다. 2007년 6월 5일부터 8일까지 IPO 공모를 하고 공모 가격은 10,000원으로 확정, 공모청약을 받았다. 당시 경쟁률이 1,078:1로 투자자들의 높은 관심을 받았다. SK텔레콤㈜이 6.22%의 지분을 가지고 있었는데 이점도 투자자들에게 긍정적인 영향을 주었다.

2007년 6월 20일 코스닥에 상장했다. 시초 가격이 20,000원이었고 종가는 23,000원이었으며, 다음 날은 최고가인 26,300원까지 올랐다. 하지만 주가는 점점 하락했고, 2008년 리먼 사태까지 맞물려 2008년 10월에는 최저가 1,360원을 기록했다. 무려 20분의 1 토막이 났다. 이렇듯, 회사의 펀더멘털에 문제가 없어도 주가는 극과 극을 오갈 수 있다.

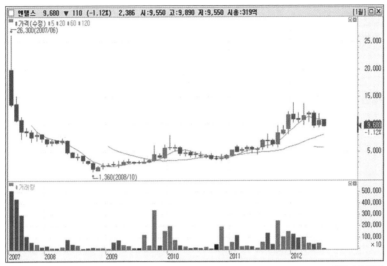

📝 불곰의 **투자 Tip**

엔텔스의 주가는 기업의 펀더멘털에 문제가 없이 하락한 것이기에 시장이 안정을 찾는다면 제 가치를 찾아갈 것이다. 금융위기 같은 상황에서도 투자자는 인내심을 발휘할 수 있어야 한다. 긍정적인 마인드를 갖고, 기본적 분석을 통해 좋은 주식을 찾았다면 기업에 큰 변동이 생기지 않는 이상 믿는 게 중요하다. 주가는 반드시 가치에 수렴한다는 신념으로 차분히 기다려야 한다.

기초 단계

3중 필터링으로 종목 압축

Filtering 1 재무 안정성 검증: 부채비율이 100% 이하인가?

2010년 매입채무액이 높다 보니 부채비율이 80%였지만, 2012년 1분기에는 부채비율이 26%로 낮아졌다. 불곰의 부채비율 기준을 통과했다.

부채비율 확인을 위한 데이터 (단위: 억 원, %)

	2012년 제13기 1분기	2011년 제12기	2010년 제11기
자본	270	261	211
부채	71	120	172
부채비율	26	46	81

Filtering 2 비즈니스 성장성 확인: 영업이익이 지속해서 성장하는가?

영업이익이 제11기 약 45억 원에서 제12기 65억 원으로 늘었다. 제13기 1분기와 제12기 1분기를 비교해도 4억 원에서 6억 원으로 늘었다. 스마트폰 사용자가 증가함에 따라 통신업체와 솔루션 공급계약이 증가하여 2010년부터 매출이 성장하고 있다. 스마트 디바이스의 발달은 엔텔스의 성장과 직결된다.

손익계산서

	제13기 1분기	제12기 1분기	제12기	제11기
매출액	7,514,428,752	4,038,944,957	45,981,094,977	38,138,447,826
매출원가	5,234,703,557	2,279,497,853	31,340,224,061	27,814,815,256
매출총이익	2,279,725,195	1,759,447,104	14,640,870,916	10,323,632,570
기타수익	7,703,282	21,424,527	98,385,802	780,987,167
판매비와관리비	1,667,449,993	1,343,019,838	7,892,375,418	6,517,382,981
기타비용	15,170,362	20,001,556	355,223,395	127,920,593
영업이익(손실)	604,808,122	417,850,237	6,491,657,905	4,459,316,163
금융수익	259,552,714	154,452,658	759,519,405	516,595,360
금융원가		42,356,464	85,315,770	222,436,031
법인세비용차감전순이익(손실)	864,360,836	529,946,431	7,165,861,540	4,753,475,492
법인세비용	101,513,177	142,669,519	1,490,488,930	128,162,813
당기순이익(손실)	762,847,659	387,276,912	5,675,372,610	4,625,312,679
주당손익				
기본주당순이익(손실)	252	128	1,878	1,530
희석주당순이익(손실)	241	120	1,817	1,455

출처: 2012.5.14 분기보고서(2012.3) '재무제표 등'

Filtering 3 **저평가 상태 확인: FD PER가 10 이하인가?**

코스닥에 상장한 2006년 제7기 실적은 매출 263억 원, 당기순이익 21억 원으로 상장 시초가로 PER를 계산하면 30이 넘었다. 사업 아이템이 엄청나게 좋아 성장 가능성이 있다고 해도 20,000원대의 시초가는 매수하기에 좋은 가격이 아니다. 2011년 1사분기 당기순이익이 3억 원인데 2011년 제12기 당기순이익은 56억 원이었다. 이런 추이를 바탕으로 2012년 매출은 500억 원, 영업이익은 75억 원, 당기순이익은 보수적으로 잡아 70억 원으로 예상했다.

당시 시가총액 319억 원, 추후 발행될 BW(20억 원)까지 포함해 339억 원으로 산정하면 FD PER는 4.84가 나온다(시가총액 339억÷제13기 예상당기순이익 70억). 불곰의 FD PER 기준을 충족한다.

FD PER 산출을 위한 데이터

(단위: 억 원)

	2012년 제13기 예상	2012년 제13기 1분기	2011년 제12기 1분기	2011년 제12기	2010년 제11기
매출액	500	75	40	459	381
영업이익	75	6	4	65	44
당기순이익	70	7	3	56	46

조사 단계

회사의 공개된 정보 수집

Research 1 **공정공시를 확인한다**

사업보고서에서 사업의 내용을 분석한다. 엔텔스의 주요 사업부문을 확인하여 매출구조와 주력사업의 안정성을 체크했다. 운영지원시스템이 34%, 장비공급이 41%의 매출을 차지한다. 소프트웨어와 하드웨어가 통합된 솔루션인 일원화 서비스로 안정적인 매출이 가능하다.

주요 제품 등의 현황

(단위: 천 원)

사업부문	매출 유형	품 목	구체적용도	주요상표등	매출액 (비율)
통합운영 지원솔루션 (시스템 소프트웨어 개발 및 공급)	제품	운영지원 시스템	비지니스 지원 영역과 서비스 제공 플랫폼 영역의 중간에 위 치하는 모든 영역을 포함하며 서비스 개통, 과금 수집, 각종 게이트웨이,분석시스템을 포함	N-Mediator N-Mediator IMS CGF N-Activator N-PSG	2,561,260 (34.1%)
		비즈니스 지원 시스템	서비스 비지니스의 핵심정보인 고객정보, 상품정보를 관리하 며 과금 및 정산을 포함	N-Rater N-CCBS N-PPS N-OCS N-Settlement	472,618 (6.3%)
		서비스 제공 플랫폼	서비스를 제공하기 위한 콘텐 트관리, 사용자 인증, 서비스 시스템들이 포함	W2CSP N-Diameter	1,341,688 (17.8%)
	기타	시스템 통합	장비 공급	–	3,138,863 (41.8%)
계					7,514,429 (100.0%)

출처: 2012.5.14 분기보고서(2012.3) '사업의 내용'

BW(신주인수권부사채) 발행과 관련된 공시를 확인해보니 BW 발행 내역이 있었다. 2008년 6월 30일 20억 원의 BW를 발행했고, 조기상환 청구권Put Option 조건까지 있었다. 결정 행사 가격은 4,800원이었지만, 주가 하락으로 행사가액이 조정을 받아 3,360원이 됐다.

신주인수권행사가액의 조정

1. 조정에 관한 사항	회차	조정전 행사가액(원)		조정후 행사가액(원)	
	1	4,800원		3,360원	
2. 행사가능주식수 변동	회차	미행사신주인수권 증권의 권면총액(통화단위)		조정전 행사 가능 주식수(주)	조정후 행사 가능 주식수(주)
	1	2,000,000,000	KRW : South-Korean Won	416,666	595,238
3. 조정사유	시가하락에 따른 행사가액 조정				

출처: 2008.9.30 신주인수권행사가액의조정

 불곰의 투자 Tip

투자할 종목을 찾아 재무 분석을 할 때 CB·BW를 발행한 후 행사가 종료되지 않은 회사는 특별한 이유가 아니라면 처음부터 투자에서 제외하는 게 좋다. 주주 가치를 희석하는 악 재이기 때문이다. 하지만 엔텔스의 경우 정부의 중소기업 지원 정책과 관련이 있는 발행 이었기에 BW에 대한 부정적인 의미를 부여하지 않았다.

2010년 6월 30일 채권자에 의한 조기상환청구권이 행사되어 엔텔스는 6억 원의 사채를 상환했다. 1년 후인 2011년 6월 30일 채권자에 의한 조기상환청구권이 다시 행사되어 회사는 나머지 14억 원 전액을 상환했다. 이제 신주인수권Warrant(주식을 발행받을 수 있는 권리)만 남게 됐다.

2011년 12월 28일 공시를 보면 엔텔스는 13억 원의 신주인수권을 취득하여 주가 안정화를 위해 즉시 전량 소각한다고 발표했다. 신주인수권을 가지고 있던 채권자가 회사 특수관계인으로, 신주 전환을 포기하면서 주주 가치가 희석되지 않도록 노력한 것이다. 주주를 배려하는 경영 방법이다. 나머지 7억 원의 신주인수권에 대해서는 어떤 결과를 보일지 알 수 없지만 크게 문제가 되지 않을 것으로 판단했다.

신주인수권부사채(해외신주인수권부사채 포함) 발행후 만기전 사채 취득

신주인수권증권(해외신주인수권증권) 취득		1	회차
1. 사채만기전 취득한 신주 인수권증권에 관한 사항	분리전 사채의 종류	무기명 이권부 무보증 사모 분리형 신주인수권부사채	
	사채 발행일자	2008-06-30	
	사채발행방법	국내발행 (사모)	
	신주인수권증권의 권면총액(원)	1,300,000,000	
	주당 신주인수권 행사가액(원)	3,360	
	만기일	2012-11-30	
2. 신주인수권증권 취득금액 (통화단위)		780,000,000	KRW : South-Korean Won
- 기준환율		–	
- 취득일자		2011-12-28	
3. 취득후 신주인수권증권의 권면잔액(통화단위)		700,000,000	KRW : South-Korean Won
4. 취득사유 및 향후 처리방법		– 취득사유 : 잠재 발행주식수 감소를 통한 주가안정화로 주주가치 제고 – 향후 처리방법 : 매입 후 즉시 전량 소각	
5. 취득자금의 원천		자기자금	
6. 신주인수권증권의 취득방법		장외매수	

출처: 2011.12.28 신주인수권부사채(해외신주인수권부사채포함)발행후만기전사채취득

2012년 5월 23일 KB자산운용에서 엔텔스 주식 5.06%인 16만 6,974주를 매수했다는 공시를 냈다. 이는 엔텔스의 가치에 큰 문제가 없다고 판단할 수 있는 지표라 할 수 있다.

보유주식등의 수 및 보유비율

	보고서 작성 기준일	보고자		주식등		주권	
		본인 성명	특별 관계자 수	주식등의 수(주)	비율 (%)	주식수 (주)	비율 (%)
직전 보고서	–	–	–	–	–	–	–
이번 보고서	2012년 05월 22일	KB자산 운용	–	166,974	5.06	166,974	5.06
증 감				166,974	5.06	166,974	5.06

출처: 2012.5.23 주식등의대량보유상황보고서(약식)

SK C&C와 35억 원, SK텔레콤과 20억 원의 계약을 했다는 공시도 있었다. 공급계약 공시를 통해 영업활동에도 문제가 없음을 계속해서 보여주고 있다.

단일판매 · 공급계약 체결(자율공시)

1. 판매 · 공급계약 내용		이동통신사용 데이터 과금 솔루션 공급
2. 계약내역	계약금액 (원)	3,511,987,655
	최근 매출액 (원)	38,138,447,826
	매출액 대비 (%)	9.21
3. 계약상대방		SK C&C 주식회사
– 회사와의 관계		–
4. 판매 · 공급지역		국내
5. 계약기간	시작일	2011–10–18
	종료일	2012–04–30

출처: 2011.10.24 단일판매공급계약체결(자율공시)

단일판매 · 공급계약 체결(자율공시)

1. 판매 · 공급계약 내용		4G 이동통신(LTE)용 정책관리시스템(PCRF) 및 무선트래픽 제어시스템 공급
2. 계약내역	계약금액 (원)	1,959,436,419
	최근 매출액 (원)	38,138,447,826
	매출액 대비 (%)	5.14
3. 계약상대방		SK텔레콤(주)
– 회사와의 관계		–
4. 판매 · 공급지역		국내
5. 계약기간	시작일	2011–12–01
	종료일	2012–01–31

출처: 2011.12.29 단일판매공급계약체결(자율공시)

엔텔스의 주요 사업은 이동통신 요금의 정산과 과금, 청구서 전자 결제 시스템 및 고객관리 솔루션이다. 그 외 유무선 인터넷 플랫폼, 코어 네트워크 장비 그리고 미디어 서비스 분야의 핵심 기술을 제공하고 있다. 지속적인 기술 개발을 통해 더욱 편리해진 통합 관리 시스템을 서비스하고 있다.

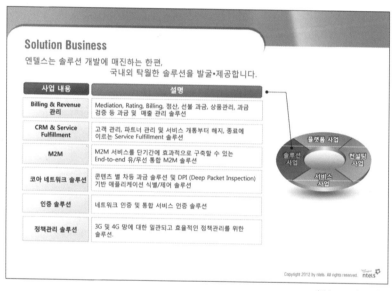

출처: 2012년 IR 자료

국내 점유율 1위에 걸맞은 공급거래처를 확보하고 있다. 국내 대표 이동통신사 SKT, KT, LG유플러스가 주요 고객사다. 파트너로는 네트워크 선두 업체들인 인텔, HP, IBM, 오라클, 시스코 등이 있다.

출처: 2012년 IR 자료

⊜✓ 불곰의 Item Insight

사용 정산과 과금 관리는 기업 입장에서 매우 민감한 부분이다. 따라서 비용적인 측면을 떠나 안전성과 신뢰가 무엇보다 중요하며, 이 때문에 거래처를 쉽게 변경할 수 없다. 후발주자에게는 진입장벽이 무척이나 높은 아이템이다.

Research 3 증권회사의 종목 리포트를 분석한다

자산유동화증권을 소개하며 자금 조달을 위해 회사채 발행이 어려운 중소기업에 자금 지원을 하기 위해 중소기업청과 중소기업진흥공단이 주관하는 정책으로 중소기업이 무보증 회사채 또는 BW를 발행하고 자산유동화회사(SPC)가 인수해 '중소기업 전용 자산유동화증권(ABS)'을 발행하여 시장에 매각해서 그 자금을 지원하는 방식이다. 엔텔스의 BW 발행은 낮은 금리 (3.21%)로 자금을 확보했다는 것을 강조하고 있었다.

출처: 한국투자증권 보고서(2008.6.19)

엔텔스는 20억 원의 BW를 발행했는데, 이는 정부 지원 정책의 일환으로 낮은 금리로 회사 운영자금을 마련하기 위함이었다. 회사 최대주주 및 특수관계인이 유동화증권ABS을 매수했고 2년 만에 회사의 실적이 좋아지면서 조기상환을 청구하여 원금을 회수했다. 20억 원에 해당하는 신주인수권 중 13억 원은 소각하기로 하여 주주 가치를 희석하는 일은 일어나지 않았기 때문에 투자를 하는 데 부정적 요인이 아니었다.

Research 4 | 미디어 뉴스를 검색한다

심재희 엔텔스 대표는 14일 서울 여의도에서 기자간담회를 갖고 "LTE 통신 솔루션과 플랫폼 서비스 등 혁신적인 컨버전스 서비스를 통해 재도약하겠다"는 중장기 계획을 밝혔다. 엔텔스는 올해 사업의 중요한 전환점을 맞고 있다. LTE, 이동통신재판매(MVNO), 제4이동통신 등 우호적인 사업 환경이 잇따라 조성되고 있기 때문이다.

새로운 이동통신 서비스 모두 새로운 솔루션을 필요로 하고 이를 충족시켜 줄 업체가 현재로선 엔텔스가 유일하다. 실제로 엔텔스는 통신 솔루션 시장의 본격 성장으로 작년 매출이 전년보다 292% 성장했고 올해 1사분기에는 영업이익과 순이익이 흑자로 돌아섰다.

심 대표는 "매출의 70% 정도가 하반기에 발생하는 사업구조로 이 같은 호조는 올해 내내 지속될 것"이라고 말했다.

출처: 《파이낸셜》(2011.7.14)

스마트폰 가입자가 지속해서 늘고, 다양한 스마트기기와 기술이 개발됨에 따라 엔텔스의 역할도 중요해질 것이다. 또한 재무제표로 알 수 있듯이 하반기에 매출이 증가한다는 점에서 2012년 매출액과 영업이익을 예측하는 데 도움이 됐다.

소셜 네트워크 서비스(SNS) 대중화로 데이터양이 폭증하면서 '빅데이터'에 대한 관심이 높아지고 있다. 빅데이터란 기존의 관리와 분석 체계로는 감당하기 어려운 정도의 막대한 데이터를 말한다. 앞으로 빅데이터를 체계적으로 수집하고 분석하는 활용 정도에 따라 기업들의 경쟁력에 차이가 날 수 있다. 국내 증시에 빅데이터 솔루션과 직접적으로 관련된 종목은 없지만 빅데이터의 핵심이 대용량 데이터를 수집하고 분석함으로써 의미 있는 비즈니스 기회를 창출하는 것으로 본다면 2개 업체가 눈길을 끈다.

엔텔스는 이동통신사의 대용량 데이터를 수집, 과금하는 솔루션을 보유한 회사다. 사업영역 중 차징(charging)은 서비스 사용에 따른 트래픽 수집과 서비스 분석 기능으로 빅데이터 본래 의미인 대량 데이터 분석과 관련 있다. 통신 솔루션 부문 국내 점유율 1위인 엔텔스는 데이터 트래픽 증가와 함께 롱텀에볼루션(LTE)이 도입되면서 통신 솔루션 수요가 늘어날 전망이다.

출처: 《매경이코노미》(2012.2.20)

스마트폰은 나날이 발달하면서 휴대전화 기능을 넘어 노트북을 대체할 정도로 다양한 기능을 탑재하고 있다. 스마트폰 사용자들은 데이터 통신을 이용해 인터넷을 즐기고, 정보를 검색하거나 미디어를 시청한다. 더 많은 데이터가 필요해지리라는 것은 자명한 일이기에 이동통신사의 운영 솔루션을 책임지고 있는 엔텔스의 역할은 그만큼 중요해질 것이다.

결정 단계

투자 가치 최종 확인 및 저가 매수

Decision 1 **회사에 문의한다**

2012년 1사분기를 포함하여 최근 2년 치의 재무제표를 통해 2012년 매출 규모를 예상했지만, 엔텔스에서는 어떻게 바라보고 있는지 주식 담당자를 통해 확인할 필요가 있었다. 내부정보를 공개할 순 없겠지만, 엔텔스에서도 목표로 하는 매출 규모가 있을 것이기에 전화를 걸어 확인했다.

Q 매출 규모는 전년 대비 증가할 것으로 전망하는가?

A 최근 스마트폰 이용자가 증가하면서 제조사 및 통신사의 부가 서비스도 증가했다. 데이터 사용량도 늘어 관련 시스템을 증설해야 하는 상황이 계속되고 있다. 당사의 매출은 전년보다 증가할 것으로 본다.

Decision 2 **FD PER를 재확인한다**

1단계에서 재무제표를 보고 추정한 2012년 FD PER는 4.84였다. 이후 2단계의 정보 수집과 3단계의 회사 접촉을 통해 1단계에서 추정한 FD

PER가 충분히 가능하고, 매년 성장을 지속할 가능성이 크다는 점을 확인했다. 이에 투자를 결정했다.

[Decision 3] 저가에 분할 매수한다

2012년 7월 24일 4,840원(100% 무상증자 적용)을 시작으로 매수 추천을 했다. 이후 계속 횡보하다가 2013년 1월 들어서면서 실적 기대감과 함께 급등하기 시작했다. 2013년 5월 3일 12,550원에서 매도했다. 당시 시가총액이 865억 원 정도였고 예상당기순이익이 70억 원이었으므로 FD PER가 10을 넘은 상태였다.

> ### 📖 불곰의 투자 Review
>
> 엔텔스는 운 좋게도 매수 추천 이후 급락 없이 지속적으로 상승한 주식이다. 그럴 수 있었던 이유는 실적에 대한 투자자들의 기대감이 상당히 높았기 때문이며, 실제로도 엔텔스는 기대에 부합하는 실적을 보여주었다.
>
> 투자자로서는 기업 실적이 지속해서 좋아지면서 주가도 계속 상승할 때가 가장 즐겁다. 하지만 대다수의 주식은 시황이나 업계 변동 등의 요인으로 등락을 반복하기 마련이다. 불곰의 종목 선정 3단계를 거쳐 투자를 시작한 주식에 대해서는 하루하루의 등락에 신경 쓰지 말고, 시장에서 인정하는 가치가 선정 당시 예측한 기업의 가치에 도달할 때까지 기다려주어야 한다.

"아들, 나 보톡스 하면 안 될까?"

메디톡스(086900)		
최초 매수일 및 가격		2011년 3월 22일 / 24,000원
최종 매도일 및 가격		2012년 5월 3일 / 47,250원
	수익률	97%
주당 배당금		1년 / 254원
	배당수익률	1%(배당세율 15.4% 제외)
최종 수익률		98%

설을 쇠러 본가에 갔다. 차례를 마치고 온 가족이 둘러앉아 이야기꽃을 피우는데, 어머니께서 문득 말씀하셨다.

"아들, 나 보톡스 하면 안 될까? 얼굴이 자꾸 처지네."

뭔 말씀인가 싶어서 여쭤보니 TV에서 보톡스 관련 프로그램을 봤는데 좋아 보였다고, 그래서 어머니도 하고 싶어지셨다고 한다. 역시 예뻐지고 싶은 마음은 나이를 떠나 인류의 공통 소망인 듯하다.

명절이 지나고 돌아와 추천 종목을 준비하는데 어머니 말씀이 생각났다. 그래서 보톡스 관련주로 어떤 것들이 있는지 살펴봤다.

대부분 사람이 알고 있는 보톡스란 미용을 위해 주름을 없애는 약 정도일 것이다. 그런데 실은 눈꺼풀 경련이나 비뚤어진 눈과 같이 제어되지 않는 근육을 일시적으로 마비시켜 치료하기 위해 개발된 약물이다. 파킨슨병같이 근육이 서서히 굳어지는 병에도 사용된다.

보톡스Botox는 제품명이다. 미국 엘러간Allergan사에서 보툴리눔 독신 botulinum toxin이란 성분을 이용해 개발한 근육 수축 주사제다. 세계 최초로 개발하여 유통하다 보니 일반명사처럼 사용하게 된 것이다. 미원, 포클레인, 대일밴드, 퐁퐁, 포스트잇 등이 다 그런 예다.

보톡스의 주원료인 보툴리눔 독신은 부패한 박테리아가 분비하는 신경독소 단백질로 단 1g만으로도 100만 명 이상을 사망에 이르게 할 수 있는 대단히 강력한 독소다. 그런데 극미량을 사용해 경직된 근육에 주사하면 근육을 움직이게 하는 신경을 차단하여 근육 이완 효과를 가져온다.

미국 엘러간의 보톡스 말고도 보툴리눔 독신을 이용한 제품이 몇 개 더 있다. 프랑스 입센사의 디스포트Dysport, 중국 란주생물제품연구소의 BTXA, 한국 메디톡스의 메디톡신Meditoxin, 독일 머츠사의 제오민XEOMIN, 미국 솔스티스사의 마이오블록MYOBLOC, 한국 휴젤에서 만든 보툴렉스 Botulax 등이다. 전 세계적으로 7개 회사만 존재하는 원천 기술 과점적 시장이다. 그런 가운데 국내 제약회사가 두 곳이나 있다니, 왠지 가슴이 벅찼다. 메디톡스는 상장회사였지만 휴젤은 비상장회사였기에 메디톡스를 분석했다.

메디톡스는 2000년 5월에 설립됐다. 2001년에 태평양제약에서 전략적 제휴를 통해 바이오벤처인 메디톡스의 연구·개발을 지원했다. 메디톡신은 메디톡스가 세계에서 네 번째로 독자 개발에 성공한 약품으로, 2005년 임상 3상을 완료하고 2006년 식품의약품안전처^{KFDA}로부터 국내 판매 허가를 획득했다. 그리고 긴 시간을 믿고 함께해온 파트너사인 태평양제약을 통해 판매했다.

메디톡스는 2009년 1월 16일 코스닥에 상장했다. 공모가는 14,000원이었으며, 청약 경쟁률은 297:1로 상당한 기대를 모은 회사다.

메디톡스의 주가 변동 상황을 살펴보니 2010년 10월 28일 33,300원으로 최고점을 찍고, 기관의 매도로 하락세를 보이고 있었다. 기관의 남은 물량이 계속 나온다면 주가가 좀더 하락할 가능성이 있어서 저가 매수의 기회를 노렸다.

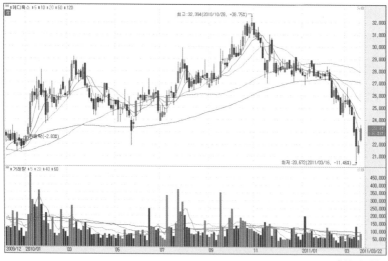

출처: 삼성증권

3중 필터링으로 종목 압축

Filtering 1   재무 안정성 검증: 부채비율이 100% 이하인가?

메디톡스의 당시 3년간의 부채비율이다. 2010년 3분기 단기차입금이 증가하며 부채비율도 따라서 증가했는데, 그래도 29%로 여전히 낮은 비율을 유지하고 있다. 불곰의 부채비율 기준을 충족한다.

부채비율 확인을 위한 데이터   (단위: 억 원, %)

	2010년 제11기 3분기	2009년 제10기	2008년 제9기
자본	339	269	188
부채	100	56	34
부채비율	**29**	**20**	**18**

Filtering 1   비즈니스 성장성 확인: 영업이익이 지속해서 성장하는가?

2006년(제7기) 본격적으로 메디톡신의 판매를 시작한 후 매년 20~50%의 높은 매출 증가율을 보였다. 상장기업 중에서 보기 드물게 영업이익률이 50%가 넘는다는 데 주목했다. 이는 원료 생산비용이 낮아 고마진 정책이 가능한 사업구조이기 때문이다. 향후에도 매출이 꾸준히 증가할 것으로 기대했다.

주요 재무정보에 관한 사항

(단위: 천 원)

구 분	제11기 3분기	제10기	제9기	제8기	제7기
자산총계	43,938,037	32,598,522	22,294,040	17,700,797	12,272,982
매출액	15,464,806	17,189,006	10,131,565	5,145,716	3,556,087
영업이익	7,611,623	8,778,427	4,349,336	1,557,069	1,486,880
당기순이익	7,717,581	8,813,717	4,824,311	1,500,498	1,307,169

출처: 2010.11.11 분기보고서(2010.9) '사업의 내용'

[Filtering 1] **저평가 상태 확인: FD PER가 10 이하인가?**

이 종목은 증권사 HTS에는 PER가 10이 넘는 종목으로 표시돼 있었다. 하지만 부채비율이 낮고 영업이익률이 50%가 넘는 회사이므로 매출과 영업이익이 계속해서 증가한다면 PER는 자연스럽게 낮아질 것으로 예상했다.

전년도에 20% 이상 성장했다는 사실을 토대로 2011년 제12기 당기순이익을 예상하면 120억 원이 된다. 시가총액이 1,357억 원이므로 FD PER는 11.3 정도다. 불곰의 기준인 10을 넘지만, 회사의 성장성과 높은 영업이익률에 가중치를 주었다.

FD PER 산출을 위한 데이터

(단위: 억 원)

	2011년 제12기 예상	2010년 제11기	2009년 제10기
매출액	**240**	210	171
영업이익	**124**	106	87
당기순이익	**120**	104	88

조사 단계

회사의 공개된 정보 수집

Research 1 **공정공시를 확인한다**

공시에는 '주식매수선택권 행사에 따른 자기주식 교부'가 보고돼 있었다. 임직원의 스톡옵션이 행사돼 신주를 발행해야 하는데, 이는 주식 가치를 희석해 기존 주주들에게 피해를 줄 수 있다.

이에 메디톡스는 기존 주주들을 위해 신주를 발행하지 않고 당사가 보유한 자기주식을 처분하여 교부하기로 했다. 메디톡스의 자기주식 계좌에서 교부받을 스톡옵션 행사자의 개인 증권 계좌로 이체하는 방식이다. 주주보호 정책의 일환이라고 볼 수 있다.

보고 내용

1. 처분 목적

: 주식매수선택권 행사에 따른 자기주식 교부

2. 처분예정금액

: 479,722,500원

※ 위 처분예정금액은 처분 예정 주식 수(15,450주)에 이사회 결의일 전일인 2010년 10월 4일의 종가(31,050원)를 곱한 금액으로 실제 처분금액은 실제 처분 결과에 따라 변동될 수 있습니다.

3. 주식의 종류와 수

주식의 종류	주식수	1주당 액면가액	비고
보통주	15,450주	500원	–

출처: 2010.10.5 주요사항보고서(자기주식처분결정)

일반적으로 사업보고서 공시 전에는 당해 연도의 실적을 확인할 방법이 없다. 다만, 전년 대비 실적 변동이 30% 미만으로 증가했거나 감소했을 때는 기업이 자율공시를 할 수 있다. 메디톡스는 증가한 경우인데, 이를 자율공시하는 것은 주가 부양 정책으로 볼 수 있다. 회사의 펀더멘털에 문제가 없고 영업도 잘되고 있다는 것을 보여주는 것이기 때문이다.

당시 메디톡스는 매출액 22.68%, 영업이익 20.89%, 당기순이익 17.89%가 증가했다. 이 공시를 통해 2011년 매출액과 영업이익을 보다 쉽게 예측할 수 있었다.

매출액 또는 손익구조 30%(자산총액 2조원이상인 법인은 15%)미만
변동(자율공시)

1. 매출액 또는 손익구조 변동내용	당해사업연도	직전사업연도	증감금액	증감 비율(%)
– 매출액(재화의 판매 및 용역의 제공에 따른 수익액에 한함)	21,087,599,136원	17,189,005,942원	3,898,593,194원	22.68%
– 영업이익	10,612,121,802원	8,778,426,631원	1,833,695,171원	20.89%
– 법인세비용차감전 계속사업이익	10,915,276,052원	9,130,969,671원	1,784,306,381원	19.54%
– 당기순이익	10,390,783,228원	8,813,717,032원	1,577,066,196원	17.89%

출처: 2011.3.3 매출액또는손익구조30%(대규모법인은15%)미만변동(자율공시)

당시 바이오 기업들은 운영자금을 확보하여 기업을 더 성장시키기 위해서 대체로 배당을 하지 않았다. 메디톡스는 주당 배당액이 크지는 않았지만, 배당을 했다는 데 큰 의미가 있다. 이 또한 이익을 주주에게 환원하는 정책이다.

 불곰의 투자 Tip

주주환원 정책이 많다는 것은 주주를 배려함으로써 주가를 안정화하겠다는 경영진의 의지를 보여주는 것이므로 투자를 고려할 때 중요한 요소가 된다.

현금배당 결정

1. 배당구분		결산배당
2. 1주당 배당금(원)	보통주	300원
	우선주	-
3. 시가배당률(%)	보통주	1.04%
	우선주	-
4. 배당금총액(원)		1,646,524,200원
5. 배당기준일		2010-12-31

출처: 2010.12.31 현금·현물배당결정

세이에셋코리아자산운용과 에셋플러스자산운용은 기관투자자로 메디톡스의 주식 5% 이상을 보유하고 있었으나, 지속적으로 매도하면서 주가 하락을 주도했다. 두 곳 합쳐서 약 50만 주가 남았는데, 불곰이 매수하던 당일까지 추가 매도를 했는지는 알 수 없다. 지분이 5% 미만이 되면 보유비율 변동에 대해 공시 의무가 없기 때문이다.

아무튼 주가 하락이 회사에 문제가 있어서가 아니기에 저가 매수의 기회로 삼을 만하다.

 불곰의 투자 Tip

5% 이상 보유했던 기관이 5% 미만으로 보유주식 축소 공시를 했다면 나머지 지분도 매도하는 경우가 대부분이다. 이에 따라 가격이 하락할 가능성이 크다는 점을 염두에 두고 매매에 임하면 좋다.

보유주식등의 수 및 보유비율

	보고서 작성 기준일	보고자		주식등		주권	
		본인 성명	특별 관계자 수	주식등의 수(주)	비율 (%)	주식수 (주)	비율 (%)
직전 보고서	2010.01.13	세이에셋코리아자산운용(주)	3	281,252	5.12	281,252	5.12
이번 보고서	2010.12.31	세이에셋코리아자산운용(주)	3	230,562	4.08	230,562	4.08
증 감				−50,690	−1.04	−50,690	−1.04

(주) 보고자 보유분에는 일임계약 보유분 209,700 주(3.71%)를 포함

출처: 2011.1.5 주식등의대량보유상황보고서(약식)

보유주식등의 수 및 보유비율

	보고서 작성 기준일	보고자		주식등		주권	
		본인 성명	특별 관계자 수	주식등의 수(주)	비율 (%)	주식수 (주)	비율 (%)
직전 보고서	2010년 10월 29일	에셋플러스자산운용(주)	−	329,246	5.82	329,246	5.82
이번 보고서	2011년 02월 07일	에셋플러스자산운용(주)	−	271,449	4.80	271,449	4.80
증 감				−57,797	−1.02	−57,797	−1.02

출처: 2011.2.8 주식등의대량보유상황보고서(약식)

두 곳의 투자 운용사가 지속적으로 매도한 반면, 템플턴자산운용사는 2010년 11월부터 지속적으로 매수하고 있었다. 2011년 1월 27일 1.11%인 6만 2,650주를 추가 매수해 총 10.63%인 60만 1,151주를 보

유했다. 가치투자로 유명한 템플턴자산운용사가 매수했다는 점은 긍정적으로 볼 수 있다.

보유주식등의 수 및 보유비율

	보고서 작성 기준일	보고자		주식등		주권	
		본인 성명	특별 관계자 수	주식등의 수(주)	비율 (%)	주식수 (주)	비율 (%)
직전 보고서	2011년 01월 06일	Templeton Asset Management, Ltd.	–	538,501	9.52	538,501	9.52
이번 보고서	2011년 01월 27일	Templeton Asset Management, Ltd.	–	601,151	10.63	601,151	10.63
증 감				62,650	1.11	62,650	1.11

출처: 2011.1.31 주식등의대량보유상황보고서(일반)

 불곰의 투자 Tip

한국 자산운용사 중에 가치투자를 기본으로 자산을 운용하는 회사는 신영자산운용과 한국투자밸류자산운용이 대표적이다. 이런 운용사가 투자한 회사들은 저평가된 우량주일 가능성이 크다. 하지만 운용하던 펀드매니저가 바뀔 경우 이유 없이 매도하고 투자 종목을 변경하는 경우도 많기 때문에 부화뇌동할 필요는 없다.

IR 자료를 수집한다

메디톡스가 국내 최초로 보툴리눔 톡신 완제품 개발에 성공했다. 그 균
주는 미국 엘러간의 보톡스와 동일하다. 국내 판매는 파트너사인 태평양
제약에서 한다.

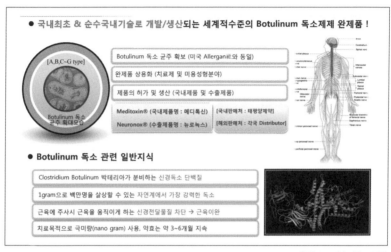

출처: 2010년 9월 IR 자료

보툴리눔 톡신 완제품의 국내 시장 규모가 성장하는 가운데, 메디톡
스는 이 시장에서 빠른 속도로 점유율을 높이고 있다. 2011년 국내 시
장점유율은 메디톡신이 35%로 1위였다. 그 뒤를 이어 보톡스가 33%,
BTXA가 12%, 디스포트가 11%를 차지했다.

보툴리눔 톡신 완제품 세계 시장에서는 엘러간이 81%를 차지하고
있었고, 메디톡스는 1.8%로 미미한 수준이었다. 비록 지금은 점유율이
낮지만, 세계 시장이 빠르게 성장하고 있고 한국에서는 다른 회사들을

앞질렀기 때문에 앞으로 세계 시장에서도 매출이 늘 것으로 예상했다.

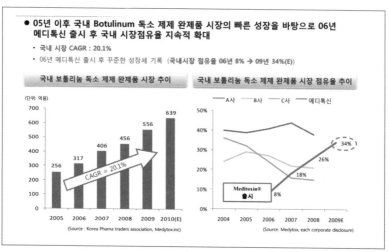

출처: 2010년 9월 IR 자료

≣☑ 불곰의 Item Insight

미용과 관련된 제품은 애국심으로 팔리는 제품이 아니다. 그런 면에서 세계 시장점유율이 1.8%에 불과한데 국내 시장점유율이 35%라는 의미는 메디톡스의 제품이 우수하다는 사실을 증명하는 것이다. 그러므로 세계 시장에도 순조롭게 진출할 수 있을 것으로 판단했다.

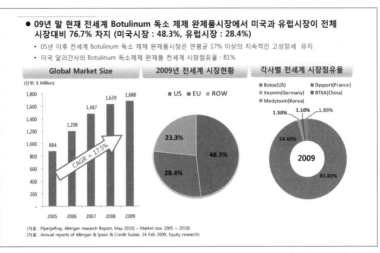

출처: 2010년 9월 IR 자료

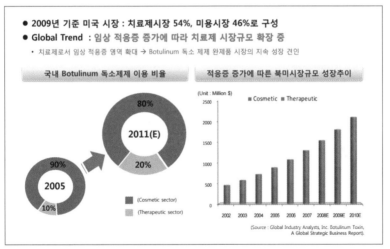

출처: 2010년 9월 IR 자료

치료제 분야의 매출 증대를 위해서 다양한 임상 적응증을 준비하고 있고, 일부 분야에서는 임상시험을 진행하고 있었다(3단계 참조).

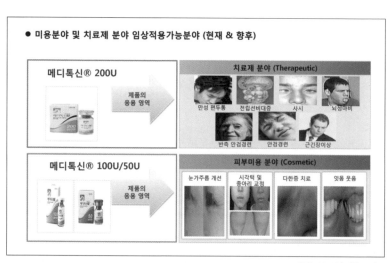

● 미용분야 및 치료제 분야 임상적용가능분야 (현재 & 향후)

출처: 2010년 9월 IR 자료

보툴리눔 톡신 완제품이 국내에서는 치료 목적보다 미용 목적으로 더 많이 사용되고 있으나, 미국 시장에서는 치료제 시장 규모가 50% 이상을 차지한다. 한국에서도 향후 치료 목적으로 많이 사용된다면 고부가가치 가 상당할 것이다.

Research 3 증권회사의 종목 리포트를 분석한다

보톡스의 아성을 위협하는 바이오 기업

메디톡스는 '보톡스(Botox)'로 유명한 바이오 의약품인 보툴리눔 독소를 주 제품으로 생산하는 바이오 기업이다. 보툴리눔 독소(Botulinum toxins)는 클로스트리듐 보툴리눔(Clostridium botulinum)이라는 병원균(미생물)에서 추출하여 생산하는 단백질 의약품인데, 근육-신경계 질환 및 특히 주름 개 선의 피부미용 적응증 확대로 시장이 급성장하고 있는 미생물 추출 단백질

바이오 의약품이다.

전 세계 80% 이상의 시장을 점유한 미국 엘러간사의 보톡스를 비롯하여 현재 전 세계 6개사만이 생산에 대한 원천 기술과 세포주 클로스트리듐 보툴리늄 균주를 확보하고 있다. 동사는 그중 네 번째로 제품 개발에 성공하여 2006년 3월 메디톡신의 국내 판매를 시작으로 국내외 시장에서 급성장하고 있다.

동사의 메디톡신은 보톡스의 독보적인 시장점유에 맞서 우수한 품질과 기술력 그리고 보톡스 대비 70% 수준의 가격 경쟁력을 바탕으로 국내 시장에서 2008년 기준 26%(보톡스 38%)까지 시장점유율을 끌어올리며 추격했고, 2009년에는 판매물량은 물론 금액 기준으로도 보톡스의 매출을 역전한 것으로 추정되고 있다. 국내뿐만 아니라 홍콩 및 중국, 일본, 태국, 인도 등 세계 시장에서도 뉴로녹스/씨악스(Neuronox/Siax)라는 제품명으로 2009년 3분기 누적 매출액 기준 수출 비중이 58%를 기록할 정도로 호조를 지속하고 있다.

출처: HMC투자증권 보고서(2009.11.19)

HMC투자증권은 메디톡스가 '우수한 품질과 기술력 그리고 보톡스 대비 70% 수준의 가격'으로 국내 점유율에서 엘러간을 앞질렀을 것으로 추정했는데, 실제로 그랬다. 후발주자로서 FDA 승인을 받는다면 세계 시장점유율을 끌어올릴 수 있을 것으로 판단했다. 그러면 메디톡스의 매출과 영업이익률은 기하급수적으로 증가할 것이다.

㈜메디톡스는 세계에서 네 번째이자 국내에서는 처음으로 보툴리눔 독소 주사제를 개발, ㈜태평양제약과 전략적 제휴를 맺고 국내 임상 3상에 착수했다. 불황 속에서도 국내 시장만 500억 원대를 형성할 것으로 예상되는 보툴리눔 독소 의약품 시장은 그동안 전량 수입에 의존해왔으나, 이번에 국산화 길이 열리면서 막대한 수입대체 효과를 기대할 수 있게 됐다. 메디톡스는 상품화에 성공할 경우 생물학적 제제 의약품 상품화에 성공한 유일한 바이오벤처가 된다.

보툴리눔 독소는 1g을 제품화할 경우 그 값어치는 80조 원에 이르며, 이는 같은 무게 금의 16억 배에 해당할 만큼 부가가치가 엄청나게 높은 것으로 평가받고 있어 개발 시 엄청난 고수익 제품으로 자리 잡을 것으로 보인다.

출처: 《청년의사 신문》(2003.7.16)

메디톡스가 메디톡신을 개발하던 당시의 기사로, 개발에 성공하면 얼마나 큰 파장을 일으킬지를 소개하고 있다. 메디톡스는 2004년 국내 임상시험을 성공적으로 마치고 2006년 식약처로부터 시판허가를 받아 태평양제약을 통해 판매를 시작했다. 수입에 의존해왔던 보톡스 주사제의 최초 국산화로 큰 부가가치를 창출하고 있다.

현재 전 세계적으로 보툴리눔 독소 제제에 대한 원천 기술을 보유한 회사는 5개국 6개사에 불과하다. 미국의 엘러간과 솔스티스 뉴로사어인스, 독일의 머츠, 프랑스의 보프입센, 중국의 란주생물제품 그리고 한국의 메디톡스다.

전 세계 보툴리눔 독소 시장은 미국이 73.7%를 차지하고 있는데 미국 시장을 독점하고 있는 엘러간의 보톡스가 전 세계 시장의 약 85%를 점유하고 있다.

보툴리눔 독소는 생물학무기로 개발된 독소라 생물무기금지협약 대상 물질로 제조, 보유 및 수출입에서 신고와 허가 절차가 필요하다. 또한 ATCC(균주기탁 및 배포협회)는 회원들의 보툴리눔 균주의 배포를 금지하고 있다. 이런 규제들로 인해 후발주자가 보툴리눔 균주를 확보하는 것이 매우 어렵다. 또한 세계적으로 보툴리눔 독소 제제에 관한 전문인력이 매우 희소하다.

메디톡스가 이 균주를 보유할 수 있었던 계기는 국제협약이 제정되기 이전인 1970년대에 국내 보툴리눔 독소 부분 일인자인 양기환 박사가 위스콘신 대학으로부터 국내로 들여왔기 때문이다. 양기환 박사의 수제자인 정현호 대표이사가 카이스트에서 그 기술을 전수받아 현재 상업화하기에 이르렀다.

출처: 《머니투데이》(2009.3.30)

보툴리눔 독소는 생물학무기로 사용될 수 있기에 생물무기금지협약에 따라 규제되고 있는 위험한 균주다. 기업 간의 배포도 금지되어 있어 후발주자가 해당 산업에 진입할 가능성은 매우 희박하다. 메디톡스는 국제협약이 제정되기 전에 균주를 확보해 상업화했다. 현재는 국내 1개 회사가 추가되어 전 세계적으로 7개 회사만이 존재하고 있다. 미국 FDA 승인을 받아 국내를 넘어 전 세계 시장으로 진출해 점유율을 높인다면 메디톡스의 가치는 더욱더 높아질 것이다.

투자 가치 최종 확인 및 저가 매수

회사에 문의한다

Q 생물무기금지협약과 관련하여 보툴리눔 독소 완제품을 생산하는
데 진입장벽이 되는 것으로는 구체적으로 어떤 것들이 있는가?

A 첫 번째로 맹독성 단백질 원료 제품이라 생물안전등급 BL3 이상의
생산설비가 갖춰져야 하는데, 여기에는 큰 비용이 소요된다. 두 번째
로 수출을 위해서는 국가별 식약처에 허가를 받아야 하기에 신규 사
업자가 진입하기엔 어려움이 있다.

Q 치료제 시장에도 진출하고 있는데 현재 임상시험을 통과하고 임상
적응증을 보유한 것은 어떤 분야인가?

A 첫 번째가 소아 뇌성마비 분야로 2011년 하반기에 치료제를 공급할
예정이다. 보험이 적용되어 많은 환자가 사용할 것으로 내다보고 있
다. 이 밖에 만성 편두통, 전립선비대증, 사시, 반측 안검경련, 근긴
장 이상 분야에서 임상시험을 준비하고 있다.

Decision 2 **FD PER를 재확인한다**

1단계에서 재무제표를 보고 추정한 2010년 FD PER는 11.3이었다. 2단
계의 정보 수집과 3단계의 회사 접촉을 통해 지금까지의 상승세가 앞으
로도 지속될 가능성이 크다는 점을 확인하고 투자를 결정했다.

저가에 분할 매수한다

2011년 3월 24,000원을 시작으로 매수 추천을 했다. 2011년 8월에는 15,000원으로 37% 하락하면서 FD PER가 7 정도로 낮아졌다. 회사의 펀더멘털에는 문제가 없었고 일시적인 과도 하락이었으므로 적극적인 매수가 필요한 상황이었다. 이후 주가는 상승세를 지속했다.

📑 불곰의 **투자 Review**

메디톡스는 2011년 투자 결정 후 2012년까지 14개월 동안 보유하여 97%의 높은 수익률을 거둔 종목이다. 그런데 2013년 9월 미국 엘러간과 3,898억 원의 대규모 라이선싱계약을 체결하면서 급등하기 시작했고, 2018년 7월에는 83만 원대까지 상승해 투자 결정 시 가격의 3,500% 가까이 상승하는 대박 주식이 됐다. 아쉬움이 남지만, 처음 매수를 추천할 때부터 목표수익률을 100%로 생각하고 획득한 결과물이었기 때문에 개인적으로는 만족했다. 그 이상의 수익은 운의 영역이라고 보기 때문이다(하지만 지금 이 글을 쓰면서 다시 생각해보니 무척 아쉬움이 남는다).

10주년에 내놓는
세 번째 책

이 이상은 나도 모른다

어느새 벌써 세 번째 주식책이다. 첫 책인 『불곰의 주식투자 불패공식』에서는 우리나라 주식시장이 어떤 곳인지 '까발렸다.' 두 번째 『불곰의 왕초보 주식투자』에서는 왕초보가 성공적인 주식투자를 하기 위해서 알아야 하는 기초 지식과 방법을 전수했다. 그리고 지금 『불곰의 가치투자 따라 하기』에서는 불곰주식연구소의 가치투자 역사를 기록했다.

이 세 권의 내용을 다 이해한다면, 주식에 대해서는 불곰만큼 안다고 말할 수 있다. 나도 더는 모른다. 주식투자를 하는 데 더 알 필요도 없다.

가치투자의 전당, 불곰주식연구소 10주년

2020년은 불곰주식연구소가 10주년을 맞이하는 해다. 강산이 변하는 시간 동안 운영했다고 생각하니, 새삼 지난 10년이 주마등처럼 스쳐 지나간다(진부하다는 느낌이 들지만, 이보다 적절한 표현을 못 찾겠다).

10년 전, 주식투자로 수익을 여러 번 내본 사람으로서 딸들에게도 주식투자를 가르치고 싶었다. 내 말을 듣고 주식투자로 돈 번 사람들도 있었기에 더더욱 그랬다. 자식들도 '자본으로부터 해방'됐으면 하는 바람이었다.

'어떻게 하면 딸들에게 주식투자라는 이 지식을 유산으로 줄 수 있을까?'

고민하다가 홈페이지를 만들기로 했다. 지인을 통해서 알아보니 80만 원 정도면 만들 수 있다고 했다. 한번 만들어두면 어디서나, 몇 번이든 볼 수 있다는 장점도 있으니 딱이라는 생각이 들었다.

홈페이지를 만들어 내가 가진 지식을 전해주면 딸들이 자본으로부터 해방되리라는 기대 속에, 주식과 관련된 많은 것을 다시 한번 조사하고 공부했다. 주식투자로 돈을 버는 방법은 가치투자밖에 없기에 인터넷에 가치투자 강의가 상당히 많을 줄 알았다. 그런데 전혀 없었다. 기술적 분석만 맹신하는 분위기였다. 나의 대학 시절과 별로 달라진 것이 없었다.

당연히 있어야 할 것이 없다? 여기서 사업의 기회를 봤다.

'사람들에게 가치투자를 알려주자!'

딸들에게 가르쳐주고자 했던 계획을 더 확장해 주식투자에 관심이 있는 많은 사람에게 가치투자를 가르쳐주기로 했다. 당연히 사람들이 무척 좋아하리라고 생각했다. 딸들에 대한 기대감에 더해서 '우리나라 주식투자 문화를 바꿔보자'라는 사명감도 생겼다.

그런데 뜻밖에도, 내 사업안에 대해 친구들의 반대가 이만저만이 아니었다.

"방송에서 문제 되는 것처럼, 그런 거 하면 너도 똑같은 사기꾼 취급을 받을 거야."

"네 학력으로 그런 거 하는 사람은 아마 없을걸?"

나를 신뢰하는 펀드매니저, 애널리스트 친구들조차 극구 반대했다.

우리나라 사람들은 가치투자, 장기 투자는 싫어하고 대부분 차트를 보고 하는 단기 투자만을 선호하기 때문에 사업성이 전혀 없다는 거였다. '꼭 해야지'라고 마음먹었던 내 마음을 흔들어놓을 정도로 단호한 반대였다. 고민이 깊어져만 갔다.

그러던 어느 날, 아내와 포장마차에서 줄돔과 오징어를 먹으면서 소주 한잔하다가 물었다.

"친구들이 온라인에서 종목 추천하는 것은 다 단기 투자라고, 나쁜 거라고 하는데. 어떻게 생각해?"

아내가 딱 한마디 했다.

"그렇게 안 하면 되겠네."

현답이었다. 그들처럼 안 하고 처음에 마음먹은 대로 하면 될 일이었다. 불곰주식연구소가 탄생하는 순간이었다.

기대감과 사명감으로 시작했지만, 가입자가 없었다. 광고나 홍보를 하지 않은 탓에 사람들이 이 사이트 존재 자체를 몰랐다. 한 달이 지나자 회원이 한 명 생겼다(아직도 그분의 아이디를 기억하고 있다). 그 뒤로는 입소문이 났는지 회원이 조금씩 늘기 시작했다. 가치투자를 하고 싶어 하는 사람들이 그만큼 있었다는 뜻이다.

그러다가 갑자기 하루에 100~200명씩 가입하기 시작했다. 뭔가 이상했다. 아무리 발 없는 말이 천 리를 간다지만, 속도가 너무 빨랐다. 알고 보니 누군가가 사이트를 해킹해서 p2p 사이트에 영상들을 올린 거였다. 해킹하신 분(?)이 '홍보'를 한 셈이니 신고까지는 하지 않았지만, 그 후 보안 프로그램은 설치했다.

회원이 많아지니 '불곰'이라는 브랜드와 인지도가 올라갔다. 긴장감,

부담감, 책임감도 함께 커졌다. 그래도 투자 방식과 철학은 처음 그대로 이며, 앞으로도 변화가 없을 것이다.

불곰주식연구소의 미래

10주년을 맞이해서 불곰주식연구소가 해외 주식에도 투자한다. 분산투 자 관점에서 그리고 더 많은 기회를 얻기 위해서 해외 주식에도 눈을 돌 려야 한다고 판단했다. 종목이 중요하지 국가가 중요한 건 아니기 때문 에, 어떤 주식이 좋다면 해외 주식이라고 해서 투자에 제한을 둘 필요는 없다.

예전에는 국내 주식에 투자하는 것이 해외 주식에 투자하는 것보다 훨씬 이득이었다. 대주주만 양도세를 냈고, 수수료도 국내 주식을 거래 하는 게 더 쌌다. 하지만 이제 한국 주식도 일정 금액이 넘으면 양도세를 내도록 바뀌었고, 세금을 물리는 금액의 기준도 점점 낮아지고 있다. 그 에 반해 해외 주식을 거래할 때의 수수료는 점점 낮아지고 있다. 개인의 투자에서 국적 개념은 점점 사라지고 있다. 외국 주식이 우리나라 주식 보다 좋다는 뜻은 아니다. 다만, 수익 가능성의 폭을 넓히는 의미에서 둘 다 투자하는 것이 더 유리하다고 생각한다.

아버지의 투자 실패, 나의 투자 실패, 나의 투자 성공 그리고 불곰주 식연구소 개설과 해외 주식 투자까지.

지금 나는 내 주식투자의 정점으로 가고 있다.

불곰의 종목 선정 기준
3단계를 통과한 기업들의
투자수익률

(단위: 원, %)

추천 종목	매수 가격	매도 가격	수익률	매수일	매도일
브리지텍	1,915	4,755	177	2010-08-17	2014-08-06
무림p&p	3,600	7,000	100	2010-08-17	2011-05-04
나노캠텍	5,963	4,990	-14	2010-08-17	2016-06-27
빅솔론	3,774	6,800	90	2010-08-30	2013-01-07
엘엠에스	12,500	24,700	98	2010-08-30	2011-06-09
코텍	7,630	15,850	116	2010-09-20	2013-07-18
쎌바이오텍	5,290	9,840	94	2010-10-19	2012-09-04
와이솔	8,420	16,100	93	2010-11-18	2011-04-05
유비벨록스	16,450	17,500	7	2010-12-01	2011-06-24
인터로조	7,070	17,900	156	2010-12-22	2012-02-27
이엔에프Tech	10,050	14,150	42	2011-01-13	2015-03-23
삼영이엔씨	6,230	10,000	69	2011-01-27	2014-04-30
씨앤비텍	6,100	5,850	-2	2011-02-14	2013-08-23
게임빌	22,350	53,600	140	2011-02-28	2011-08-05
메디톡스	24,000	47,250	97	2011-03-22	2012-05-03
이연제약	10,800	21,800	105	2011-04-04	2013-04-04
뷰웍스	7,333	13,346	82	2011-04-20	2011-07-25
코메론	3,610	5,730	64	2011-05-09	2014-09-01
우진플라임	4,780	4,810	1	2011-05-30	2015-12-11

추천 종목	매수 가격	매도 가격	수익률	매수일	매도일
티에스이	11,613	16,050	38	2011-06-15	2015-01-26
윌비스	620	1,250	102	2011-07-01	2011-11-04
멜파스	26,100	16,900	-36	2011-08-11	2011-08-25
알에프세미	6,173	12,450	102	2011-08-31	2012-03-15
CJ CGV	23,100	41,250	81	2011-09-29	2013-02-27
해덕파워웨이	6,720	7,220	11	2011-10-13	2013-07-25
대정화금	12,600	18,750	62	2011-10-24	2018-04-02
대성파인텍	2,710	5,400	102	2011-11-17	2012-04-12
인화정공	8,021	5,650	-24	2011-11-30	2018-09-28
엠케이트렌드	8,667	7,250	-15	2012-01-04	2013-12-04
화진	3,850	6,040	57	2012-01-18	2012-05-09
SJM홀딩스	3,140	6,250	102	2012-02-14	2013-05-08
옵티시스	6,300	9,510	55	2012-03-02	2018-03-12
쎄미시스코	5,440	10,100	86	2012-03-20	2015-11-26
씨유메디칼	15,000	12,600	-16	2012-04-17	2013-02-26
엘디티	3,945	4,690	19	2012-05-22	2016-06-07
우노앤컴퍼니	3,700	3,700	3	2012-06-13	2014-06-23
엔텔스	4,840	12,550	162	2012-07-24	2013-03-27
에스에프씨	4,880	8,600	78	2012-08-20	2016-09-05

추천 종목	매수 가격	매도 가격	수익률	매수일	매도일
신진에스엠	8,450	15,100	81	2012-09-14	2013-07-05
엘오티베큠	5,281	8,900	76	2012-09-25	2015-05-07
이엠넷	7,390	15,100	105	2012-10-23	2013-05-15
아이씨케이	3,000	3,565	21	2012-11-19	2014-01-23
넥스턴	3,140	6,010	94	2012-12-21	2013-12-04
이노와이어리스	17,550	16,600	-5	2013-01-16	2018-02-12
우리로광통신	7,490	5,450	-27	2013-01-31	2013-11-28
디씨엠	10,250	15,450	52	2013-02-26	2014-10-22
피엔티	7,540	8,240	9	2013-03-19	2014-04-07
다나와	7,060	12,350	78	2013-04-17	2014-04-24
에버다임	6,320	7,270	20	2013-05-22	2015-06-11
에이텍	4,250	6,559	54	2013-07-04	2015-09-04
효성오앤비	6,870	11,050	61	2013-07-24	2014-04-23
마이크로컨텍솔	4,470	8,960	102	2013-08-28	2014-07-10
프리엠스	3,770	5,400	45	2013-10-29	2015-03-05
가비아	4,765	7,610	60	2013-12-16	2014-05-27
알파칩스	4,700	4,985	6	2014-01-13	2014-02-07
넥스트리밍	4,915	7,860	60	2014-02-04	2014-08-18
지디	10,800	3,375	-68	2014-02-24	2017-05-08

추천 종목	매수 가격	매도 가격	수익률	매수일	매도일
나이스디앤비	2,385	3,795	60	2014-03-20	2014-10-13
켐트로닉스	18,100	6,200	-60	2014-04-16	2017-05-08
에스텍	7,810	11,300	45	2014-05-21	2014-11-17
GST	5,170	9,390	83	2014-06-11	2017-07-19
디케이디엔아이	1,850	2,380	29	2014-07-02	2014-07-28
아트라스BX	42,800	49,600	19	2014-08-19	2016-03-07
이상네트웍스	4,400	7,050	61	2014-09-15	2015-07-06
오이솔루션	14,246	8,630	-37	2014-10-20	2017-11-08
코엔텍	2,650	5,420	107	2014-11-20	2017-11-08
삼진	6,000	10,650	81	2014-12-09	2016-02-26
원림	18,000	29,850	66	2015-01-06	2015-03-30
서산	89,000	151,500	71	2015-01-22	2016-07-13
포비스티앤씨	1,910	3,245	70	2015-02-13	2015-07-20
삼양제넥스	107,500	191,500	79	2015-03-18	2015-04-09
에스엘	17,400	29,000	71	2015-05-12	2018-01-24
미원에스씨	300,500	537,000	80	2015-08-18	2017-02-07
DSR	3,645	7,020	94	2015-09-16	2016-11-02
MH에탄올	7,950	7,200	-6	2016-04-20	2017-08-21
조선선재	66,400	114,000	76	2016-05-17	2018-05-08

추천 종목	매수 가격	매도 가격	수익률	매수일	매도일
아세아시멘트	72,900	109,000	51	2016-10-26	2017-11-15
디에이치피코리아	8,340	14,350	76	2017-01-19	2018-05-10
슈피겐코리아	52,300	67,000	31	2017-02-16	2019-02-11
우리손에프앤지	2,310	2,490	9	2017-04-06	2019-04-02
황금에스티	8,830	13,000	48	2017-07-26	2018-02-12
나이스정보통신	24,100	29,050	23	2017-09-21	2019-07-12
서플러스글로벌	3,200	4,620	46	2017-10-12	2018-08-29
평균 수익률			55.20		

23종목의 실전 매매 기록으로 꼼꼼히 짚어주는

불곰의 가치투자 따라 하기

초판 1쇄 발행 2020년 1월 27일
초판 3쇄 발행 2021년 2월 24일

지은이 불곰 박종관 박선목 김지훈
펴낸이 김선준 이승호

책임편집 공순례
디자인 김영남
일러스트 디자인쓰봉

펴낸곳 페이지2북스 **출판등록** 2019년 4월 25일 제2019-000129호
주소 서울시 강서구 양천로 551-17 한화비즈메트로1차 1306호
전화 070) 7730-5880 **팩스** 02) 332-5856
이메일 page2books@naver.com
종이·출력·인쇄·후가공·제본 (주)현문

ISBN 979-11-968310-3-5 (03320)